라이프디자인
진로코칭

| 불확실성을 밝히는 설계도와 나침반 |

라이프디자인 진로코칭

김정근 · 김차근 지음

좋은땅

| 헌사 |

“이야기의 뿌리와 열매에게”

이 책을
늘 성실과 사랑으로 삶의 본을 보여 주신 **부모님께** 바칩니다.
먼 길을 떠나신 아버지,
당신의 묵묵한 땀과 책임감이 제 인생의 방향을 세워 주었습니다.

그리고 지금도 곁에서 따뜻한 기도로 응원해 주시는 어머니,
당신의 믿음이 언제나 제 걸음을 지탱해 주고 있습니다.

함께 배우고 자라며 서로의 길을 격려해 준 **동생들,**
그리고 이제는 함께 연구와 실천의 여정을 걷는 든든한 동반자에게도
깊은 감사의 마음을 전합니다.

무엇보다도,
늘 믿음직한 아들 **태형이,**
그리고 마음이 맑고 따뜻한 딸 **주연이—**
너희는 내 삶의 가장 큰 기쁨이자,
이 책을 완성하게 한 가장 큰 의미입니다.

끝으로,

삶의 전환기마다 용기를 내어 자신의 이야기를 나눠준

모든 내담자, 코치, 그리고 제자들에게-

여러분의 이야기가 이 책의 모든 장면을 피워 냈습니다.

"당신의 삶은 아직 쓰여지고 있는 이야기입니다.

그리고 그 이야기를 다시 쓸 수 있는 힘은, 이미 당신 안에 있습니다."

| 저자의 말 |

"이야기가 다시 피어나는 순간을 위하여"

이 책은 **코치, 상담사, 진로담당 교사, 그리고 자신의 삶을 새롭게 디자인하고자 하는 모든 사람**을 위한 책이다.

진로코칭을 처음 접하는 사람에게는 탄탄한 기초를,
이미 코칭과 상담을 실천하고 있는 전문가에게는 철학적 통합의 관점을 제공하고자 했다.

이론에 머무르지 않고, **현장에서 바로 적용할 수 있는 실천적 구조와 사례 중심의 책**으로 구성했다.

우리는 코칭과 상담을 접한 지 20년이 넘었고,
그동안 국내외의 여러 코칭과 진로 프로그램을 배우고 경험하면서,
늘 한 가지 아쉬움이 남았다.
어떤 프로그램은 너무 이론적이어서 현장에서 활용하기 어려웠고,
어떤 프로그램은 실천적이지만 이론적 근거가 부족해 공허했다.
그래서 우리는 **이론적 깊이와 실천적 구체성이 공존하는 코칭 모델**을 만들고자 했다.
그동안의 연구와 현장 경험, 그리고 진로심리학적 전공의 기반 위에서

이 책의 모델들을 구성하게 되었다.

이 책의 출발점은 단순하다.

우리가 전하고 싶은 메시지는 언제나 하나였다.

"진로는 정답이 아니라, 이야기다."

수많은 상담실과 강의실에서 만난 사람들은 이렇게 말했다.

"저는 제가 뭘 좋아하는지도 모르겠어요."

"누가 대신 제 진로를 정해줬으면 좋겠어요."

그 질문 속에는 '일의 의미'에 대한 갈망이 있었다.

그러나 우리는 여전히 '적성'과 '직업코드'로 답하고 있었다.

그때부터 우리는 진로를 '측정의 문제'가 아닌 '이야기의 문제'로 보기 시작했다.

사람은 경험을 해석하고, 그 안에서 의미를 만들어 가는 존재이기 때문이다.

그래서 진로란 선택이 아니라, **자기서사의 재구성**이며

코칭은 그 이야기가 다시 살아나도록 돕는 과정이다.

이 철학은 수많은 실천과 연구 속에서 구체적인 형태를 갖추었다.

- **Career Agency Model**은 한 사람이 자신의 삶을 스스로 이끄는 행위자로 성장하는 과정을 보여준다.
- **4C 대화 모델**은 대화 속에서 변화의 리듬을 읽고 구조화하는 틀이다.
- IM 모델(Innovative Moment)은 이야기가 전환되는 '혁신적 순간'을 탐색하도록 돕는다.
- CCI(진로구성인터뷰)는 내담자가 자신의 삶의 주제를 직접 언어화하도록 이끈다.
- LTVM(Life Theme-Vocation Mapping)은 삶의 의미가 직업적 실천으로 이어지는 통합의 지도를 제시한다.

이 모델들은 서로 연결되어, 진로를 이론이 아닌 **살아 있는 인간의 이야기**로 복원한다.

이 책은 단순히 이론서가 아니다.

지난 3년간 대학생, 직장인, 은퇴자 등 다양한 집단을 대상으로

라이프디자인 진로코칭 프로그램을 실행하며

그 효과를 검증했다.

그 결과는 학술지에 게재되었고,

이를 바탕으로 **진로에이전시 척도(CAS)와 삶의 주제 기반 직업 매핑(LTVM)**진단 도구를 개발했다.

이 두 도구는 내러티브 기반 진로역량과 의미 탐색을 통합적으로 측정하는 국내 최초의 시도였다.

책의 구성 또한 이러한 실천적 구조를 반영한다.

각 장은 철학-모델-실천의 순서로 구성되며,

이론적 근거, 코칭 대화 사례, 그리고 실제 현장 적용 팁이 함께 제시된다.

일부 내용이 중복되어 보일 수 있지만, 이는 의도된 설계다.

한 번의 읽기만으로 모든 내용을 체화하기 어렵기에,

핵심 개념을 서로 다른 맥락에서 반복적으로 다룸으로써

독자의 이해를 확장시키고 학습 효과를 극대화하도록 했다.

그 중복은 반복이 아니라, **공명과 심화의 과정**이다.

이 책의 바탕에는 **진로심리학과 구성주의 철학**,

그리고 20년 현장의 상담과 **코칭 실천 경험**이 함께 녹아 있다.

우리는 이론을 삶에서 실험했고, 삶에서 다시 이론을 만들었다.

그 결과, 이 책은 연구와 실천, 철학과 도구가 하나로 이어지는 **통합적 실천서**로 완성되었다.

코치에게 필요한 것은 기술이 아니라 존재의 통찰이다.

코치는 문제를 해결하는 기술자가 아니라,

한 사람의 이야기를 함께 살아주는 **의미구성의 동반자(meaning-making companion)**여야 한다.

AI가 진로를 예측하고 데이터가 적합한 직업을 제안하는 시대일수록,

인간은 더욱 스스로의 이야기를 써 내려가야 한다.

그 이야기 속에 진로의 방향이, 삶의 이유가, 그리고 인간다움이 존재하기 때문이다.

우리는 이 책이 코치와 상담가, 연구자뿐 아니라

자신의 삶을 새롭게 디자인하고 싶은 모든 사람에게

'다시 피어나는 이야기'의 불씨가 되기를 바란다.

그리고 그 이야기가 또 다른 이의 길을 밝히는 등불이 되기를 소망한다.

"당신의 삶은 아직 쓰여지고 있는 이야기다.

그리고 그 이야기를 다시 쓸 수 있는 힘은, 이미 당신 안에 있다."

대표저자 김정근

공동저자 김차근

| 서문 |

"진로는 선택이 아니라, 이야기다"

요즘은 인공지능이 직업을 추천해 준다.
몇 가지 질문에 답하면 알고리즘이 "당신에게 맞는 일은 이것입니다."라고 말한다.
놀라운 기술의 시대지만, 그 결과를 본 사람들의 마음은 종종 비슷하다.
"그 일은 맞는 것 같지만, 왠지 내 이야기는 아닌 것 같아요."

진로란 더 이상 한 번의 선택이 아니다.
삶의 궤적 속에서 자신이 누구인지, 무엇을 위해 살아가고 싶은지를
끊임없이 다시 써 내려가는 서사적 과정(narrative process)이다.
그럼에도 우리는 여전히 진로를 '정답 찾기'로,
자신을 '측정 가능한 데이터'로 여기는 경향에서 벗어나지 못했다.

기존의 진로상담은 오랫동안 구조주의적 패러다임에 머물러 있었다.
개인의 흥미, 능력, 성격을 수치화해 직업과의 적합성을 찾는 방식이다.
일반 코칭은 그보다 진보했지만, 여전히 성과 중심의 접근이 많다.

그러나 인간은 적응과 성과만으로는 설명되지 않는다.
우리는 의미를 찾아 살아가는 존재이며, 그 의미는 '이야기' 속에서 태어난다.

《라이프디자인 진로코칭(Life Design Career Coaching)》은 바로 그 **이야기의 회복**에서 출발한다.

진로를 "직업 선택"이 아니라 "자기서사의 설계(self-design)"로 이해하며,
인간을 행위자(agent)이자 저자(author)로 본다.
진로란 주어진 환경에 단순히 적응하는 일이 아니라,
자신의 이야기를 다시 구성하고 세상 속에서 실현해 가는 창조 행위다.

이를 위해 본 라이프디자인진로 코칭은 세 가지 철학을 기반으로 한다.
첫째, **주도성(Proactivity)**-자신의 삶을 타인의 기준이 아닌
스스로의 의미와 가치에 따라 선택하고 실행하는 힘.
둘째, **유연성(Flexibility)**-변화와 불확실성 속에서도
자기 이야기를 새롭게 수정하고 확장할 수 있는 능력.
셋째, **통합성(Integration)**-과거와 현재, 일과 삶,
그리고 자기와 세계를 하나의 이야기로 엮어내는 힘이다.

그리고 그 중심에는 언제나 **내러티브(narrative)**가 있다.
내러티브는 인간이 자신의 경험을 조직하고,
흩어진 사건들에 의미를 부여하며,
"나는 누구인가"라는 질문에 답하도록 돕는 **존재의 언어**다.
결국, 라이프디자인 진로코칭은 사람으로 하여금
자신의 삶을 말로 다시 쓰고, 그 말이 행동으로 이어지게 하는
삶의 재서사화 과정(life re-authoring)이다.

이러한 철학을 **현장에서 구현하기 위한 접근법으로,**

본서는 다섯 개의 핵심 모델과 코칭역량을 제안한다.

① **진로에이전시 모델(Career Agency Model)**은
진로정체성, 의사결정, 전환역량, 장벽극복, 준비행동의
다섯 심리적 역량을 통합하여 '행위하는 자기(self as agent)'를 설명한다.
이 모델은 개인이 외부 조건에 반응하는 존재가 아니라,
자신의 진로를 인식하고 설계하며 실행하는 **주체적 힘**을 지닌 존재임을 전제로 한다.
따라서 코치는 고객이 "무엇을 해야 하는가?"보다 "어떤 의미로 그 길을 가고 싶은가?"를 발견하도록 돕는다.

② **4C 대화모델**은 코칭 대화를 시간의 흐름에 따라 구조화한다.
맥락(Context)-도전(Challenge)-변화(Change)-지속(Continuity)의 네 단계로 구성되어, 고객의 내적 변화를 자연스럽게 이끌어내는 대화 프레임을 제공한다.
이 모델은 코칭을 단순한 질의응답이 아니라,
'이야기의 전개와 전환'을 설계하는 **서사적 과정**으로 재구성한다.

③ **IM(혁신적 순간) 모델**은 내러티브가 바뀌는 '결정적 순간'을 탐지하고 분석한다.
사람의 이야기는 어느 날 갑자기 변하지 않는다.
그러나 한 문장, 한 통찰, 한 선택의 순간이
과거의 문제적 서사를 새로운 가능성의 이야기로 바꿔놓는다.
IM 모델은 이 전환의 순간을 포착하고, 코치가 그것을 **의미화하고 확장하는 기술**을 익히도록 돕는다.

④ **CCI(진로구성인터뷰)**는 내담자가 자신의 삶의 주제(Life Theme)를
직접 말로 꺼내어 진로 이야기를 재구성하도록 돕는 인터뷰 도구이다.

이 과정에서 코치는 내담자의 경험 속 반복된 감정, 가치, 관계, 선택의 패턴을 읽어 낸다.

즉, CCI는 고객의 이야기 속에서 **진로정체성과 의미의 원형**을 찾아내는 과정이다.

⑤ **라이프디자인 진로코치의 핵심역량**은

이 모든 모델이 살아 움직이게 하는 내적 토대이자, 코치의 존재 방식이다.

이 역량은 단순한 질문기술이나 경청스킬을 넘어,

철학적 사유와 내러티브 통찰, 인간 이해의 깊이를 바탕으로

고객이 자기 삶의 저자로 성장하도록 돕는 **의미구성의 동반자(meaning-making companion)**로서의 태도를 요구한다.

코치는 '문제 해결자'가 아니라,

고객이 스스로 자신의 이야기를 새롭게 써 내려가도록 비추는 **거울이자 안내자**가 된다.

⑥ **LTVM(Life Theme-Vocation Mapping)**은

삶의 주제가 어떻게 직업적 실천으로 구체화되는지를 시각적으로 보여준다.

이 모델은 의미 탐색에서 멈추지 않고,

그 의미가 '삶과 일의 통합적 방향성'으로 이어지도록 설계되었다.

이 다섯 모델과 코칭역량은 라이프디자인 진로코칭을 학문으로 넘어

진로코칭 전문가로 성장하기 위한 핵심 성공요인으로 제시되었다.

이 책은 그 여정을 위한 길잡이다–철학과 이론, 그리고 실제 현장의 대화와 사례를 유기적으로 엮어 '이야기가 다시 살아나는 진로코칭'을 실현할 수 있도록 안내한다.

AI가 데이터를 통해 직업을 예측하는 시대일수록,

인간은 자신만의 이야기를 설계해야 한다.

그 이야기가 결국 한 사람의 진로가 되고, 한 인생의 철학이 된다.

"진로는 정답이 아니라, 이야기다.

그리고 그 이야기를 다시 살아나게 하는 것이 코칭이다."

목차

1부

라이프디자인 진로코칭의 이론적 기반

PART Ⅰ. 라이프디자인 진로코칭의 철학과 이론적 기반

핵심 메시지

"진로는 외부의 선택이 아니라, 내면의 이야기를 설계하는 과정이다."

이 부에서는 '진로'라는 개념이 고정된 특성과 직업의 매칭을 넘어, 삶의 의미와 정체성을 구성하는 과정으로 확장되는 철학적 전환을 다룬다.
진로를 하나의 '이야기'로 보고, 인간을 '이야기하는 존재'로 이해하는 라이프디자인 진로코칭의 철학적 · 이론적 기반을 탐구한다.

학습 질문

- 왜 지금, 진로 패러다임의 전환이 필요한가?
- 인간은 왜 '이야기하는 존재'로 이해되어야 하는가?
- 구성주의와 내러티브 접근은 기존 진로이론을 어떻게 확장시키는가?
- 진로에이전시는 어떤 심리적 구조로 설명될 수 있는가?

핵심 키워드

구성주의 · 내러티브 정체성 · 자기설계 · 진로에이전시

포함 장

1장 진로 패러다임의 전환
2장 인간 이해-서사적 존재로서의 자기(self)
3장 내러티브를 활용한 코칭의 실제
4장 진로 에이전시 모델

인용문

"We become the authors of our lives when we make meaning of our experiences."
- Dan P. McAdams

성찰 질문

지금 나는 내 진로를 '결과'로 보고 있는가, '이야기'로 살고 있는가?

1장 진로 패러다임의 전환

1장 진로 패러다임의 전환

"진로는 더 이상 '무엇을 할 것인가'의 문제가 아니라 '어떤 삶을 살아갈 것인가'의 문제다."

세상은 변하고 있다. 기술의 속도는 인간의 상상을 앞지르고, 한 번의 선택이 평생을 결정하던 시대는 지나갔다.
이제 진로는 '적성에 맞는 직업'을 찾는 과정이 아니라, '의미 있는 삶을 설계하는 과정'으로 변화하고 있다.
이 장에서는 기존 진로이론의 발달사와 한계를 살펴보고, 왜 지금 '라이프디자인'이라는 새로운 접근이 필요한지 탐구한다. 이는 단순한 학문적 전환이 아니라, 삶을 대하는 태도의 전환이다.

학습 포인트

- 진로 패러다임의 역사와 변화
- 구조주의에서 구성주의로
- 라이프디자인 진로코칭의 철학적 필요성

성찰 질문

"나는 내 진로를 선택해 온 것일까, 아니면 흘러가는 대로 살아온 것일까?"

1.1 왜 지금, 진로 패러다임의 전환이 필요한가?

"요즘 대학생들은 왜 그렇게 자주 진로를 바꾸죠?"

한 중견기업의 인사 담당자가 나에게 물었다. 그는 요즘 입사 1~2년차 신입사원들이 퇴사하거나, 이직하거나, 심지어 입사 전부터 '진짜 내가 원하는 일이 아닐지도 모르겠다.'고 말하는 현실을 납득하지 못하는 듯했다.

반면, 한 26세 여성 고객은 이렇게 말했다. "저는 대학 졸업반인데요, 뭘 하든 오래 버티질 못해요. 금방 흥미가 식고, 내가 잘하고 있는지 확신도 안 생기고요. 그냥 '이게 내 길이다'라는 감각이 없어요."

같은 상황을 놓고 바라보는 두 개의 시선. 하지만 이 둘 사이에는 단순한 세대 차이나 개인차를 넘어서는 '진로에 대한 패러다임의 차이'가 존재한다.

시대가 바뀌었다, 진로에 대한 물음도 바뀌어야 한다

20세기 중후반까지 진로는 비교적 단순한 선택 문제였다. '적성에 맞는 직업을 찾고, 그 직업에 맞는 길을 준비한 후, 오래 일하는 것'이 진로의 전형적인 서사였다. 안정된 일자리를 갖는 것이 곧 성공이었고, 개인은 자신에게 주어진 길 안에서 성실히 살아가야 했다.

하지만 지금은 다르다. 우리는 지금, 빠르게 변하는 기술 환경, 수명 연장의 시대, 비정형 경력의 확산, 그리고 자아실현의 가치가 중요해진 사회 속에 살고 있다.

단 한 번의 선택으로 평생을 살아가는 시대는 끝났다. 사람들은 이제 진로를 선택하는 것이 아니라, 끊임없이 재설계하고 재정의하며 살아간다. 이제 진로는 정적인 항목이 아니라, 살아 있는 이야기가 되었다.

선택의 시대에서 구성의 시대로

진로에 대한 질문은 점점 더 존재론적인 물음으로 이동하고 있다. 과거에는 "내가 잘할 수 있는 일은 무엇인가?"라는 질문이 중심이었다면, 오늘날에는 "나는 누구이고, 어떤 방식으로 살아가고 싶은가?"라는 물음이 더 핵심적인 기준이 되고 있다(Savickas, 2011; Guichard, 2005).

이러한 변화는 단순히 진로 탐색이 어려워졌다는 의미를 넘어, 진로를 바라보는 방식 자체가 근본적으로 전환되었음을 의미한다(Cochran, 1997; McAdams, 1993). 예전에는 '올바른 선택'을 도와주는 것이 진로상담의 주요 기능이었다면, 이제는 개인이 자신의 삶을 어떤 이야기로 구성할 것인지, 그리고 그 이야기를 어떤 정체성으로 살아갈 것인지를 함께 탐색하는 것이 진로코칭의 역할이 되어야 한다(Savickas, 2011).

진로는 더 이상 '직업'이 아니다

과거의 진로는 곧 직업을 의미했다. 하지만 지금 진로란,

- 내가 어떤 방식으로 살아가고,
- 어떤 가치를 추구하며,
- 어떤 사람들과 관계 맺고,
- 어떻게 나만의 의미를 만들어 갈 것인지에 대한 삶의 구성 과정이다.

이제 진로는 직업이라는 하나의 항목이 아니라, 자신의 정체성, 가치관, 삶의 방향성을 통합적으로 설계하는 여정이 되었다.

고정된 길이 사라진 시대

이전 세대가 진로를 말할 때 떠올리는 이미지는 '지도'에 가까웠다. 정해진 목적지가 있었고, 그에 도달하기 위한 경로가 존재했다. 이력서에 남은 공백은 흔히 '실패'나 '지체'로 해석되었고, 진로는 곧 예측 가능한 경로 추적의 문제였다.

하지만 오늘날의 진로는 '지도'라기보다 '나침반'에 가깝다. 어디로 갈지는 불확실할 수 있으나, 어떤 방향으로 살아가고 싶은지에 대한 내적 감각과 방향성은 스스로 알고 있어야 한다(Guichard, 2005; Pryor & Bright, 2011).

진로를 찾는 과정에서 여러 일을 해 보고, 멈추거나 다른 길로 돌아서는 경험은 더 이상 실패가 아니라, 자신의 삶을 새롭게 구성해 가는 여정으로 여겨진다. 진로에 대한 불확실성은 더 이상 피해야 할 문제가 아니라, 삶의 본질적인 조건이자, 내러티브를 형성하는 자극이 되었다(McAdams, 1993; Savickas, 2011).

코칭은 이러한 비선형적 삶의 흐름 속에서, 고객이 자신의 방향성과 의미를 중심으로 진로 이야기를 구성하도록 돕는 과정이 되어야 한다.

불확실한 시대에 필요한 것은 '정답'이 아니라 '설계력'

오늘날 많은 사람들이 진로 문제로 고통받는다. 하지만 그 고통의 본질은 직업 정보 부족이나 성격 유형과의 매칭이 아니다. 그보다는 '내가 어떻게 살아야 하는지 모르겠다.'는 감정에서 온다.

그렇기 때문에 지금 필요한 것은 '정답'을 알려 주는 상담이 아니다. 지금 필요한 것은, 자신의 삶을 설계할 수 있도록 돕는 코칭이다. 그리고 그 설계는 외부의 기준이 아니라, 자신의 이야기, 자신의 가치, 자신의 정체성을 중심으로 이루어져야 한다.

전환의 흐름: 진단에서 설계로, 분석에서 이야기로

진로개입의 방식 역시 변화하고 있다. '검사'를 통해 적합한 직업을 찾는 방식에서 '대화'를 통해 삶의 의미를 재구성하는 방식으로, '문제 해결'을 중심에 둔 상담에서 '정체성과 서사의 발견'을 중심에 둔 코칭으로, '진로의 문제'를 다루던 시절에서 '삶의 방향'을 함께 찾아가는 방식으로, 진로코칭은 이제 단지 진로 문제를 해결하는 기술이 아니라, 고객이 자신의 삶을 새롭게 구성하고 의미화하도록 돕는 존재론적 대화가 되어야 한다.

진로 패러다임 전환의 징후들

실제 현장에서 이러한 전환의 징후는 뚜렷하다. 대학생들의 진로 상담은 더 이상 '어떤 직무가 좋을까요?'로 시작되지 않는다. '제가 정말 원하는 삶이 뭔지 모르겠어요.', '이 일이 나다운 건지 잘 모르겠어요.'와 같은 발화가 훨씬 많다.

직업 적합도보다 정체성, 가치, 관계, 의미에 대한 고민이 중심이 된다. 이제 진로개입은 정보 제공이나 매칭의 수준을 넘어 고객의 이야기 전체를 경청하고, 재구성하고, 미래로 연결하는 서사적 개입으로 확장되어야 한다.

새로운 시대의 진로, 새로운 접근의 필요

이제는 새로운 언어가 필요하다.

- '적성'이 아니라 '의미'를 묻고,
- '정답'이 아니라 '이야기'를 구성하며,
- '정체성'을 진단하는 것이 아니라 정체성을 함께 만들어 가는 과정이 되어야 한다.

그리고 이 새로운 접근이 바로 라이프디자인 진로코칭이다.

이 장의 목적

이 책의 1장은 이러한 시대적 전환을 독자들과 함께 성찰해 보기 위한 장이다. 우리는 지금 어디에 서 있고, 어떤 진로 이론들을 지나왔으며, 왜 이제 이야기를 통한 진로 설계가 필요한지를 함께 살펴볼 것이다.

진로의 패러다임은 변하고 있다. 이제 그 전환의 지점에서, 우리는 새로운 지도를 만들기보다 스스로를 이끄는 나침반을 함께 만들어야 할 때다.

1.2 진로상담이론의 발달사: 진로에 대한 사고의 진화

"진로이론은 너무 많아서 외우기 힘들어요."

대학원 수업에서 만난 한 학생이 한숨을 쉬며 말했다.

"파슨스, 홀랜드, 수퍼, SCCT…. 다 중요한 것 같긴 한데, 솔직히 지금 제 고민이랑은 잘 연결이 안 돼요."

그 말을 들으며 나는 잠시 멈춰 생각했다. 왜 진로이론을 배우는 것이 실제 고민과 괴리감이 느껴질까? 혹시 이론이 틀려서가 아니라, 그 **이론이 만들어졌던 시대의 질문**과 지금 우리의 질문이 다르기 때문은 아닐까?

진로이론은 단순히 개념을 정리한 결과물이 아니다.

그 시대 사람들이 '삶'과 '일'을 어떻게 이해했는지를 보여 주는 **사고의 지도**이기도 하다.

그러므로 진로이론의 발달사는 곧 **진로를 바라보는 관점의 진화사**다.
지금부터 그 흐름을 따라가 보자.

파슨스(Parsons): 진로를 과학적으로 '맞추다'

1909년, 프랭크 파슨스는 《직업 선택(Choosing a Vocation)》을 출간하며, 개인의 특성과 직업세계의 요구 간의 합리적 일치를 강조한 직업지도(Vocational Guidance)의 기초를 세움으로써 현대 진로상담의 출발점을 마련했다(Parsons, 1909).
그는 말한다.

"현명한 진로 선택이란 개인의 특성과 직업 세계의 요인을 명확히 파악하고, 그 둘을 일치시키는 것이다."

파슨스는 마치 **수학 문제를 푸는 것처럼**, 사람과 직업 간의 '궁합'을 과학적으로 맞추고자 했다. 그에게 진로란 **정확히 맞는 자리를 찾아 넣는 퍼즐**과 같았다.

- 기여점: 진로를 감, 촉, 경험이 아닌 **논리와 분석의 영역**으로 끌어들였다.
- 한계점: **사람이 고정된 특성을 가진 존재라는 가정**, 그리고 직업 역시 고정된 구조라는 시대적 배경 위에 있었다.

홀랜드(Holland): 진로는 '성격'과 '환경'의 일치다

그로부터 수십 년 후, 존 홀랜드(John L. Holland)는 사람을 여섯 가지 성격 유형으로 구분하였다: 현실형(Realistic), 탐구형(Investigative), 예술형(Artistic), 사회형(Social), 진취형(Enterprising), 관습형(Conventional).

그는 이러한 성격 유형이 특정한 환경 유형과 잘 일치할 때, 개인은 더 만족스럽고 안정적으로 일할 수 있으며 성과도 높아진다고 주장했다(Holland, 1997). 이 이론은 이후 진로 적합성 이론(person-environment fit theory)의 대표 모델로 자리매김하였다.

한 학생은 자신이 'S형'이라는 말을 듣고 이렇게 말했다. "그래서 저는 상담, 교육, 사회복지 같은 일을 하면 된대요. 근데… 저는 또 혼자 글 쓰는 것도 좋아하거든요. 그러면 A형인가요?"

- 기여점: 진로유형을 쉽고 직관적으로 설명하면서도, **자기이해의 틀을 제공**했다.
- 한계점: **사람을 단일한 유형으로 고정**하고, **경험이나 맥락에 따라 변화하는 정체성의 유동성**을 반영하지 못했다.

수퍼(Super): 진로는 '평생 발달하는 자아의 표현'이다

도날드 수퍼는 한 가지 질문을 던졌다.

"왜 진로를 한 번의 선택으로 보아야 하는가?"

그는 진로를 단순한 직업 선택의 문제가 아니라, 시간의 흐름에 따라 변화하고 성장하는 일생 발달 과정으로 보았다(Super, 1980). 진로는 단절된 결정이 아니라, 자아 개념(self-concept)의 발달과 함께 연속적으로 형성되고 조정되는 삶의 한 흐름이라고 그는 설명하였다. 특히 "**진로는 자아개념의 표현**"이라는 말은 지금까지도 진로상담의 핵심 명제로 남아 있다.

수퍼는 삶의 단계를 성장기-탐색기-확립기-유지기-쇠퇴기로 나누고, 각 시기마다 진로의 과제가 있다고 보았다. 또한 한 사람의 삶에는 자녀, 직장인, 친구, 시민 등 여러 역할이 있으며, 이 역할 간 균형이 중요하다고도 강조했다.

- 기여점: 진로를 **정체성과 시간 속에서 바라본 통합적 관점**을 제시했다.
- 한계점: 이론이 **너무 구조화되어 있어**, 실제 삶의 유동성과 불연속성(실직, 이직, 휴식, 이중경력 등)을 충분히 설명하지 못했다.

크럼볼츠(Krumboltz): 진로는 '경험과 우연의 산물'이다

진로에 대해 지나치게 계획적으로 생각할 필요는 없다고 말한 이가 있다. 바로 존 크럼볼츠(John Krumboltz)다. 그는 "예측 불가능한 우연한 사건이야말로 진로를 결정짓는 중요한 요소"라고 주장하며, 진로는 계획된 결과라기보다, 우연한 기회를 통해 형성되고 확장되는 **학습 과정**이라고 설명하였다(Krumboltz, 2009).

예를 들어, 친구 따라 들렀던 동아리에서 새로운 가능성을 발견하고, 그 길로 직업을 바꾸는 사람들. 이런 현실을 이론으로 설명한 것이 바로 **사회학습이론**이다.

- 기여점: 진로가 꼭 의도적이어야 한다는 생각에서 벗어나, **'경험'과 '우연'을 진로자산으로 인정**했다.
- 한계점: 사람의 내면세계나 **삶의 의미에 대한 깊은 탐색이 부족**하며, 실천 전략은 비교적 약하다.

SCCT: 자기효능감, 결과기대, 환경을 통합하다

진로 결정에 영향을 주는 다양한 요인들을 통합적으로 설명하려는 시도가 있었다.

바로 사회인지 진로이론(Social Cognitive Career Theory; SCCT)이다. SCCT는 진로 선택에 영향을 미치는 자기효능감, 결과기대, 개인 목표 간의 상호작용을 중심으로, 개인의 내적 신념과 환경적 맥락이 어떻게 진로 행동으로 이어지는지를 설명하는 통합적 이론이다(Lent, Brown, & Hackett, 1994).

이 이론은 "**나는 할 수 있다**"는 **자기효능감**, "**하면 좋은 결과가 있을 것이다**"는 **결과기대, 그리고 그 선택을 지지해 주는 환경**이라는 세 요소가 진로선택과 지속에 영향을 미친다고 보았다.

- 기여점: 진로의 **심리적 요인과 사회적 맥락을 통합**적으로 설명했다.
- 한계점: 진로를 '선택'으로 바라보는 틀 안에 머물며, **삶 전체를 이야기로 구성하는 통합적 접근은 부족**하다.

사빅카스(Savickas): 진로는 '삶의 이야기'다

그리고 마침내, 진로를 '내러티브'로 바라보는 사상이 등장했다. 마크 사빅카스(Mark Savickas)는 진로구성이론(Career Construction Theory)을 통해, "**진로란, 자신이 누구인지를 이야기로 구성하는 과정**"이라고 말했다(Savickas, 2005, 2011). 그는 고객이 자신의 삶의 주제(life theme)를 발견하고, 과거의 경험들을 새로운 이야기로 재구성함으로써, 진로를 삶의 설계이자 정체성의 표현으로 만들 수 있다고 보았다.

이러한 내러티브 기반 접근은 진로상담을 정체성 탐색과 삶의 의미 구성 과정으로 확장시키는 데 결정적인 기여를 하였다.

- 기여점: 진로를 삶의 이야기로 보고, 정체성 · 의미 · 맥락을 함께 다루는 **서사적 접근의 기반**을 마련하였다.
- 한계점: 비교적 이론 구조가 추상적이며, 실제 현장에서 코치가 **구체적으로 적용하려면 추가적 훈련과 틀**이 요구된다.

이론의 흐름을 넘어, 라이프디자인 진로코칭이 새롭게 이어받은 것들

이렇게 진로상담 이론의 역사를 따라가다 보면, 우리는 단지 오래된 이론들을 배우는 것이 아니라, 진로라는 개념이 시대에 따라 어떻게 이해되어 왔는지, 그리고 그 속에서 무엇이 남고, 무엇이 넘어가야 할지를 성찰하게 된다.

파슨스의 특성-요인이론은 '진로를 합리적으로 선택할 수 있다'는 믿음을 처음으로 정립했고, 홀랜드는 성격유형이라는 직관적인 언어를 통해 자기이해의 출발점을 제공했다. 수퍼는 진로를 시간의 흐름 속에서 보는 관점을 통해, 진로가 발달하는 정체성이라는 개념을 부각시켰다.

크럼볼츠는 계획된 우연성이라는 개념으로, 진로가 반드시 계획된 결과만은 아님을 보여 주었다. SCCT는 진로선택에 영향을 미치는 심리적 · 사회적 맥락을 통합적으로 설명함으로써, 진로의 복잡성을 설명할 수 있는 다차원적인 틀을 마련했다. 그리고 마침내, 사비카스는 진로를 삶의 이야기로 보고, 사람은 자신의 정체성과 미래를 말하고 구성하고 다시 쓰는 존재라고 선언했다.

이 모든 이론은 라이프디자인 진로코칭이 서 있는 기반이 되었다. 각 이론은 중요한 조각을 남겼다. 분석의 틀, 자기이해의 언어, 발달의 감각, 환경에 대한 인식, 심리적 자원의 작동…. 그리고 이제 우리는 그 조각들을 하나의 내러티브로 통합해야 한다. 고객의 진로를 단지 선택의 문제가 아니라, 삶의 주제와 방향성을 설계해가는 서사적 과정으로 다루기 위해서다.

결국, 라이프디자인 진로코칭은 과거 이론들을 비판적으로 수용하면서도, 주도성, 유연성, 통합성이라는 철학을 통해 새로운 실천의 길을 열어가고자 한다. 이제 진로는 더 이상 '무엇을 할까'의 문제가 아니라, "나는 누구이며, 어떻게 살아갈 것인가"에 대한 이야기로 이동하고 있다.

1.3 기존 진로이론의 기여와 한계-왜 새로운 접근이 필요한가?

우리는 앞서 진로이론의 흐름을 따라오며, 각 이론이 등장했던 시대의 문제의식과, 그 시대가 진로를 어떻게 바라보았는지를 살펴보았다. 이제 한 걸음 물러서서 이런 질문을 던져볼 때가 되었다.

"이 이론들은 지금 우리가 맞닥뜨리고 있는 진로 문제에, 과연 충분히 대답하고 있는가?"

진로이론은 수십 년간 사람들에게 **중요한 자기 이해의 도구**가 되어 주었다. 검사 결과지를 받아들고 "그래, 이게 나야."라고 고개를 끄덕이는 경험, 자신의 성격과 잘 맞는 직업 목록을 보며 마음의 안정을 느꼈던 순간, '어디에 들어갈까?'라는 질문에 '무엇이 나와 맞는가?'를 기준으로 답할 수 있게 해준 틀. 이 모든 것이 진로이론의 소중한 기여다.

그러나 동시에, 이런 목소리도 점점 더 많아지고 있다. "검사를 했는데, 목록에 있는 직업이 하나도 끌리지 않아요.", "어떤 성격 유형으로 분류되더라도, 그게 지금 내 고민을 해결해 주진 않더라고요.", "삶이 자꾸 바뀌는데, 이론은 너무 딱딱해요."

진로에 대한 이론은 **과학의 언어**를 빌려 왔지만, 정작 사람들은 **자기 인생의 감정, 맥락, 관계, 의미**를 이야기하고 싶어 했다. 그리고 그 틈 사이에서, 점점 더 많은 이들이 **'진로'라는 단어에 피로감**을 느끼고 있다.

진로를 '진단'하려 했던 이론들

가장 먼저 짚어야 할 것은, 많은 이론들이 진로를 일종의 '진단 가능한 구조'로 보았다는 점이다. 파슨스의 특성-요인이론(trait-factor theory), 홀랜드의 성격유형이론, SCCT의 사회인지적 구조 모델에 이르기까지-이들 이론은 공통적으로 "당신은 어떤 유형인가?"를 분류하고, 그에 적합한 환경과의 연결을 통해 진로 문제를 해결하고자 했다

(Parsons, 1909; Holland, 1997; Lent, Brown, & Hackett, 1994).

이러한 접근은 진로 선택을 비교적 고정된 성향과 환경적 일치의 문제로 간주함으로써, 개인의 진로 여정을 하나의 정적인 구조로 환원하게 만드는 한계를 내포하고 있다(Savickas, 2011). 정해진 범주 안에 넣고, 맞는 직업을 골라주는 방식은 간편하고 체계적이었지만, **삶의 맥락, 감정, 정체성의 흔들림, 우연과의 마주침**같은 요소는 그 안에 들어갈 수 없었다.

사람들은 '검사 결과'를 보며 자신의 가능성을 좁히거나, '틀에 맞아야 한다'는 부담을 느끼기도 했다.

진로를 '선택'으로만 보았던 이론들

또 하나의 공통된 한계는, 대부분의 이론이 진로를 '선택' 중심으로 보았다는 점이다. 즉, **어떤 직업을 고를 것인가**라는 관점에서 진로를 다룬 것이다. 하지만 오늘날 진로는 단지 '선택'의 문제가 아니라, **재구성, 재정의, 전환, 유예, 실험, 통합의 반복적 과정**으로 변화하고 있다.

이는 진로가 고정된 결정이 아닌, 삶을 설계하고 자기 정체성을 구성해 나가는 유동적이고 서사적인 여정이 되고 있음을 보여 준다(Savickas, 2011; Guichard, 2005; Pryor & Bright, 2011).

특히 불확실성과 비선형성이 특징인 현대 사회에서 진로는 의미 구성, 자기 탐색, 우연의 수용을 포괄하는 확장된 개념으로 진화하고 있다. 사람들은 하나의 직업만을 고르지 않는다. 몇 번이고 다시 시작하고, 동시에 여러 역할을 수행하고, 스스로 만든 경로를 따라 살아간다. 그런데 기존 진로이론들은 여전히 사람에게 '정답'을 찾으라고 한다. 어떤 기준에 따라 '결정'하라고 한다.

그 틀에서 벗어나는 사람은, 실패하거나 비정상처럼 여겨질 위험도 있다. 지금의 진로는 '선택'이 아니라 '조율'이다. '진입'이 아니라 '설계'다. 한 번의 결정이 아니라, 계속

해서 이야기로 다시 써나가는 삶의 흐름이다.

진로를 '기술'로 다뤘던 이론들

또한 많은 전통적 진로이론은 진로를 일종의 '기술적 문제'(technical problem)로 간주해 왔다. 즉, 적절한 정보를 제공하고, 행동 전략을 수립하고, 목표를 명확히 한 뒤, 이를 어떻게 실행할 것인지 안내하는 체계적 도구로 진로상담을 정의한 것이다(Parsons, 1909; Peterson, Sampson, & Reardon, 2002).

이러한 관점은 진로를 개인의 정체성이나 의미 구성의 과정이 아닌, 정보 기반의 합리적 선택 문제로 제한시켜온 한계를 내포한다(Savickas, 2011).

오늘날 진로는 더 이상 단순한 계획 수립의 대상이 아니라, 불확실성과 정체성 변화 속에서 삶의 방향을 구성해 나가는 서사적 탐색의 장으로 재개념화되고 있다.

이것은 매우 유용하다. 하지만, 진로 문제가 단순히 '정보 부족'에서 오는 것이 아닐 때는 어떻게 해야 할까? 가령, 어떤 고객은 이렇게 말한다.

"사실 하고 싶은 일은 분명히 있어요. 그런데 자꾸 포기하게 돼요."

"어릴 때부터 '넌 착한 애여야 해'라는 말을 너무 많이 들어서 그런지, 제가 진짜 원하는 걸 표현하는 게 너무 무서워요."

"부모님이 너무 높은 기대를 하셔서, 제 진짜 감정을 들킬까봐 늘 조심스럽고, 그래서 선택도 못 하겠어요."

이런 말들에는 **기술이나 전략의 언어로는 설명되지 않는 정체성의 흔들림, 감정의 저항, 내면의 서사, 관계의 맥락**이 존재한다. 기존 이론은 여기에 대답해 주지 못한다.

진로를 '이야기'로 보지 못했던 한계

결국 기존 진로이론의 가장 큰 한계는 이것이다. **진로를 삶의 이야기로 보지 못했다는 점.** 사람은 '무엇을 할까'보다 먼저, '나는 누구인가', '나는 어떻게 살고 싶은가'를 묻는다. 그리고 그 물음에 답할 수 있을 때야 비로소 진로라는 선택도 의미를 가질 수 있다. 사람은 자신의 인생을 **내러티브로 구성하는 존재**다. **정체성이란 고정된 것이 아니라, 반복된 이야기 속에서 형성되는 것**이다.

진로도 마찬가지다. 그 사람의 삶의 주제, 중요한 기억, 가치, 바람, 실패, 회복의 서사가 얽혀서 하나의 진로 이야기를 만든다. 이런 '이야기적 존재'로서의 인간을 다루지 않는 이론은, 사람의 삶을 구조로만 설명하려는 모형일 수밖에 없다.

그래서, 우리는 왜 라이프디자인 진로코칭으로 나아가야 하는가

라이프디자인 진로코칭은 기존 진로이론의 기여를 부정하지 않는다. 오히려 그 위에서서, 지금 이 시대의 삶에 맞는 **새로운 사고의 틀과 실천의 언어**를 제공한다. 이 접근은 사람을,

- 고정된 유형이 아니라, 변화하는 이야기로,
- 정답을 찾아야 하는 존재가 아니라, 의미를 만들어가는 존재로,
- 직업을 선택하는 것이 아니라, 삶을 설계하는 존재로 바라본다.

이제 필요한 것은 진로를 '무엇으로 정할까'를 묻는 것이 아니라, **'어떤 삶을 살아가고 싶은가'를 함께 탐색하는 방식**이다. 그것이 바로 라이프디자인 진로코칭이 제안하는 새로운 진로 개입의 철학이다.

1.4 새로운 접근의 기초: 라이프디자인 진로코칭의 철학

이제 독자에게 이런 질문을 던지고 싶다.

"진로가 단순한 직업 선택이 아니라, 삶의 방향을 설계하는 일이라면-그 삶을 설계하는 힘은 어디서 올까요?"

어떤 사람은 '계획을 잘 세우는 능력'이라고 말할지 모른다. 또 어떤 이는 '끈기나 자기 조절력'이라고 말할 수도 있다. 하지만 라이프디자인 진로코칭에서는 이렇게 정의한다.

"삶을 설계하는 힘은 주도성, 유연성, 그리고 통합성에서 비롯된다."

이 세 가지는 단순한 태도나 성격 특성이 아니다. 진로를 구성해 나가는 심리적, 철학적 힘의 원천이며, 우리가 이야기의 주인이 되어 살아가기 위해 꼭 필요한 내적 자원이다. 여기서 말하는 '철학'이란 거대한 담론이 아니라, 라이프디자인 진로코칭의 방향과 목적을 일관되게 이끌어주는 근본적인 관점과 태도를 의미한다. 즉, 코칭의 질문 하나, 경청의 자세 하나에도 '왜 이 대화를 하는가?'에 대한 명확한 철학이 깃들어야 한다.

주도성: 선택받는 사람이 아닌, 선택하는 사람

"사실은 부모님이 원해서 이 전공을 선택했어요."
"사회 분위기상 이 길이 더 안정적일 것 같아서요."
"원하는 건 따로 있는데, 괜히 실패할까 봐 시도도 못 하겠어요."

이런 말들에는 **삶을 능동적으로 살아가지 못하는 심리적 패턴**이 녹아 있다. 외부의 기대, 타인의 시선, 안전한 기준에 나를 맞추다 보면 어느 순간 '내가 뭘 원하는지'조차 잘 모르게 된다. **주도성**이란 바로 이 지점에서 작동한다. 자기 삶을 외부가 아닌 자기 내부의 기준에 따라 **선택하고, 조율하고, 감당하고, 실천해 가는 능력**이다. 이는 단지 '의지가 강하다'는 말이 아니다. 오히려 자기 내면의 감정, 욕망, 신념을 깊이 이해하고, 그 이해를 바탕으로 삶의 방향을 선택할 수 있는 **자기결정적 힘**이다.

진로 문제에서 주도성이 회복되면, 고객은 "뭘 해야 하죠?"에서 "내가 진짜로 원하는 건 뭘까?", "이 길이 정말 나다운 걸까?"로 질문이 바뀐다. 그리고 질문이 바뀔 때, 삶은 달라진다.

유연성: 변화에 흔들리되, 무너지지 않는 힘

진로코칭 현장에서 가장 많이 듣게 되는 말 중 하나는 이것이다.

"계획대로 되지 않아요."
"자꾸 바뀌어요."
"내가 이걸 정말 원했던 건지도 잘 모르겠어요."

이 말 속에는 **불확실성과 변화에 대한 불안**, 그리고 그것을 어떻게 감당해야 할지 모르는 무력감이 숨어 있다. 지금의 진로는 정해진 목적지를 향해 일직선으로 달리는 경주가 아니다. 오히려 끊임없이 지형이 바뀌는 복합적인 길이다. 그렇기 때문에 지금 시대에 가장 중요한 진로역량은 '정답을 고르는 능력'이 아니라, **상황이 바뀌어도 방향을 다시 잡고 걸어갈 수 있는 유연성**이다.

여기서 말하는 유연성은 단지 상황에 순응하거나 수동적으로 흔들리는 상태가 아니다. 오히려 **삶의 불확실성을 새로운 기회로 전환할 수 있는 능동적 회복탄력성**이다. 예를 들어, 한 고객은 4년을 준비했던 직종의 채용이 갑자기 중단되자 무력감에 빠졌다.

하지만 코칭을 통해 그동안 자신이 개발해온 역량을 다른 분야로 확장할 수 있다는 가능성을 인식하면서 이내 전혀 다른 경로로 진로를 설계하게 되었다. 그는 말했다.

"무너진 건 길이 아니라, 제 생각의 틀이었어요. 다시 설계할 수 있다는 게 이렇게 해방감을 줄 줄 몰랐어요."

유연성은 무너지지 않는 힘이 아니라, 무너져도 다시 일어설 수 있는 구조의 힘이다.

통합성: 조각난 삶을 하나의 이야기로 엮는 힘

"대학 전공, 아르바이트 경험, 인턴, 그리고 지금 하고 싶은 일…. 이 모든 게 너무 따로 노는 것 같아요."

"이력서 한 줄에 제 이야기가 담길 수 있을까요?"

우리는 조각난 삶을 살아간다. 중간에 멈춘 것, 실패한 것, 남들이 인정하지 않는 것들-그런 경험들은 자칫 '불필요한 것'으로 치부된다. 하지만 라이프디자인 진로코칭은 말한다. **삶의 모든 조각에는 의미가 있다** 그것을 엮어야 하는 일은, 평가가 아니라 **해석의 작업**이다. **통합성**은 바로 그 해석을 가능하게 하는 힘이다. 내가 겪은 경험들, 감정들, 기억들, 실패들-그 모두를 하나의 이야기로 연결하여 "그것이 지금의 나를 만든 이야기다."라고 말할 수 있게 해 주는 능력이다.

한 고객은 학창 시절의 방황, 여러 번의 이직, 짧은 외국 체류 경험 등을 마치 **실패의 흔적**처럼 말하곤 했다. 그러나 코칭 과정을 통해 이 모든 것이 '관계에서 자신을 잃는 경험'이었다는 것을 자각하게 되었고, 결국 '사람 사이의 균형을 탐구하는 직업(예: 가족상담, 조직문화 컨설팅 등)'에 매력을 느끼게 되었다. 그때 그는 말했다.

"내가 살아온 이야기가 결국, 내가 하고 싶은 일을 설명해주네요."

이처럼 **통합성은 내 삶의 의미를 복원하는 심리적 문법**이다.

세 철학, 하나의 질문으로 모이다

라이프디자인 진로코칭은 이 세 가지 철학을 통해 궁극적으로 단 하나의 질문을 고객과 함께 마주한다.

"나는 어떤 삶을 살고 싶은가?"

이 질문은 단순한 욕망의 표현이 아니다. 삶의 방향, 일의 의미, 나의 존재감, 그리고 그 모든 것을 내 방식으로 구성해가겠다는 선언이다. 그리고 코칭은, 이 선언이 시작될 수 있도록 민감하게 경청하고, 조율하고, 질문하고, 확장하는 동반자가 되어야 한다.

1.5 라이프디자인 진로코칭 철학의 실천: 주도성, 유연성, 통합성을 어떻게 코칭할 것인가?

라이프디자인 진로코칭의 핵심 철학은 앞서 살펴본 바와 같이 주도성(Proactivity), 유연성(Flexibility), 통합성(Integration)이다. 하지만 많은 코치들이 이런 질문을 던지곤 한다.

"그 철학들이 정말 중요한 건 알겠어요. 그런데 실제 코칭 장면에서는 어떻게 적용하죠?"
"철학이 이론에 머물지 않고, 코칭 대화 속에서 살아 움직이려면 어떤 질문을 던져야 하죠?"

이 절은 바로 그 질문에 대한 응답이다. 즉, 철학을 **질문으로 구현하고, 대화의 감각으로 살아내는 방법**을 탐색해 본다.

주도성을 코칭에서 어떻게 강화할 수 있을까?

진로에 대한 많은 고객의 고민은 **내가 결정하지 못하는 삶**에서 온다. '부모님이 원하는 길', '사회적으로 안정된 길', '남들이 가는 길' 등, 자기 선택이 아닌 외부 기준에 따라 결정된 삶은 결국 **정체성과 동기**를 흔들어 놓는다. 코칭은 고객이 **스스로 선택할 수 있는 사람이라는 자기 인식**을 회복하도록 도와야 한다. 이는 단지 '선택하세요.'라고 말하는 것이 아니라, 내면의 목소리를 들을 수 있게 하고, 자신의 욕망과 가치를 탐색하게 하며, 그 선택의 감정적 책임을 수용하도록 이끄는 것이다(Deci & Ryan, 2000).

예시 질문

- "그 결정 속에는 누구의 목소리가 가장 크게 들리나요?"
- "당신은 지금 이 선택을 어느 정도나 '원하고' 있나요?"
- "이 선택이 당신의 삶에 어떤 의미를 주나요?"
- "지금까지는 누구의 기대에 따라 살아왔고, 이제는 누구를 위해 살아가고 싶나요?"

주도성을 회복한 고객은 "이건 내가 진짜로 선택한 길이에요."라고 말할 수 있게 된다. 그리고 그 순간, 삶은 외부가 아닌 자기 손에 놓인다.

유연성을 코칭에서 어떻게 구현할 것인가?

유연성이란 단지 '흔들려도 괜찮다'는 말이 아니다. 그보다는 **불확실한 상황 속에서도 자**

신의 가능성을 확장하고, 자기 정체성을 재구성할 수 있는 내면의 여유를 말한다(Savickas, 2011).

코칭에서 유연성을 다룬다는 것은, 고객이 변화에 대해 느끼는 **두려움과 저항**을 탐색하고, 그 안에서 **새로운 가능성을 상상하고 말할 수 있도록** 돕는 일이다.

예시 질문

- "지금의 이 상황을 이전과 다른 시각으로 본다면, 어떤 의미가 있을까요?"
- "혹시 지금의 불확실성 속에 숨겨진 기회가 있다면 어떤 것일까요?"
- "이전에 도전하지 않았던 방식으로 접근한다면, 어떤 감정이 들 것 같나요?"

이런 질문은 고객이 기존의 인지적 틀에서 벗어나 **다른 관점, 다른 역할, 다른 가능성**을 탐색하게 한다. 결국 유연성은 '계획대로 되지 않아도 다시 설계할 수 있다.'는 내면의 회복감과 연결된다.

통합성을 코칭에서 어떻게 회복할 것인가?

통합성은 삶의 조각들을 하나의 이야기로 엮어가는 힘이다. 고객의 삶은 때로 산만하고, 불연속적이며, 실패와 좌절의 기억으로 가득 차 있다. 그러나 그 조각들에는 **삶의 주제가 흐르고 있다**. 코칭은 그 흐름을 함께 읽어내는 예술이다. 코치는 고객이 자신의 경험을 단순히 설명하는 것을 넘어, 그 안에 있는 **반복되는 주제, 감정, 신념, 갈망**을 인식하게 돕고, 삶 전체를 새로운 의미로 연결할 수 있도록 질문한다(McAdams, 1993; McLean et al., 2007).

예시 질문

- "당신의 인생에서 반복되는 감정이나 이야기 패턴은 무엇인가요?"
- "이 경험과 저 경험 사이에 어떤 연결이 있을까요?"
- "지금까지의 삶을 제목 하나로 표현한다면 어떤 문장이 떠오르나요?"
- "지금까지의 모든 선택이 하나의 이야기라면, 그것은 어떤 이야기였을까요?"

이러한 질문을 통해 고객은 단절된 인생 경험들을 '하나의 주제를 향해 나아가는 서사'로 재구성하게 된다. 그리고 그 주제는 앞으로의 진로를 설계하는 핵심 방향으로 작용한다.

세 철학, 하나의 대화 흐름

실제 코칭에서는 이 세 철학이 따로따로 움직이지 않는다. 오히려 대화 속에서 자연스럽게 서로 **겹치고, 확장되고, 강화된다.** 예를 들어,

- 고객이 "요즘 이 길이 정말 나다운 건지 모르겠어요."라고 말할 때,
  → 정체성의 흔들림(주도성)을 인식하고
  → 현재 상황을 새롭게 해석할 수 있도록(유연성)
  → 지금까지의 삶의 이야기를 다시 조망하는(통합성) 질문이 이어져야 한다.

이 흐름은 단지 질문 기술이 아니라,
코치가 삶을 어떻게 이해하느냐에 대한 철학적 감각에서 비롯된다.

코치는 철학을 구현하는 존재다

라이프디자인 진로코칭은 철학 없는 기술도, 기술 없는 철학도 지향하지 않는다. 코치는 이 세 철학을 단지 설명하는 사람이 아니라, **질문과 경청, 해석과 공명의 과정 속에서 살아내는 사람**이다.

이 절의 핵심은 그것이다. 주도성, 유연성, 통합성은 질문의 기술이 아니라 존재의 방식이다. 코칭 대화는 그 존재 방식이 언어 속에서 드러나는 순간이며, 코치와 고객이 그 의미를 함께 구성해 가는 과정이다.

■ 내 프랙티스를 위한 시사점
- 진로를 '선택'에서 '이야기'로 전환하기

1. 고객의 진로는 '결정'이 아니라 '이야기'다

진로 문제는 직업 매칭의 실패가 아니라 삶의 이야기 안에서 생긴 의미의 혼란이다. 고객이 반복적으로 말하는 어려움 속에서 어떤 내러티브가 작동하는지를 들어야 한다.

질문 예: "이 어려움은 당신 인생 이야기의 어디쯤인가요?"

2. 진로이론은 정답이 아니라 렌즈다

파슨스에서 사비카스까지의 모든 이론은 시대의 관점을 반영한 이해의 도구다. 이론을 '맞추는 틀'로 쓰지 말고, 고객의 말을 해석하는 렌즈로 사용하라.

질문 예: "이 경험을 수퍼의 관점에서 본다면 어떤 발달 과제일까요?"

포인트: 이론은 진단지가 아니라 이야기를 여는 언어다.

3. 코칭의 핵심은 '주도성'을 회복시키는 대화다

많은 고객은 여전히 타인의 기대와 사회의 기준 안에서 살고 있다. 코칭은 "당신의 이야기는 누구의 이야기입니까?"라는 물음으로 고객이 자기 기준을 회복하도록 돕는다.

질문 예: "이 선택 속에서 당신의 진짜 목소리는 어디 있나요?"

4. 변화의 시대에는 '유연성'을 길러야 한다

계획이 바뀌는 것은 실패가 아니라 재설계의 기회다. 코치는 고객이 불확실성을 두려움이 아닌 탐색의 자극으로 경험하도록 돕는다.

질문 예: "이 예상치 못한 변화가 당신에게 어떤 새로운 가능성을 보여주나요?"

5. 삶의 조각을 하나의 이야기로 '통합'하라

진로 혼란의 밑바닥에는 "내 삶의 조각들이 서로 연결되지 않는다."는 감정이 있다. 코칭은 고객이 과거의 단절된 경험을 의미로 엮어
"지금의 내가 만들어진 이야기"로 재해석하도록 돕는다.

질문 예: "이전의 경험과 지금의 선택 사이에 어떤 연결이 보이나요?"

6. 코치의 질문은 기술이 아니라 '존재 방식'이다

좋은 질문은 철학에서 비롯된다. 주도성 · 유연성 · 통합성은 코치가 세상을 어떻게 보고, 사람을 어떤 존재로 이해하느냐의 태도다. 코칭 대화는 이 철학이 언어로 드러나는 순간이며, 코치는 그 대화를 통해 고객이 자기 이야기를 새로 쓸 수 있도록 동행한다.

"진로는 직업을 고르는 일이 아니라, 자신이 어떤 존재로 살아가겠다는 이야기를 새로 써 내려가는 일이다."

| 참고문헌 |

- Cochran, L. (1997). Career counseling: A narrative approach. SAGE Publications.
- Gati, I., Landman, S., Davidovitch, S., Asulin-Peretz, L., & Gadassi, R. (2010). From career decision-making styles to career decision-making profiles: A multidimensional approach. Journal of Vocational Behavior, 76(2), 277-291. https://doi.org/10.1016/j.jvb.2009.11.001
- Guichard, J. (2005). Life-long self-construction. *International Journal for Educational and Vocational Guidance*, 5(2), 111-124. https://doi.org/10.1007/s10775-005-8789-y
- Guichard, J. (2005). Life-long self-construction: A narrative approach to career development. Counseling, 6(3), 131-139.
- Lent, R. W., & Brown, S. D. (2013). Social cognitive model of career self-management: Toward a unifying view of adaptive career behavior across the life span. *Journal of Counseling Psychology*, 60(4), 557-568. https://doi.org/10.1037/a0033446
- McAdams, D. P. (1993). *The stories we live by: Personal myths and the making of the self*. New York: The Guilford Press.
- McAdams, D. P. (1993). The stories we live by: Personal myths and the making of the self. William Morrow.
- Parsons, F. (1909). Choosing a vocation. Houghton Mifflin.
- Peterson, G. W., Sampson, J. P., & Reardon, R. C. (2002). Career development and services: A cognitive approach. Brooks/Cole.
- Savickas, M. L. (2005). The theory and practice of career construction. In S. D. Brown & R. W. Lent(Eds.), *Career development and counseling: Putting theory and research to work*(pp. 42-70). Hoboken, NJ: John Wiley & Sons.
- Savickas, M. L. (2011). Career counseling. American Psychological Association. https://doi.org/10.1037/12345-000
- Savickas, M. L., & Porfeli, E. J. (2012). Career Adapt-Abilities Scale: Construction, reliability, and measurement equivalence across 13 countries. *Journal of Vocational Behavior*, 80(3), 661-673. https://doi.org/10.1016/j.jvb.2012.01.011
- Swanson, J. L., & Fouad, N. A. (2014). *Career theory and practice: Learning through case studies*(3rd ed.). Thousand Oaks, CA: Sage.

2장 인간 이해-서사적 존재로서의 자기(self)

2장 인간 이해 - 서사적 존재로서의 자기(self)

"우리는 기억으로 존재하지 않는다.
우리는 '이야기'로 존재한다."-Dan P. McAdams

인간은 자신이 겪은 일을 단순히 '기억'하는 존재가 아니라, 그 경험에 '의미를 부여하고 연결하는 이야기의 저자'다.
이 장은 내러티브 정체성과 시간의 구조를 중심으로, 인간을 '이야기하는 존재'로 이해하는 철학적 · 심리학적 근거를 다룬다.
과거, 현재, 미래의 자신이 한 줄기로 이어지는 경험, 그것이 바로 '서사적 자기(narrative self)'의 출발점이다.

학습 포인트

- 내러티브 정체성의 이해
- Actor-Agent-Author 발달 구조
- 시간 속 자기의 통합

성찰 질문

"내가 스스로에게 가장 자주 들려주는 이야기는 어떤 이야기인가?"

2.1 왜 '진단 중심 진로이론'만으로는 부족한가?

"코치님, 저 MBTI로 ENFP 나왔어요. 그래서 사람 만나는 직업이 잘 맞을 거라고 하더라고요. 그런데 이상하게… 아무 일에도 확신이 없어요."

어느 날, 한 고객이 조심스럽게 내게 건넨 말이었다. 검사 결과로는 명랑하고, 창의적이며, 관계지향적인 사람이었다. 하지만 그의 눈에는 자신을 향한 불신과 혼란이 가득했다. 그때 나는 느꼈다. 이 사람은 성격유형이 아니라, 자신의 이야기를 잃어버린 것 같다고.

우리는 오랫동안 진로를 '기술적 문제'로 다뤄 왔다. MBTI, STRONG, 적성검사, 성격유형검사…. 그것들은 참 유용했다. 사람을 이해하는 데 도움도 되었고, 선택의 방향도 잡아 주었다. 하지만 그 모든 도구들이 말해 주지 못하는 것이 있었다.

바로 "왜 나는 이 일을 하고 싶은가?", "그 선택이 내 삶과 어떤 연결을 맺고 있는가?"라는 질문 말이다. 진단 중심 진로이론은 인간을 '유형'으로 구분하고, 그에 맞는 환경을 매칭하려 한다(Parsons, 1909; Holland, 1997). 그 틀 안에서는 진로란 '어울리는 일을 찾는 문제'다.

하지만 오늘날 우리는 안다. 아무리 '잘 맞는 일'이라도, 마음이 따라가지 않으면 오래 갈 수 없다. 또한, '안정적인 선택'을 했더라도 그것이 삶의 의미와 연결되지 않으면 공허할 수 있다. 진로는 이제 단순히 '무엇이 나와 맞는가?'의 문제가 아니다. 진로는 "나는 누구이며, 어떤 삶을 살아가고 싶은가?"라는 물음에 대한 응답이다(Savickas, 2011). 그리고 이 물음에 답하기 위해 사람들은 자연스럽게 자신의 이야기를 꺼낸다.

"사실… 어릴 때부터 늘 혼자 버텨야 했어요."

"그때 그 실패가, 아직도 나를 움켜쥐고 있는 것 같아요."

"다른 건 몰라도, 사람들과 진심으로 연결되는 건 놓치고 싶지 않아요."

이런 말들은 성격검사 결과로는 보이지 않는다. 진로를 구성하는 데 있어 가장 중요한 동기와 의미, 그리고 가치는 바로 이야기 속에 담겨 있다. 그래서 우리는 이제 물어야 한다.

"당신은 어떤 이야기로 살아오셨나요?"
"지금의 선택은, 당신 이야기의 어디쯤에 있나요?"
"앞으로 어떤 이야기를 쓰고 싶으신가요?"

이러한 접근이 바로 내러티브 기반 라이프디자인 진로코칭이 말하는 출발점이다. 진로는 이제 정적인 구조가 아니라, 살아 있는 이야기의 흐름이며, 코칭은 그 흐름을 함께 읽고, 확장하고, 다시 써 가는 동행의 작업이다.

2.2 내러티브[1] 접근은 어떻게 이를 보완하는가?

"코치님, 그냥 계속 살아왔던 대로 살다 보니… 지금 제가 왜 이 길을 가고 있는지 잘 모르겠어요."

그는 좋은 대학을 나왔고, 안정적인 직장도 있었다. 하지만 어느 날 문득, '이게 진짜 내가 원한 삶이었을까?'라는 질문이 마음 깊숙이 들어왔다고 했다. "전 그냥 해야 할 일들을 해 왔던 것 같아요. 근데 어느 순간부터 그게 저랑 상관없는 일처럼 느껴져요." 이것이 우리가 주목해야 할 지점이다. **진단 중심의 정보와 전략은 제공되었지만, 삶의 맥락과 의미는 빠져 있었다.** 그리고 바로 그 틈이, 지금 많은 사람들이 겪고 있는 '진로 혼란'의 실체다.

1) '내러티브(narrative)'는 경험을 시간적 · 인과적 · 의미적 구조로 조직하는 방식을 가리킨다(Bruner, 1990; McAdams, 1995). 본 책에서는 이를 '서사' 또는 '이야기'와 같은 의미로 사용하되, 학문적 일관성을 위해 주로 '내러티브'라는 용어를 사용한다.

진로는 의미의 문제다

파슨스, 홀랜드, 크롬볼츠…. 이름만 들어도 고개가 끄덕여지는 진로심리학자들은 진로에 대한 틀을 다듬고, 모델을 만들고, 수많은 사람들의 선택을 도왔다. 그들은 각자 다른 이론을 말했지만, 대부분은 공통된 관점을 전제하고 있었다.

"진로는 정보와 특성, 성향을 잘 분석하면, 최적의 선택을 할 수 있다."

즉, **진로는 '합리적 선택'의 문제**라는 것이다. 하지만 이 전제는, **진로란 살아가는 사람의 주관적 세계**를 충분히 담아내지 못한다. 왜냐하면 진로는 단지 직업을 고르는 문제가 아니라, **삶의 방향을 결정하는 일이며, 자기 자신이 누구인가를 이야기하는 일**이기 때문이다(Savickas, 2011; McAdams, 1993).

내러티브 접근은 무엇이 다른가?

내러티브 접근은 진로를 선택의 문제가 아니라 "이야기의 구성 과정"으로 본다. 즉, 사람은 단지 '무엇을 잘하는가?'로 자신을 설명하지 않는다. 우리는 살아오며 겪은 경험, 만났던 사람, 느꼈던 감정, 반복된 상황들을 통해 자신이 누구인지, 무엇이 중요한지를 이야기로 엮어 간다.

심리학자 맥아담스(McAdams, 1993)는 이를 "내러티브 정체성(narrative identity)"이라고 불렀다. 그에 따르면 사람은 다음 세 가지 층위에서 자신을 이해한다:

① 성향(dispositional traits)-예: 외향성, 신중성, 감정 안정성

② 개인적 관심사(personal concerns)-예: 목표, 가치, 동기, 역할

③ 내러티브 정체성(narrative identity)-삶을 하나의 이야기로 엮는 능력

이 중에서도 3층, **내러티브 정체성은 진로에 있어 가장 깊고, 가장 본질적인 층위**다. 사람은 단지 외향적이라서 영업을 잘하는 것이 아니라, **사람과 연결되고 싶다는 삶의 주제, 타인에게 영향력을 주고 싶다는 이야기**가 있기 때문에 그 일을 택하는 것이다.

진로에서 내러티브는 어떻게 작동하는가?

실제 코칭 장면에서 우리는 고객이 자기도 모르게 어떤 이야기 구조 안에 살고 있다는 걸 발견한다. 예를 들어 어떤 고객은 반복적으로 이런 말을 한다.

"전 항상 결과가 부족했어요."
"뭘 해도 인정받지 못했던 것 같아요."
"그래서 늘 부족한 걸 메꾸려고만 살아온 것 같아요."

이 내러티브는 단지 사실이 아니라, **삶을 해석하는 방식**이다. 그리고 그 해석은 현재의 선택과 미래의 방향에도 강력한 영향을 미친다.

사비카스(Savickas, 2005)는 진로문제를 해결하려면, 고객이 자기 안에서 반복하고 있는 **이 오래된 이야기 구조를 함께 읽고,** 그 이야기 안에서 새로운 의미와 방향을 함께 창조해야 한다고 강조한다.

코칭은 단지 듣는 것이 아니다-내러티브를 함께 구성하는 것이다

내러티브 코칭은 고객의 말을 단지 정보로 듣지 않는다. 대신 그 말을 어떤 플롯(plot)[2],

2) 여기서 말하는 플롯(plot)은 사건들이 단순히 연대기적으로 배열된 것이 아니라, 원인과 결과 · 목적과 귀결의 관계로 연결되어 의미를 갖는 구조를 가리킨다(Ricoeur, 1984; Bruner, 1990). 예컨대, "늦잠을 잤다 → 지각을 했다 → 교수님께 꾸중을 들었다"는 사건 나열이 플롯 속에서 하나의 '의미 있는 이야기'로 통합된다.

어떤 감정 리듬, 어떤 삶의 주제(life theme)[3]로 엮을 수 있는지를 함께 탐색한다. 예를 들어, 고객이 "그때 정말 억울했어요."라고 말했을 때, 코치는 이렇게 질문할 수 있다.

- "그 비슷한 감정을 느낀 적이 또 있었나요?"
- "그때 당신은 어떤 선택이나 행동을 했나요?"
- "지금도 비슷한 상황이 생기면, 어떤 마음이나 반응이 올라오나요?"
- "당신의 삶에서 '억울함'이라는 감정은 어떤 의미나 메시지를 가지고 있을까요?"

이 질문은 감정에서 시작해, 의미로 가고, 이야기로 도달한다. 그리고 그 지점에서 진로는 단지 '무슨 일을 할까'가 아니라, **"내가 어떤 사람이 되고 싶은가"에 대한 탐색**이 된다.

내러티브는 정체성을 통합하고, 진로를 재구성한다

진로를 내러티브로 본다는 것은, 고객이 자신의 삶의 파편들을 하나의 흐름으로 이해할 수 있도록 돕는 일이다. 그 흐름은 이렇게 구성된다:

① **선택적 기억**-어떤 경험이 반복적으로 떠오르는가?
② **의미화**-그 경험은 나에게 어떤 감정을 남겼는가? 어떤 해석을 낳았는가?
③ **이야기화**-그 경험이 지금의 나를 어떻게 만들었는가?
④ **전환의 가능성**-그 이야기를 지금, 다시 쓸 수 있는가?

이 네 단계를 통해, 사람은 **과거의 경험을 '정체성'으로 통합하고**, 그 정체성을 바탕으

3) 삶의 주제(life theme)란 개인의 삶에서 반복적으로 나타나는 의미와 가치의 패턴을 가리킨다(McAdams, 1993; Savickas, 2011). 이는 단순한 흥미나 목표와 달리, 개인이 자신의 경험을 해석하고 미래를 설계할 때 일관되게 나타나는 "큰 이야기(big story)"의 틀이다. 예컨대 "성취를 통해 인정받고 싶다.", "타인에게 도움이 되고 싶다."와 같은 주제는 다양한 진로 선택과 행동을 관통하며 삶에 방향성을 제공한다.

로 진로를 **의미 있는 방식으로 재구성**할 수 있게 된다.

진단의 시대에서 이야기의 시대로

이제 우리는 진로를 '측정'하는 시대를 넘어, **진로를 '이야기하는' 시대에 살고 있다.** 코치의 역할은 더 이상 고객에게 어울리는 직업군을 안내하는 데 그치지 않는다. 그보다 더 중요한 것은, 고객이 자신의 삶을 어떻게 말하고 있는지를 듣고, 그 이야기를 스스로 다시 쓰도록 도와주는 것이다. 그렇게 사람은 삶의 배우(Actor)를 넘어, 선택하는 주체(Agent)를 거쳐, 자신의 이야기를 쓰는 저자(Author)가 된다(Savickas, 2005).

그리고 그것이 바로, 내러티브 기반 라이프디자인 진로코칭의 궁극적 지향점이다.

2.3 코치가 알아야 할 내러티브의 핵심 개념
- 이야기에서 정체성으로, 단어에서 의미로

"그냥 지나간 일이라고 생각했는데요…. 지금 말하고 나니까, 그 일이 아직도 제 안에 남아 있었던 것 같아요."

한 고객이 지난 경험을 이야기하며 조용히 눈시울을 붉혔다. 그의 말은 처음엔 단순한 회상처럼 들렸지만, 몇 차례 질문이 이어지자 **정체성과 연결된 깊은 이야기**로 이어졌다. 이것이 바로 우리가 코칭에서 내러티브를 경청하고 해석해야 하는 이유다. **고객의 말은 단순한 사건이 아니라, 정체성의 언어일 수 있다**(Bruner, 1990)

하지만 코칭 현장에서 많은 코치들이 놓치고 있는 것이 있다. 바로 **'이야기'와 '내러티브'는 다르다**는 점이다. 고객의 말을 그저 과거의 사건으로 듣는다면, 우리는 문제 해결 수준에서 대화를 멈추게 된다. 반면 그 말이 어떤 구조와 층위를 가진 '의미의 언어'인지 이해하면, 그 이야기는 정체성 전환의 통로가 될 수 있다.

이야기와 내러티브는 어떻게 다른가?

많은 사람들이 '내러티브'를 단순히 스토리나 사건으로 이해한다. 하지만 라이프디자인 진로코칭에서 말하는 내러티브는 단지 과거의 일을 말하는 것이 아니다. 내러티브는 **삶의 경험에 의미를 부여하고**, 그것을 **하나의 정체성 구조로 엮어가는 심리적 과정**이다(McAdams, 1993; Bruner, 1990).

제롬 브르너는 인간이 세상을 이해하는 두 가지 방식이 있다고 말했다.

① **논리-분석적**(paradigmatic) 방식

- 과학, 공식, 명제, 이론…
- 예: "나는 ENFP니까 외향적이다."

② **내러티브**(narrative) 방식

- 시간과 맥락 안에서 삶에 의미를 부여하는 방식
- 예: "나는 어릴 때 외롭고 조용한 아이였지만, 사람들과 연결되고 싶어서 늘 먼저 다가가려 했다."

진로는 어떤 영역에 가까울까? **진로는 수식으로 정리할 수 있는 문제가 아니다.** 삶의 경험, 상처, 성취, 갈등, 감정, 선택들이 얽힌 **복잡한 이야기 구조**다. 그러므로 진로를 다루는 코치는 내러티브 방식의 이해에 익숙해야 한다.

코치가 이해해야 할 내러티브의 5가지 층위 구조

고객의 말에는 **층위의 깊이**가 있다. 겉으로는 단순한 사건처럼 들리지만, 그 속에 **삶**

의 패턴, 가치, 정체성이 담겨 있을 수 있다. 이 층위를 구별할 줄 아는 것이 내러티브 기반 코칭의 핵심 역량이다.

개념	정의	예시	코칭 포인트
사건 (Event)	단일한 경험, 일어난 사실	"고3 때 진학을 포기했어요."	정보 확인 수준 경청
이야기 (Story)	사건들을 시간 순으로 엮은 설명	"그때 부모님이 아프셔서 제가 돌봤어요."	배경 탐색, 상황 맥락화
내러티브 (Narrative)	이야기에 의미를 부여한 구조	"그때부터 전 늘 뭔가를 포기하면서 살아온 것 같아요."	정체성 인식, 제한 서사 발견
플롯 (Plot)	이야기를 전개하는 방 식(갈등-전환-재구성)	"항상 시작은 잘하는데, 끝까지 해낸 적이 없어요."	패턴 탐색, 내적 논리 파악
삶의 주제 (Life Theme)	반복되는 핵심 의미, 정체성의 중심	"저는 결국엔 누군가를 돕고 싶어요."	존재 가치, 진로 의미 연결

코칭은 층위별로 질문하고, 개입해야 한다

고객의 말이 어느 층위에 있는지를 구분하지 못하면, 우리는 **정보 수준의 질문만 반복**하게 된다. "그건 언제였나요?", "누가 그랬나요?", "그 다음엔 어떻게 되었죠?" 이런 질문은 **사건을 정리하는 데는 도움이 되지만,** 정체성을 탐색하거나 진로의 방향성을 재구성하는 데는 한계가 있다. 반대로, 내러티브 층위로 접근하는 코치는 이렇게 묻는다:

- "그 경험이 당신에게 어떤 감정을 남겼나요?"
- "그 사건 이후, 당신은 자신을 어떻게 보게 되었나요?"
- "그 경험이 지금의 선택에 어떤 영향을 미치고 있다고 느끼시나요?"

이 질문은 삶의 주제를 탐색하게 만들고, 고객이 **자신의 이야기를 다시 쓰기 시작하**

게 만든다.

예시: 층위별 코칭 대화

고객: 고등학생 때 발표하다가 머리가 하얘졌어요. 모두가 저를 보고 있었는데, 아무 말도 못했죠.

* 사건(Event): 발표 실패라는 단일 사건

코치: 그날 이후, 어떤 변화가 있었나요?

고객: 그 뒤로는 사람들 앞에 서는 게 두려워졌어요. 늘 피하게 됐죠.

* 내러티브(Narrative): 자신은 '피하는 사람'이라는 해석 구조

코치: 그 경험이 지금의 진로 고민에 어떤 영향을 주고 있다고 느끼세요?

고객: 그래서 교육 쪽이 맞을까 늘 주저하게 돼요. 하고 싶지만, 두렵기도 하니까요.

* 삶의 주제(Life Theme): '용기'와 '회복'이라는 키워드가 보임

이처럼 단순한 사건도 적절한 질문을 통해 정체성 구조로 이어질 수 있다.

분석가의 언어에서 코치의 언어로

좋은 코치는 고객의 이야기를 '정보'로 듣지 않는다. **이야기가 어떻게 구성되어 있는지를 구조적으로 듣는다.** 그 말이 사건인지, 이야기인지, 내러티브인지, 플롯인지, 삶의 주제인지 구분할 줄 안다.

이 구조를 이해하는 순간, 우리는 단순한 대화자가 아니라, **고객의 정체성 여정을 함께 지도할 수 있는 사람**이 된다.

2.4 내러티브가 어떻게 정체성을 형성하는가? - 삶의 이야기가 '나'를 만든다

"코치님, 전 그냥 원래 이런 성격이에요."

"늘 중간에 멈추고, 끝까지 간 적이 거의 없어요. 성격 탓이죠, 뭐."

고객은 자신의 현재 행동을 설명하려 애쓰고 있었다. 그 설명은 일견 설득력 있었지만, 왠지 슬프고 무기력했다. 그의 말은 단지 성격에 대한 언급이 아니었다. **그것은 오랫동안 반복된 자기 이야기의 한 문장이었다.**

우리는 종종 자신을 '유형'이나 '기질'로 설명하려 한다. 내향적이라서, 외향적이라서, 완벽주의라서…. 이런 설명은 간편하고 익숙하다. 그러나 **그 설명은 우리의 변화 가능성을 가리는 언어일 수도 있다.** 왜냐하면 정체성은 주어지는 것이 아니라, 살아가며 **구성되고 쓰여지는 이야기**이기 때문이다.

정체성은 시간 속에서 만들어진다

심리학자 맥아담스(Dan P. McAdams, 1993)는 인간의 성격과 정체성을 세 개의 층위로 설명한다.

층위	설명	예시
성향 (Disposition)	타고난 기질, 성격 유형 (예: Big5, MBTI)	"나는 외향적이다."
개인적 관심사 (Personal Concerns)	삶의 목표, 가치, 동기, 사회적 역할	"나는 의미 있는 일을 하고 싶다."
내러티브 정체성 (Narrative Identity)	삶을 하나의 이야기로 엮고 해석하는 방식	"나는 늘 사람들 사이에서 중재자였다."

이 중에서 **내러티브 정체성**은 삶의 경험에 의미를 부여하고, 자신의 정체성을 시간과 사건의 흐름 속에서 설명하려는 **자기 이해의 이야기적 틀**이다. 우리는 단지 '외향적'이라서 회의를 주도하는 것이 아니라, **"어릴 때부터 부모님의 갈등 사이를 중재하며 자랐기 때문에"** 타인의 긴장을 조율하고 분위기를 살리는 일이 익숙한 것일 수 있다. 즉, 우리의 정체성은 **시간, 기억, 해석, 의미 부여**라는 과정을 통해 구성된다.

성격은 하나의 점이라면, **정체성은 연결된 이야기의 선이다.** 즉, 성격은 어떤 시점에서 개인이 가진 경향성과 특질을 보여주는 고정된 좌표라면, 정체성은 시간 속에서 경험을 해석하고 의미를 부여하며 이어온 자기 이야기의 흐름이다

정체성은 어떻게 형성되는가?

정체성은 다음과 같은 **내러티브적 구성 과정**을 통해 만들어진다. 사람은 삶의 경험을 단순히 축적하는 것이 아니라, 그것을 해석하고, 의미를 부여하고, 이야기로 조직하면서 '나는 누구인가?'를 정의하게 된다(McAdams, 1993; McLean, Pasupathi, & Pals, 2007).

1. 선택적 기억

- 모든 경험이 정체성을 만드는 것은 아니다. 어떤 경험은 잊혀지고, 어떤 경험은 유독 반복적으로 떠오른다.
- 이는 단순한 기억력의 문제가 아니라, **자기 정체성에 영향**을 준 핵심적 경험이라는 심리적 신호일 수 있다(McAdams, 1993).
  → "고등학생 때 큰 실수를 했던 일이 자꾸 떠올라요."

2. 감정과 의미 부여

- 기억은 감정과 연결될 때 의미를 갖는다.

- 감정은 단순한 느낌이나 반응이 아니라, 경험을 해석하고, 의미를 생성하며, 정체성을 구성하게 하는 핵심 작동원리이다(Bruner, 1990).

  기억은 감정 없이 저장되지 않고, 정체성은 감정 없이 서사화되지 않는다.

  → "그때 너무 창피했고, 스스로가 무가치하게 느껴졌어요."

3. 내러티브 구성

- 우리는 특정한 경험들을 하나의 이야기로 엮어 "나는 이런 사람이야."라는 **정체성 진술**로 구조화한다.
- 이것이 바로 내러티브 정체성(narrative identity)의 핵심이다(McAdams, 1993).

  → "전 원래 무대 체질이 아니에요. 앞에 나서는 건 제 스타일이 아니에요."

4. 반복과 강화

- 그렇게 형성된 내러티브는 이후 유사한 상황에서 반복적으로 호출되며,
- **새로운 선택의 폭을 좁히고, 행동 양식을 제한**하기도 한다(McLean 등, 2007).

  → "그래서 늘 발표는 피하게 되고, 기회도 놓쳐요."

이 과정을 거치며, 사람은 자신이 겪은 삶의 이야기로 정체성의 틀을 고정시킨다. 그러나 중요한 것은 이 이야기의 **출처**다. 그것은 대부분 **스스로 선택한 것이 아니라**, 당시의 감정과 해석에 의해 **형성된 이야기 구조**일 뿐이다. 그리고 이 해석은 언제든 **다르게 말해질 수 있고, 다시 쓰일 수 있다**(McAdams, 1993; McLean 등, 2007).

감정의 힘: 내러티브와 정체성을 연결하는 열쇠

① 감정은 주의(attention)를 집중시키고, 기억을 형성하는 핵심 기제이다

우리가 수많은 일상 중 감정을 동반한 사건만 선명히 기억하는 이유는, 감정이 그 사건에 '깃발(flag)'을 꽂기 때문이다.

예: "수업 내용은 기억 안 나지만, 선생님한테 혼난 날은 또렷하게 기억나는" 것처럼.

② 감정은 경험을 해석하게 만드는 렌즈이다

동일한 사건도 감정의 상태에 따라 해석이 달라진다.

예: '도전을 받았다.'는 상황에서 자신감 있는 사람은 "기회"로 느끼고, 두려운 사람은 "위협"으로 해석합니다.

이처럼 감정은 경험의 '의미를 구성하는 코드' 역할을 한다.

③ 감정은 자기서사(narrative identity)의 연결고리이다

감정은 사건과 사건 사이에 시간적 · 정서적 연결을 만들어, 하나의 일관된 이야기로 엮어 준다.

예: "나는 늘 외면당했다고 느꼈다"는 정체성 서사에는, 감정적 일관성이 핵심이다.

→ 기억된 사건 자체보다 그때 느꼈던 감정이 '자기'의 줄기가 된다.

④ 감정은 행동과 선택에 영향을 준다(에이전시와 연결)

의미 있는 감정은 동기 부여와도 연결되며, "왜 나는 이 길을 선택하려는가?"에 대한 내면의 이유가 된다.

감정이 억눌리거나 단절되면, 행동은 무의미하거나 외부 기준에 따라 흔들릴 수 있다.

구성주의 관점에서의 정리:

감정은 단지 반응이 아니라, 경험을 해석하고, 의미를 생성하며, 정체성을 구성하게 하는 핵심 작동원리이다.

기억은 감정 없이 저장되지 않고, 정체성은 감정 없이 서사화되지 않는다.

진로는 정체성의 실천이다

사빅카스(Savickas, 2011)는 진로를 "정체성의 표현이며 실현의 장"이라고 말했다. 즉, 진로는 단순한 선택이 아니라, **"나는 누구인가?"라는 질문에 대한 실천적 응답**이다. 그러므로 진로를 이야기하려면, 그 사람이 살아온 이야기와 연결되어야 한다. 그리고 그 이야기의 반복, 갈등, 패턴을 읽어내야 한다.

고객이 말한다. "사실, 상담이라는 일이 저랑 맞는지 모르겠어요. 남을 도와주는 건 좋지만, 저 자신은 늘 뒤로 밀려요." 이 말 속에는 단지 진로의 고민만 있는 것이 아니다. "나는 늘 누군가를 우선시했고, 그게 내가 살아온 방식이었다."는 **삶의 서사**가 숨어 있다. 즉, '좋은 사람', '도움을 주는 사람'이라는 역할의 틀에 갇혀, 자기 삶의 방향을 잃어버린 상태일 수도 있다. 이 이야기를 듣고 묻는다.

- "그런 이야기는 언제부터 시작된 걸까요?"
- "그 경험이 지금의 당신에게 어떤 영향을 미치고 있나요?"
- "지금 그 이야기를 다시 쓴다면, 어떤 제목을 붙이고 싶으세요?"

이 질문은 고객의 '정체성 이야기'를 바꾸는 첫 문장이 될 수 있다.

이야기는 다시 쓸 수 있다

정체성은 고정된 것이 아니다. 정체성은 고정된 실체가 아니라, 살아가는 동안 끊임없이 구성되고, 수정되며, **재구성되는 살아 있는 이야기**다(McAdams, 1993; McLean, Pasupathi, & Pals, 2007; Ricoeur, 1992).

그리고 코칭은 그 이야기의 재구성에 개입할 수 있는 결정적인 순간이다. 내러티브 기반 진로코칭은 고객이 이렇게 말할 수 있도록 돕는다.

- “그땐 나를 무능하다고만 생각했는데, 지금은 그게 배움의 시작이었다는 걸 알아요.”
- “예전엔 실패한 이야기라고 여겼는데, 지금은 그 경험이 나를 만들었다고 생각해요.”
- “이젠 저도 제 이야기를 제가 선택해서 쓸 수 있을 것 같아요.”

이 순간, 사람은 자신을 단순히 ‘성격’으로 설명하는 존재에서, 자신의 삶을 구성하고 전환해 나가는 이야기의 저자(author)가 된다. 그리고 그것이 바로 정체성 변화의 시작이다.

2.5 정체성은 어떻게 발달하는가?: Actor-Agent-Author

- 주어진 삶에서, 선택하는 삶으로. 그리고 설계하는 삶으로

“코치님, 그냥 주어진 대로 살다 보니… 이제는 제가 뭘 원하는지도 모르겠어요.”

이 말은 많은 고객들이 진로코칭에서 내뱉는 공통된 표현 중의 한 예이다. 그들의 말투는 지친 듯하면서도, 어딘가 희망이 묻어 있다. 아직 이름 붙이지 못한 갈망. **“나는 이제 내 삶의 주인이 되고 싶어요.”**

우리는 누구나 삶을 살아가며 조금씩 변한다. 하지만 그 변화는 단지 ‘상황의 적응’만이 아니다. 그보다 더 본질적인 변화는, **자기 삶을 어떻게 인식하고 구성하느냐의 전환**이다. 이 변화의 과정을 내러티브 기반 진로코칭에서는 Actor(행위자) → Agent(주체자) → Author(삶의 저자)의 세 단계로 설명한다(Savickas, 2005, 2011).

1단계: 행위자(Actor)-삶의 무대 위에서 ‘역할’을 수행하는 사람

우리는 처음부터 자기 삶의 방향을 설정하며 살아오지 않았다. 태어나면서부터 우리는 **'역할'이라는 대본**을 부여받는다. 아들, 딸, 학생, 모범생, 리더, 순응자…. 그리고 우리는 주변의 기대에 맞춰 그 대본을 연기하며 살아간다. 이 단계의 사람은 **자신이 어떤 사람인지보다, 어떤 역할을 잘 수행하느냐에 집중한다.**

고객 사례

"대학 전공은 부모님이 추천해서 선택했어요."
"다들 이 직장이 좋다고 해서 준비했죠."
"별다른 고민은 없었어요. 그냥 해야 할 일을 해온 거죠."

이 시기의 진로는 철저히 **외부 기준**에 의해 움직인다. '좋은 대학', '안정된 직장', '남들이 선호하는 선택'이 주요 의사결정 기준이 된다. 행위자는 말 그대로 **무대 위의 배우**다. 아직 '무엇을 선택할지'보다, '잘 해내는 것'이 중요하다. 자기 삶의 이야기보다는 **타인의 기대와 기준**이 중심이 된다.

코칭 포인트

행위자 단계에서는 '무엇이 부족한가?'를 묻기보다, "지금의 삶은 누구의 이야기인가요?", "이 길은 언제, 어떻게 선택되었나요?"와 같은 **자기 서사의 맥락 탐색**이 필요하다.

2단계: 주체자(Agent)-선택하고 책임지는 자기결정적 주체

어느 순간, 우리는 외부 대본의 한계를 느낀다. "이 길이 나에게 정말 맞는가?", "이제는 내가 원하는 삶을 살아보고 싶다." 이런 질문이 떠오를 때, 사람은 행위자에서 **주체자로 넘어가고 있는 중**이다.

주체자는 더 이상 타인의 기준에만 의존하지 않는다. **자기 내면의 동기, 가치, 갈망을 기준으로 삶을 선택하려는 존재**다. 그는 갈등하고, 고민하고, 때로 불안을 감수하면서도 스스로 길을 만들고자 한다.

고객 사례

"안정적인 길이긴 한데, 내가 진짜 원하는 건 아니에요."
"요즘은 다시 글을 쓰고 싶다는 생각이 자꾸 들어요."
"이제는 좀 다르게 살아보고 싶어요."

주체자는 **자기 삶의 주도권을 회복하려는 사람**이다. 여전히 흔들리지만, 방향을 잡으려 노력하고 있다. '결정' 자체보다, "이 결정이 내 것이냐."가 중요해진다.

코칭 포인트

주체자 단계에서는 자기 이해와 가치 명료화가 핵심이다.

"당신에게 진짜 중요한 것은 무엇인가요?"
"지금의 선택은 당신 이야기의 어떤 지점에서 등장했나요?"

이러한 질문을 통해 **내적 기준과 외적 기준을 분리**하고, 자신만의 항로를 그릴 수 있도록 돕는다.

3단계: 저자(Author)-자신의 이야기를 구성하고 다시 쓰는 저자

그리고 어느 날, 우리는 **삶을 이야기로 바라보게 된다.** 과거의 실패조차 하나의 의미가 되고, 혼란스러웠던 시간도 지금의 나를 만든 여정이었다는 걸 이해하게 된다. 이 순간, 사람은 저자가 된다. 저자는 단지 선택하는 주체가 아니라, **삶의 경험을 이야기로 통합하고, 미래의 방향을 이야기로 설계하는 존재**다. 그는 더 이상 "무엇을 해야 하나"가 아니라, "나는 어떤 삶을 살아가고 싶은가"를 묻는다.

고객 사례

"생각해 보면, 전 늘 사람과의 연결을 중요하게 여겼어요."
"이제는 실패도 제 이야기를 만든 한 부분이라고 느껴요."
"저는 관계를 돌보는 일을 하고 싶어요. 그게 저예요."

저자는 **삶의 의미를 재해석하고, 정체성을 통합하며,** 새로운 이야기의 다음 장을 스스로 쓰기 시작한다. 그리고 그 이야기는 진로라는 이름으로 **현실화된 선택**이 된다.

코칭 포인트

저자 단계에서는 고객이 자신의 이야기를 **의미 있게 말하고 구성할 수 있도록** 돕는다.

"지금까지 살아온 이야기를 한 문장으로 요약한다면?"
"당신 이야기의 다음 장은 어떻게 시작될까요?"
"당신 삶의 주제는 무엇인가요?"

Savickas(2005, 2011)의 Actor-Agent-Author 발달 단계 요약

단계	핵심 개념	정체성의 초점	행동/심리적 특징	코칭 · 상담 적용 포인트	대략적 연령대
Actor (행위자)	**역할 수행자** - 타인의 기대와 사회적 규범에 따라 행동	"사람들이 나를 어떻게 볼까?" / 외적 역할 중심	- 부모 · 교사 · 또래의 기대에 맞추어 행동 - 외부 평가에 민감 - '좋은 학생 · 자녀 · 직원'으로 살아감 - 정체성이 외부에 의존	- 외부 기대에 맞춘 선택 인식시키기 - '나는 어떤 역할을 살아왔는가?' 질문 - 자기인식(Self-awareness) 시작	청소년기 ~ 20대 초반
Agent (주체자)	**선택하는 사람** - 자기 결정과 목표의식이 생기기 시작	"내가 원하는 것은 무엇인가?" / 내적 동기 중심	- 목표 지향적 행동 - 자기결정(Self-determination) 강화 - 경험과 선택의 일관성을 추구 - 실패 · 전환을 통한 자기조정 학습	- 내면의 가치 · 의미 탐색 - 선택의 책임감 · 동기 강화 - "이 결정은 누구의 이야기인가?" 질문	20대 중반 ~ 30대 중반
Author (삶의 저자)	**의미의 창조자** - 자신의 삶을 하나의 이야기로 통합	"나는 어떤 이야기를 살아가고 있는가?" / 내러티브 통합 중심	- 과거-현재-미래를 하나의 이야기로 연결 - 삶의 주제(Life Theme) 인식 - 전환기 · 위기를 재해석 - 자기서사(Narrative Identity) 형성	- 삶의 주제와 내러티브 통합 지원 - 전환기 코칭, 의미 기반 재설계 - "내 이야기를 어떻게 새로 쓸 것인가?" 질문	30대 후반 ~ 중년기 이후

이 모델은 선형이 아니다: 영역별, 순간별로 다르다

행위자 → 주체자 → 저자의 흐름은 선형적 발달 단계를 의미하지 않는다. 사람은 삶의 여러 영역에서 **동시에 서로 다른 정체성 위치**에 있을 수 있다.

- 직업에서는 여전히 행위자지만,
- 가족 관계에서는 주체자일 수 있다.

- 관계에서는 저자처럼 살고 있지만,
- 진로에서는 아직 외부 기준에 흔들릴 수도 있다.

코칭의 목표는 이 복합적 위치를 **비판하거나 수정하는 것**이 아니다. 오히려 코치는 그 위치를 **정확히 이해하고**, 고객이 자신도 몰랐던 '가능한 이야기'를 다시 상상할 수 있도록 돕는 역할이다.

코칭은 '정체성의 이동'을 촉진하는 일이다

진로 문제는 단지 목표 설정이나 행동전략이 아니라, **삶의 정체성 변화와 밀접하게 연결된 과정**이다(Savickas, 2005, 2011). 코치는 고객이 자기 삶에서 어느 위치에 있는지를 함께 탐색하고, 그 다음 단계로 이동할 수 있는 대화를 설계해야 한다.

- 행위자가 주체자로 가도록: "당신의 말 중에서 '나도 모르게' 선택했던 순간은 언제였나요?"
- 주체자가 저자로 가도록: "그 선택을 통해 당신은 어떤 삶을 만들고 싶으신가요?"

라이프디자인 진로코칭은 이렇게 사람을 **수동적 배우에서, 자기 삶의 저자**로 성장하도록 돕는 실천이다.

2.6 진로 내러티브는 시간의 흐름이다 - 과거, 현재, 미래를 잇는 이야기

"코치님, 제 인생이 엉망 같아요. 이것저것 해보긴 했는데, 뭐 하나 제대로 해낸 게 없어요."

이런 말을 들을 때, 나는 종종 질문한다. "그 모든 경험이 '연결되지 않았던 것처럼' 느껴지시나요?" 그러면 대부분의 고객은 고개를 끄덕인다.

그들은 실패했기 때문이 아니다. **자신의 삶을 하나의 이야기로 연결해 본 적이 없기 때문**이다. 조각난 경험들 사이에 의미의 실을 꿰지 못했기에, 삶 전체가 우연과 실수로만 이루어진 것처럼 느껴지는 것이다.

진로는 시간 안에서 구성된다

진로를 단지 현재의 '선택'으로 바라보면, 우리는 다음과 같은 질문에 머물게 된다.

- 지금 무슨 일을 해야 할까?
- 이 직업은 나와 잘 맞을까?
- 지금 이 결정이 미래에 도움이 될까?

하지만 진로는 **단지 지금의 선택이 아니라, 과거의 경험으로부터 의미를 구성하고, 미래의 가능성을 이야기로 설계해 나가는 통합적 흐름**이다. 사빅카스(Savickas, 2011)는 진로를 구성한다는 것은, **삶의 이야기 안에서 자기 정체성을 조직하는 작업**이라고 말한다. 즉, 진로는 하나의 사건이 아니라 **서사의 궤도**다.

과거는 정체성의 원형을 제공한다

사람마다 유독 **자주 떠올리는 장면**이 있다. 어릴 적 혼자 있었던 기억, 어떤 교사의 말, 친구와의 갈등, 처음으로 무대에 섰던 날…. 이 기억들은 단지 '추억'이 아니라, **정체**

성의 기원에 해당하는 장면들이다. 코칭에서 이 기억들을 조심스럽게 되짚어보면, 그 안에는 **고객의 삶을 설명하는 키워드**가 숨어 있다.

예를 들어:

"고등학생 때 발표하다가 실수를 한 이후로, 저는 사람들 앞에 서는 걸 피하게 됐어요."

이 경험은 '회피'라는 행동의 기원이자, '자신감 부족'이라는 자기 이야기의 출처다. 하지만 동시에, **지금 그 이야기를 다시 쓸 수 있는 출발점이 될 수 있다.**

코칭 질문 예시

- "그 경험이 당신에게 어떤 감정을 남겼나요?"
- 그 경험이 지금의 방향을 결정하는 데 어떤 영향을 미쳤나요?"
- "지금, 그 이야기를 새롭게 해석한다면 어떤 의미가 되나요?"

현재는 이야기의 전환점이다

진로코칭에 오는 대부분의 고객은 **기존의 이야기가 더 이상 나를 설명해주지 못할 때** 찾아온다.

- "지금 회사는 안정적이긴 한데, 열정은 없어요."
- "이 일이 예전엔 맞다고 생각했는데, 이제는 아닌 것 같아요."
- "왜 이렇게 사는지 모르겠어요. 뭔가 다른 걸 해야 할 것 같아요."

이러한 말들은 모두 **내러티브 정체성의 전환 가능성**을 내포하고 있다. 기존의 정체성과는 '불일치'가 생겼고, 새로운 이야기가 필요하다는 내면의 신호가 울리고 있다. **현재는, 과거 이야기의 끝이자 미래 이야기의 시작점이다.**

이 지점에서 코치는 다음과 같은 질문을 던져야 한다.

- "지금의 감정은 당신 이야기 속에서 언제 처음(또는 다시) 찾아온 감정일까요?"
- "지금의 혼란은 당신에게 어떤 질문을 던지고 있는 것 같나요?"
- "이 순간이 당신 이야기 속에서 어떤 장면으로 기억되면 좋을까요?"

이 질문은 현재를 단지 '문제의 상태'가 아니라, **전환과 창조의 지점**으로 전환시킨다.

미래는 이야기의 확장이다

진로 내러티브에서 미래는 단지 **계획**의 대상이 아니다. 미래는 '설계'의 영역이자, **삶의 방향성을 내러티브로 재창조하는 공간**이다. 사빅카스(Savickas, 2005)는 말한다.

"고객이 자신의 미래를 이야기하기 시작할 때, 비로소 그는 자기 삶의 저자가 된다."

미래는 아직 일어나지 않은 일이지만, 우리는 그것을 **언어로 구성함으로써** 지금의 삶에 영향을 미치게 할 수 있다. 즉, 미래는 **상상이 아니라 이야기의 힘으로 탄생하는 장면**이다.

코칭 질문 예시

- "당신이 바라는 미래의 삶은 어떤 장면으로 떠오르나요?"
- "그 미래는 지금까지의 당신의 이야기와 어떻게 이어져 있다고 느끼시나요?"

- “그 장면을 실현하기 위해, 오늘 무엇을 시작할 수 있나요?”

진로 내러티브는 시간의 통합이다

이제 우리는 안다. 진로는 **단절된 조각들의 합이 아니라, 과거-현재-미래를 하나의 흐름으로 조직해 가는 이야기의 구조**라는 것을. 그리고 그 구조 안에서, 사람은 자신이 누구인지, 왜 지금 여기 있는지, 그리고 어디로 가고 싶은지를 비로소 말할 수 있게 된다.

라이프디자인 진로코칭은 바로 이 시간의 흐름을 하나의 내러티브로 구성할 수 있도록 돕는 실천이다.

코치는 다음과 같은 전환을 이끌 수 있어야 한다:

- “그때는 실패라고 생각했어요.”
  → “지금은 그 경험이 나를 단단하게 만든 것 같아요.”
- “앞으로는 뭘 해야 할지 모르겠어요.”
  → “지금 내가 쓰고 싶은 이야기는 이런 거예요.”
- “이력서에 남는 공백이 불안해요.”
  → “그 시간도 내 삶을 구성한 하나의 챕터예요.”

■ 내 프랙티스를 위한 시사점
- 고객의 이야기를 듣는다는 것의 진짜 의미

1. 고객은 '문제를 가진 사람'이 아니라 '이야기를 가진 사람'이다

진로 문제는 단일 사건이 아니라 **삶의 이야기 속 갈등**이다. 고객이 반복되는 어려움 속에서 **어떤 이야기 구조로 살아왔는가**를 경청해야 한다.

- 질문 예: "이 어려움은 당신 이야기 속에서 어떤 전환의 순간일까요?"

2. 고객의 말을 층위별로 듣는다

고객의 말은 **단순한 정보가 아니라 정체성의 언어**다. '사건-이야기-내러티브-플롯-삶의 주제'로 구분하여 듣고, 질문의 깊이를 조절한다.

- 예: "그 경험이 당신에게 어떤 의미를 남겼나요?"

3. 질문은 방향보다 의미를 탐색하라

내러티브 코칭에서는 목표보다 정체성 탐색이 우선이다. 초기에는 진단보다 탐색, 해결보다 공명, 방향보다 **맥락과 의미**를 묻는다.

- 팁: "지금 이 선택은 당신 이야기의 어떤 전환점인가요?"

4. 고객의 현재 정체성 위치를 파악하라: 행위자-주체자-저자

정체성 발달 단계에 따라 코칭 개입의 깊이와 전략이 달라진다.

- 행위자: 외부 기준에 따라 살아감 → 주체성 회복
- 주체자: 자기 결정 시작 → 의미화와 가치 탐색
- 저자: 자기 이야기 재구성 → 삶의 주제 설계
- 질문 예: "이 선택은 누구의 이야기인가요?"

5. 고객이 자신의 이야기를 다시 쓸 수 있도록 돕는다

코칭의 목표는 **문제 해결**이 아니라 **정체성 재구성**이다. 고객이 자기 이야기의 저자로 살아갈 수 있도록 격려하자.

- 질문 예: "지금 당신이 쓰고 싶은 새로운 이야기는 어떤 모습인가요?"

6. 마무리 성찰

코칭은 질문의 기술이 아니라 **정체성을 경청하는 태도**다. 내러티브 코칭은 고객이 자신의 삶을 다시 말할 수 있게 하고, "나는 누구의 이야기로 살아왔는가?"라는 질문을 "이제는 내가 내 이야기를 쓴다."는 확신으로 바꾸어 준다.

| 참고문헌 |

- Bandura, A. (1997). Self-efficacy: The exercise of control. New York, NY: Freeman.
- Bruner, J. (1990). Acts of meaning. Cambridge, MA: Harvard University Press.
- Guichard, J. (2005). Life-long self-construction: A narrative approach to counseling. In R. A. Young & A. Collin(Eds.), The future of career(pp. 101-113). Cambridge University Press.
- Holland, J. L. (1997). *Making vocational choices: A theory of vocational personalities and work environments*(3rd ed.). Odessa, FL: Psychological Assessment Resources.
- McAdams, D. P. (1993). The stories we live by: Personal myths and the making of the self. New York, NY: The Guilford Press.
- McAdams, D. P. (1995). What do we know when we know a person? Journal of Personality, 63(3), 365-396. https://doi.org/10.1111/j.1467-6494.1995.tb00500.x
- McLean, K. C., Pasupathi, M., & Pals, J. L. (2007). Selves creating stories creating selves: A process model of self-development. Personality and Social Psychology Review, 11(3), 262-278. https://doi.org/10.1177/1088868307301034
- Parsons, F. (1909). Choosing a vocation. Boston, MA: Houghton Mifflin.
- Ricoeur, P. (1992). Oneself as another(K. Blamey, Trans.). Chicago, IL: University of Chicago Press. (Original work published 1990)
- Savickas, M. L. (2005). The theory and practice of career construction. In S. D. Brown & R. W. Lent(Eds.), Career development and counseling: Putting theory and research to work(pp. 42-70). Hoboken, NJ: John Wiley & Sons.
- Savickas, M. L. (2011). Constructing careers: Actor, agent, and author. Journal of Vocational Behavior, 79(2), 177-186. https://doi.org/10.1016/j.jvb.2010.12.009

3장 내러티브를 활용한 코칭의 실제

3장 내러티브를 활용한 코칭의 실제
"이야기를 바꾸면, 삶이 바뀐다."

코칭은 내담자의 이야기를 듣는 일로 시작하지만, 그 이야기가 '다르게' 들리기 시작할 때 변화는 시작된다.
이 장에서는 삶의 주제(Life Theme)를 탐색하고, 문제적 내러티브를 성장 내러티브로 전환하는 실제적 방법을 다룬다.
코치는 단순한 기술자가 아니라, 고객이 자신을 새롭게 이해하도록 돕는 '의미의 동반자'다.

학습 포인트

- 삶의 주제 탐색과 내러티브 분석
- 문제적 vs 성장 내러티브
- 전환을 이끄는 코칭 전략

성찰 질문

"내가 반복해서 되뇌는 인생의 문장은 무엇인가?"

3.1 삶의 주제 분석-진로를 이끄는 내면의 이야기

"코치님, 제가 지금까지 뭘 해 왔는지 정리하려고 적어 봤는데요…. 계속 반복되는 패턴이 있는 것 같아요. 저는 늘 혼자 뭔가를 감당해 왔어요. 누구한테 기대지도 못하고요. 그런 제가 어떤 직업을 선택해야 할지 잘 모르겠어요."

나는 이 말 속에서 '진로'라는 단어보다 먼저 '이야기'의 구조를 보았다. 고객이 지금 선택을 고민하는 것은, 단순히 다음 할 일을 정하는 게 아니라, "나는 누구이고 어떤 삶을 살아왔는가?"라는 질문에 대한 내러티브적 응답이었다.

우리는 누구나 자신의 이야기로 살아간다. 그리고 그 이야기에는 저마다의 반복되는 감정, 경험, 가치, 행동 패턴이 있다. 그것이 바로 **삶의 주제(life theme)**다. 진로 코칭에서 이 삶의 주제를 탐색한다는 것은, 고객이 자신의 '성격'이나 '흥미'로 설명하는 것을 넘어서, 지금까지 **살아 온 이야기의 구조로 이해**하고, 앞으로 살아가고 싶은 이야기의 방향을 함께 그려보는 작업이다.

삶의 주제란 무엇인가?

삶의 주제는 그 사람의 **정체성 중심부를 구성하는 내면의 내러티브**다. 이는 단순한 감정이 아니다. 고객이 삶을 어떤 방식으로 해석하고, 반복된 경험 속에서 어떤 의미를 뽑아내고, 어떤 방식으로 세상과 관계를 맺고자 하는지를 말해 주는 깊은 언어다.

맥아담스(McAdams, 1993)는 삶의 주제를 "사람이 자기 삶을 하나의 이야기로 조직하며 형성하는 정체성의 핵심 구조"라고 설명한다. 그는 인간이 삶을 이해하는 방식을 '스토리텔링'이라고 보았다. 다양한 사건과 선택들이 정서적 의미를 중심으로 얽히면서 개인의 자기 내러티브(self-narrative)가 형성된다는 것이다.

사빅카스(Savickas, 2011)도 비슷한 관점을 제시한다. 그는 진로를 "삶의 주제를 외부 세계 속에서 실현하려는 시도"라고 보며, 고객이 반복적으로 말하는 감정, 인물, 장면, 좌우명, 이상적인 이미지 안에서 삶의 주제를 발견할 수 있다고 말한다. 그는 말한다.

"진로는 자기 삶의 주제를 실현할 수 있는 환경을 찾는 내러티브적 행위다."
- Savickas, 2011, p. 41

삶의 주제는 이렇게 드러난다

삶의 주제는 심리검사 결과로 드러나지 않는다. 그것은 오히려 **이야기의 맥락 속에서 반복되는 감정과 역할, 가치**의 형태로 서서히 떠오른다.

1. 첫 번째 사례

한 고객은 대화를 시작하자마자 "제가 제일 싫어하는 말이 '그건 네가 책임져야지.'라는 말이에요."라고 말했다. 가족 중 첫째로 자라오며 동생들을 돌봐야 했고, 대학 진학도 부모님의 기대에 따라 자기가 좋아하는 전공을 포기한 채 이공계를 선택했다고 한다. 그 고객은 자신을 늘 책임지는 사람으로 인식하고 있었고, 지금도 모든 결정 앞에서 '내가 책임져야 한다'는 부담감을 느낀다고 했다.

이 고객의 삶의 주제는 '책임'이었다. 그러나 그것은 긍정적 책임이 아니라, **무겁고 억울한 책임**이었다. 그의 진로 고민은 단순히 무엇을 할까의 문제가 아니라, **어떻게 하면 '책임'이라는 이야기에서 벗어나, 자기만의 이야기를 쓸 수 있을까**의 문제였다.

2. 두 번째 사례

또 다른 고객은 말했다. "어릴 적에 할머니가 저를 키워 주셨는데, 늘 그러셨어요. '네가 없었으면 내가 어떻게 살았겠니.' 그 말이 저한테 아직도 남아 있어요." 이 고객은 늘 관계 속에서 필요한 사람이 되기 위해 애썼고, 사람들의 기대에 민감했고, 직장에서도

'유능하고 배려 깊은 동료'로 인정받고 싶어 했다.

이 고객의 삶의 주제는 '보호자' 혹은 '기여자'였다. 그는 존재의 이유를 '누군가에게 의미 있는 사람이 되는 것'에서 찾고 있었다. 그의 진로는 단순한 업무 적합성이 아니라, **누군가에게 기여하고 돌볼 수 있는 환경을 찾는 것**이 더 핵심적인 동기였다.

이처럼 삶의 주제는 이야기 안에 숨어 있다. 반복되는 감정과 장면, 자주 등장하는 역할, 그리고 그 모든 것에 붙어 있는 의미가 결국 삶의 주제를 형성한다.

삶의 주제는 진로와 어떻게 연결되는가?

고객이 자신의 삶의 주제를 명확히 인식하면, 진로는 '해야만 할 일'이 아니라 '살고 싶은 이야기의 방식'이 된다. 예를 들어, 아래 표는 주요 삶의 주제와 그에 대응되는 전형적 발화 및 진로 방향성을 정리한 것이다.

삶의 주제	자주 나오는 발화	진로 방향성
보호와 책임	"내가 아니면 안 될 것 같아요."	간호, 상담, 복지, 교육
창조와 표현	"내 안의 것을 꺼내 보여 주고 싶어요."	예술, 글쓰기, 디자인
도전과 변화	"같은 일을 반복하는 건 못 견뎌요."	스타트업, 연구, 탐험적 직무
공정과 정의	"불합리한 건 그냥 넘기기 어려워요."	법, NGO, 정책, 사회운동
관계와 소속	"같이 일하는 사람들이 중요해요."	공동체 기반 기획, 조직문화, 팀워크 중심 직무

물론 이 표는 단편적인 해석일 수 있다. 중요한 것은 이 틀을 고정된 진단 도구로 사용하는 것이 아니라, **고객이 자신의 이야기를 주제로 구조화해 나갈 수 있도록 돕는 안내판**으로 활용하는 것이다.

코칭 현장에서 삶의 주제를 탐색하는 질문

삶의 주제는 코치가 직접 분석해서 알려 주는 것이 아니다. 코치의 역할은 고객이 스스로 자신의 이야기를 말하도록 돕고, 그 안에 숨어 있는 감정-경험-가치의 반복을 함께 발견해 나가는 동반자다.

다음은 코칭 현장에서 자주 활용할 수 있는 탐색 질문들이다:

- "자주 떠오르는 인생의 장면이 있다면요?"
- "그 장면에서 어떤 감정이 가장 강했나요?"
- "그런 장면이 반복되었던 다른 때가 있었나요?"
- "그때 당신은 어떤 사람이 되어야 했나요?"
- "지금까지 살아온 삶에 제목을 붙인다면요?"
- "그 이야기는 지금도 계속되고 있나요?"

이런 질문은 고객을 분석하는 질문이 아니라, **고객이 자기 삶을 새로운 시선으로 바라보게 하는 거울 같은 질문**이다.

삶의 주제는 새롭게 말해질 수 있다

삶의 주제는 고정된 것이 아니다. 그것은 과거의 경험을 어떻게 해석하느냐에 따라 달라진다. 코칭의 목적은 고객이 과거의 상처나 제약을 더 큰 이야기로 재구성할 수 있도록 돕는 데 있다.

"상처받은 내가, 이제는 다른 사람의 마음을 들을 수 있게 됐어요."

이 말은 '상처'라는 주제가 '회복'이라는 주제로 확장되는 순간이다. 그리고 이런 전환은 진로의 방향도 함께 바꾼다. 진로는 '기술'이나 '직무'가 아니라, 자신의 **삶의 주제를 실현하는 장면이기 때문**이다.

결론적으로, 삶의 주제는 고객의 진로 문제를 이해하는 가장 내면적인 출발점이다. 우리는 종종 진로 문제를 '선택의 어려움'으로 이해하려 하지만, 실제로는 '정체성의 흐름이 막혀 있는 상태'일 때가 많다. 코치의 역할은 고객이 자기 이야기를 정리하고, 반복되는 감정과 경험의 의미를 통합하며, 자신의 주제를 자각할 수 있도록 돕는 일이다.

그리고 그 순간, 고객은 단지 직업을 찾는 사람이 아니라, 삶의 저자(author)로 전환되기 시작한다.

3.2 내러티브 분석의 세 가지 접근법

- 코칭 대화 속 의미 흐름을 읽는 세 가지 렌즈

"그 이야기는, 그냥 한 번 있었던 일이 아니라… 지금까지 저를 설명하는 이야기였던 것 같아요."

이 말을 들으며 나는 고개를 끄덕였다. 코칭 현장에서 고객이 말하는 '사건'은 단순한 정보 전달이 아니다. 그것은 종종 그 사람의 정체성, 상처, 가능성을 포함한 심층 구조의 일부다. 그러나 이런 구조는 쉽게 드러나지 않는다. 코치는 단어 너머의 의미를 읽고, 이야기 속의 반복 구조를 파악하고, 삶의 시간적 흐름과 구성요소를 함께 조망할 수 있어야 한다.

이를 위해 라이프디자인 진로코칭에서는 **내러티브 분석의 세 가지 접근법**을 활용한다. 이 세 가지 렌즈는 코칭 대화를 단순한 경청을 넘어 '정체성의 흐름을 함께 읽는 대화'로 전환시켜 준다.

표면 구조분석과 심층 구조분석-말의 '구조'를 듣는다는 것의 의미

"코치님, 저는 원래 그런 사람이에요. 앞에 나서는 거 싫고, 뭔가를 주도적으로 하는 것도 성격에 안 맞아요."

고객이 이렇게 말했을 때, 당신은 무엇을 가장 먼저 떠올리는가? 혹시 '내성적이군', '자신감이 부족한가?', '회피적 성향인가?'와 같은 **심리학적 분류**가 떠오르지는 않았는가? 대부분의 코치들이 처음에는 고객의 말을 **사건이나 성격의 정보로** 듣는다.

이때 우리가 주로 사용하는 방식은 표면적 구조분석(surface structure analysis)이다. 즉, 고객의 말에 담긴 줄거리, 감정, 상황 맥락을 따라가며 이야기를 분석하는 것이다.

이 분석은 '무슨 일이 있었는가?', '어떤 감정이 들었는가?', '왜 그렇게 행동했는가?'를 중심으로 구성된다(Riessman, 2008). 이것도 중요하다. 하지만 진짜 전환은 여기서 끝나지 않는다. 진짜 중요한 것은, 고객이 말한 그 문장이 **어떤 삶의 이야기 구조 속에서 반복되고 있는가**를 듣는 것이다.

"그러면 코치님, 저는 왜 이런 식으로만 저를 설명하고 살아왔던 걸까요?"

이 질문이 나왔을 때가 바로 심층 구조분석(Deep Narrative Structure Analysis)의 문이 열리는 순간이다. 이 분석은 고객의 이야기 속에 숨어 있는 **다섯 겹의 내면 구조-감정, 경험, 가치, 정체성, 소명-를 읽어내는 것**이다. 그것은 단순히 '무슨 일이 있었는가'를 넘어서서, "왜 이 이야기를 지금 이 시점에서, 이 방식으로 말하는가?"를 묻는 코칭이다(Drake, 2015).

심층 구조분석은 단순히 말의 내용이 아니라 말의 '구조'와 '패턴'을 경청하는 방식이다.

맥아담스(McAdams, 1993)는 이를 다음과 같이 표현했다:

"정체성은 내가 살아온 경험들이 이어져 하나의 이야기처럼 엮일 때 만들어진다."

즉, 우리는 특정 사건을 나열하는 존재가 아니라, 그 사건에 **의미를 부여하고**, 자신을 설명하는 방식으로 **재구성하며**, 그것을 반복적으로 말하면서 **'나'라는 사람으로 살아가는 존재**다.

사례 비교: 표면 구조 vs. 심층 구조

"전 무언가를 시작하면 끝까지 가본 적이 없어요. 작심삼일이 반복되고, 진로도 계속 바뀌고요."

이 말은 표면적으로 보면 **의지 부족, 실행력 결여**로 해석될 수 있다. 하지만 심층적으로 보면 다음과 같은 구조를 가진 내러티브일 수 있다:

층위	해석 질문	예시 의미
감정	"그때 어떤 감정이 드셨나요?"	불안, 죄책감
경험	"비슷한 경험이 반복된 적이 있나요?"	도전했다가 중도 포기한 경험의 누적
가치	"그 감정은 당신 안의 어떤 중요한 가치를 지키려는 마음이었을까요?"	안정성, 완성에 대한 강한 욕구
정체성	"그 일로 당신이 어떤 사람이라고 느끼게 했나요?"	"나는 뚝심이 없는 사람이다."
소명	"이번에는 그 이야기를 어떻게 바꾸고 싶으신가요?"	"언젠가는 끝까지 해내고 싶은 가?"

이때 코치는 단순히 "왜 포기했나요?"라고 묻는 것이 아니라, "그때의 불안은 어떤 경험과 연결되어 있었을까요?", "그걸 지켜내려던 당신만의 소중한 가치는 무엇이었을까

요?", "이번엔 그 이야기를 다르게 이어간다면, 어떤 장면이 떠오르세요?"라고 질문함으로써, **정체성의 재구성**을 돕는다(White & Epston, 1990).

이를 정리하면 표면 구조분석이 '사건'을 중심으로 이야기를 따라간다면, 심층 구조분석은 **의미의 구조**, 즉 '왜 이 이야기를 반복하며 살아가고 있는가'를 중심으로 듣는다. 이 차이는 곧 **코칭의 깊이**를 결정짓는다.

많은 코치들이 고객의 말을 정보로 듣는다. "언제 그런 일이 있었나요?", "왜 그렇게 느끼셨어요?", "그걸 선택한 이유는요?" 하지만 심층 구조분석을 훈련한 코치는 다른 질문을 던진다.

"그 이야기가 반복되는 이유는 무엇일까요?",
"그때 그렇게 느낀 건, 당신에게 무엇이 중요했기 때문이었을까요?",
"그 이야기를 바꾸고 싶은 욕구가 느껴지시나요?"

이 질문을 던질 수 있을 때, 코치는 단순한 '정보 수집자'가 아니라,

"이야기의 전환을 설계하는 공동 저자(co-author)"가 된다 - Drake, 2015
"정체성은 한 사람이 반복해서 말하는 이야기의 구조다." - McAdams, 1993

이야기 순서 분석: 시간 속에서 흐름을 읽는 감각

"고3 때 수능 망치고 나서… 그 뒤로는 뭔가 다 포기하게 된 것 같아요."

이런 말은 단순한 과거 회상이 아니다. 그것은 **삶이 특정 시점에서 멈춰 있다는 신호**다. 그리고 바로 그 고객의 멈춤을 코치가 감지할 수 있어야, 고객의 이야기 속에서 **새로운 흐름이 시작되는 지점**을 설계할 수 있다. 이야기 순서 분석(Narrative Sequencing

Analysis)은 고객의 내러티브를 시간의 구조로 해석하여, 과거-현재-미래의 흐름 속에서 정체성의 이동, 내러티브의 전환 가능성, 변화의 위치를 찾아내는 기술이다(McAdams, 1993; Ricoeur, 1984; Gonçalves et al., 2009).

고객 이야기는 어디에서 멈춰 있는가?

사람들은 모두가 시간을 따라 살지만, 말할 때는 꼭 과거 · 현재 · 미래를 다 이야기하지는 않는다. 누군가는 과거에 멈춰 있고, 누군가는 아직 미래를 말하지 못한다.

곤살레스(Gonçalves 등, 2009)에 따르면, 사람이 같은 이야기를 계속 반복해서 말할 때는 주로 현재 일이나 과거 일만 말하고, 미래 이야기는 잘 하지 않는다. 하지만 변화가 일어날 때는, '현재-미래'로 이야기의 축이 이동하기 시작한다.

이야기 순서 분석은 다음의 흐름을 민감하게 살펴야 한다:

이야기 흐름 유형	특징	코칭 개입
과거 중심 내러티브	후회, 실패, 상처가 반복 언급됨	'그 장면이 지금에 어떤 영향을 주고 있나요?'
현재 고착 내러티브	변화 욕구는 있으나, 다음 이야기가 없음	'지금의 당신 이야기의 초점은 '과거-현재-미래' 중 어디에 더 머물러 있나요?'
미래 단절 내러티브	계획은 있으나, 감정 · 정체성과 연결되지 않음	'그 미래는 지금의 당신과 어떻게 연결되나요?'
전환 내러티브	이야기의 끝이 바뀌려는 징후 등장	'이 흐름이 바뀌기 시작한 장면이 있었나요?'

실제 사례: 멈춰진 이야기에서 흐름의 이야기로

고객

"대학생 때 준비하던 시험에 떨어졌는데요…. 그 이후로는 아무 것도 자신이 없어요.

그냥, 뭐든 중간쯤에서 멈춰요."

이 말은 현재의 행동(멈춤)이 단순한 태도가 아니라, **과거에 고착된 실패 내러티브의 시간 구조**에서 비롯되었음을 보여 준다.

코치의 개입은 이렇게 이어질 수 있다:

- "그 경험이 지금의 선택 방식에 어떤 영향을 주고 있다고 느끼세요?"
- "그 일이 일어난 뒤, 지금 이 시점까지의 흐름을 하나의 이야기로 그린다면 어떤 장면들이 이어지나요?"
- "그 이야기를 미래와 연결한다면, 어떤 결말이 떠오르시나요?"

이처럼 이야기의 시간 구조를 분석하면, 고객이 **무엇에 갇혀 있고**, 어디에서 **이야기를 전환해야 하는지**가 보이기 시작한다.

이야기 흐름을 재구성하는 분석 템플릿

시점	고객 발화	코칭 질문 예시	서사 흐름의 단서
과거	"수능 때 망한 이후론…"	"그 일이 지금까지 어떤 영향을 주고 있나요?"	고착된 기억의 반복
현재	"그냥 아무 일도 안 하고 있어요."	"지금 상태는 당신 이야기 속에서 어떤 장면일까요?"	현재 고정, 변화 욕구 없음
미래	"앞으로 뭘 해야 할지 모르겠어요."	"그 미래는 당신의 지금 이야기와 어떤 연결이 있나요?"	시간적 단절 또는 상상 부재

이 분석은 특히 IM 모델[4]에서 **행동 → 성찰 → 저항 → 재개념화 → 실행**의 흐름을 구체화할 때 유용하다.

4) 6장에서 구체적으로 설명함.

왜 중요한가? - 진로는 시간의 흐름 안에서 구성되는 이야기다

사람은 언제나 "지금 뭘 해야 하죠?"라고 묻는다. 하지만 사비카스(Savickas, 2011)는 진로란 '현재의 결정'이 아니라 **과거 경험의 의미화와 미래 상상의 통합**이라고 강조한다. 즉, 고객이 과거를 이해하고, 현재를 인식하고, 미래를 말할 수 있어야 비로소 진로는 "선택"이 아닌 **삶의 내러티브적 구조**가 된다.

"우리는 단지 과거를 가진 존재가 아니라, 그 과거를 미래로 연결하려는 이야기의 저자다." - McAdams, 1993

코칭 실천 팁

- 고객의 이야기가 시간의 어디에 멈춰 있는지를 먼저 파악하라.
- 흐름을 잇는 질문을 통해, 정체된 이야기를 서서히 움직이게 하라.
- 미래는 목표가 아니라, 지금의 이야기와 연결된 내러티브로 말할 수 있어야 한다.
- 코치는 시간의 설계자가 아니라, 이야기가 흘러가도록 돕는 **내러티브 항해자**다.

이야기 내용분석: 이야기의 조각을 구조화하는 기술

"제가 언제부터 이러기 시작했냐면요…. 처음은 아마 고등학교 때였던 것 같아요. 그때 한 선생님이 저한테…"

이야기는 흐르기 시작했다. 감정이 섞이고, 인물이 등장하고, 시간이 이동한다. 하지만 이 이야기를 들으며, 당신은 무엇을 따라가고 있었는가? 이름? 사건? 감정? 갈등? 이야기는 유기체처럼 흘러가지만, 코칭에서는 그 유기체를 때로는 '분해'해서 보아야 한다. 왜냐하면 그 안에 고객의 **정체성, 갈등, 진로의 단서, 삶의 주제**가 섞여 있기 때문이다. 이때 필요한 접근이 바로 이야기 내용분석(Narrative Content Analysis)이다.

이야기 내용분석이란?

이 분석은 고객의 이야기를 **분해**하여, 내러티브를 구성하는 요소별로 **무엇이 포함되어 있고, 무엇이 빠져 있으며, 어떤 내용이 과도하거나 왜곡되어 있는지**를 구조적으로 살펴보는 방식이다.

즉, 고객이 말한 내용을 **분석 항목**으로 나누어 점검함으로써, 그 사람의 이야기 구조가 **진로정체성과 어떻게 연결되는지**를 탐색한다. 이 방식은 특히 **CCI(Career Construction Interview)**[5]에서 매우 효과적으로 사용된다(Savickas, 2011).

내러티브를 항목으로 나눈다는 것의 의미

코칭에서 분석이라는 단어는 때로 차갑게 느껴진다. 하지만 이 분석은 고객의 이야기를 해체하기 위한 것이 아니라, **의미를 놓치지 않고 정리하기 위한 경청 기술**이다. 내용분석은 단순히 '말한 것'을 정리하는 것이 아니라, **'말하지 않은 것'을 발견하는 도구**이기도 하다.

"코칭은 말 속의 침묵을 경청하는 일이다." - Drake, 2015

5) 7장에서 구체적으로 다룸.

내러티브 내용분석 템플릿

분석 항목	설명	질문 예시
① 경력 배경	고객이 지금까지 경험한 직무, 역할, 학습의 흐름	"지금까지 어떤 일을 해 오셨나요?"
② 전환 사건	삶이나 진로의 방향을 흔들었던 주요 장면	"당신의 삶에서 방향이 바뀌었다고 느낀 순간은?"
③ 정서 반응	사건에 대한 강한 감정 반응	"그 일은 당신에게 어떤 감정을 남겼나요?"
④ 도전과 장벽	반복적으로 마주했던 외부나 내면의 장애물	"당신을 멈춰 서게 만드는 요인은 무엇이었나요?"
⑤ 동기/가치관	반복된 선택과 감정을 지탱해 온 중심 가치	"당신을 움직이게 했던 가장 큰 동기는 무엇이었나요?"
⑥ 스킬/강점	고객이 자주 발휘해온 강점, 재능, 기술	"지금까지 어떤 일을 할 때 가장 자연스러웠나요?"
⑦ 삶의 주제	반복된 서사의 핵심 의미	"당신 삶을 하나의 이야기로 말한다면 어떤 줄기인가요?"
⑧ 미래 비전	고객이 바라는 미래의 자기상, 삶의 방향	"앞으로 당신 삶의 다음 장면은 어떤 모습이면 좋겠나요?"

이런 항목은 모두 다뤄야 하는 '검사 문항'이 아니라, 코치가 고객의 말 중 **어떤 조각이 빈칸으로 남았는지, 어떤 부분은 강하게 반복되는지**, 그리고 그것이 **정체성 구조에 어떤 영향을 주고 있는지**를 파악하는 일이다.

실제 사례: 고객 발화 내용 분석

고객 발화

"고3 때 진로를 갑자기 바꿨는데요…. 부모님이 그걸 전혀 이해 못하셨어요. 그때부터 뭔가 혼자라는 느낌이 들었어요."

분석 항목	추출 내용
진로 배경	전공 변경, 진로 전환 경험
전환 사건	고3 시절 부모와 갈등
정서 반응	소외감, 슬픔
도전 / 장벽	타인의 기대와의 불일치
가치 / 동기	자율성, 자아실현
스킬 / 강점	(아직 발화 없음-탐색 필요)
삶의 주제	"나는 나로 살아야 한다"라는 독립 욕구
미래 비전	자율적인 진로 선택과 표현의 자유

이 분석을 통해 코치는 다음과 같은 질문을 이어 갈 수 있다:

- "그때의 '혼자라는 느낌'은 지금 삶에도 영향을 주고 있나요?"
- "그 감정과 선택이 이어지는 공통된 주제가 있다면 어떤 것일까요?"
- "그 이야기를 지금 이 시점에서 다시 쓴다면, 어떤 방향으로 바꾸고 싶으세요?"

코칭 활용 팁: 진단이 아닌 동행을 위한 분석

내용분석은 코치가 **고객의 이야기를 명확히 기억하고 정리할 수 있도록** 돕는 기술이다. 하지만 무엇보다 중요한 건, 이 분석이 '고객의 정체성을 분해'하기 위한 것이 아니라, **정체성의 흐름을 정돈하고 확장**하기 위한 도구라는 점이다.

그리고 이 분석은 CCI(진로 구성 인터뷰)의 핵심 분석 틀과도 직접 연결된다.

결론적으로 내러티브 분석은 고객의 이야기를 해석하는 것이 아니다. 그보다는, 고객 스스로 자신의 이야기를 새롭게 읽고, 다시 쓸 수 있도록 **언어의 틀을 제공하는 동행자적 작업**이다.

이 세 가지 접근법은 코치에게 '듣는 기술'을 넘어서 '읽는 감각'을 제공해 준다.

- 심층 구조분석은 말의 층을 수직적으로 들여다보는 렌즈다.
- 이야기 순서분석은 말의 시간적 흐름을 수평으로 조망하는 지도다.
- 내용 중심 분석은 말의 균형과 공백을 감지하는 스캐너다.

이 세 가지는 코치가 고객의 이야기를 단순히 '정보'가 아닌 '정체성의 언어'로 경청하게 해주는 핵심 기술이다. 그리고 바로 이 감각이, **문제를 넘어서 이야기를 함께 살아가는 코치**로 성장하게 만드는 첫 걸음이다.

3.3 문제적 내러티브: 자기 이야기 속에 갇힌 사람들

"제가 뭘 해도 항상 마지막에 망치는 것 같아요. 좋아하는 일도 결국엔 남는 게 없고요."

이런 말은 단지 부정적인 생각이 아니다. 이것은 그 고객이 자신의 삶을 바라보는 지배적 이야기(dominant narrative)이다. 동시에 변화와 가능성을 막고 있는 문제적 내러티브(problematic narrative)이다. 라이프디자인 진로코칭에서 고객이 스스로 설정한 한계를 넘지 못할 때, 그 배경에는 언제나 이와 같은 문제 내러티브가 작동하고 있다.

문제적 내러티브란 무엇인가?

문제적 내러티브란, 고객이 자신에 대해 반복적으로 말해온 **제한적이고 부정적인 자기 이야기**다. 곤살레스(Gonçalves)와 동료들(2011)은 이를 폐쇄적 이야기 구조(closed narrative structure)라고 불렀다.

이 구조의 특징은 다음과 같다:

- **자기 규정이 고정되어 있음**: "나는 원래 그런 사람이야."
- **미래에 대한 전망이 부재함**: "어차피 안 될 거예요."
- **주체적 시각보다 피해자 시각이 우세함**: "그때 그렇게 돼 버렸어요."
- **타인의 시선이나 과거 경험에 스스로를 종속시킴**

이러한 내러티브는 삶의 사건들을 연결하되, 그 연결을 통해 **자신을 작아지게 만든다.** 고객은 그것이 '사실'이라고 말하지만, 사실은 그것이 **"하나의 해석된 이야기"**라는 점을 인식하지 못하고 있다. 내러티브 기반의 라이프디자인 진로코칭은 바로 고객이 가지고 있는 문제적 내러티브를 성장 내러티브로 전환을 도와주는 것이다.

문제적 내러티브의 심리적 구조

코칭 현장에서 문제적 내러티브는 다음과 같은 형태로 나타난다:

- **정체성의 협소화**: "저는 늘 책임감이 없었어요."
- **감정의 고착**: "그때부터 두려움이 계속됐어요."
- **행동 플롯의 반복**: "그래서 또 포기했어요."
- **자기 설명의 일관성 없음**: "하고 싶은 건 많은데… 뭘 해도 안 맞는 것 같아요."

사빅카스(Savickas, 2011)는 이러한 문제적 내러티브가 **진로 설계의 장애물**이 된다고 보았다. 왜냐하면 문제적 내러티브는 고객이 **새로운 가능성을 상상하거나 시도하는 것을 무력화**하기 때문이다.

문제적 내러티브의 언어적 단서

코치는 고객의 말 속에서 다음과 같은 언어 패턴을 민감하게 경청할 필요가 있다:

- "항상", "절대", "나는 원래…"와 같은 일반화된 자기 진술
- **"…. 때문에 어쩔 수 없었어요"** 같은 책임 회피적 설명
- **시간이 멈춰 있는 이야기**: 동일한 사건이 계속 반복되거나, 과거에서 벗어나지 못하는 서술
- **감정과 사고가 없는 단편적 설명**: "그냥 싫어요." / "그땐 몰랐어요."

이러한 단서들은 문제적 내러티브가 **현재 정체성의 중심을 장악하고 있다는 신호**다. 고객은 스스로 말하면서도, 그 말이 자신을 어떻게 가두고 있는지는 잘 인식하지 못한다.

코칭에서의 개입 방향

중요한 것은, 문제적 내러티브를 분석하거나 비판하는 것이 **코치의 역할이 아니라는 점**이다. 진짜 코칭은 고객이 스스로 자신의 이야기를 "**다른 시각으로 보기 시작하도록 돕는 일**"이다.

이를 위해 코치는 다음과 같은 태도와 전략을 지닐 필요가 있다:

- **공감적 명료화**: 고객의 이야기를 비판하지 않고, 반복되는 구조를 함께 조명한다.
  → 예: "그 말씀이 몇 번이나 반복적으로 나오는 것 같아요. 혹시 그 감정은 언제부터 시작되었나요?"
- **메타 포지션 질문**: 이야기 속 인물이 아닌, 이야기 바깥에서 자기를 바라보게 돕는다.
  → 예: "지금의 이야기를, 한 편의 영화처럼 바깥에서 본다면 어떤 장면이 가장 눈

에 띌까요?"

- **내면의 목소리 구분하기**: 하나의 목소리가 전부인 것처럼 말할 때, 다른 목소리의 가능성을 탐색한다.
  → 예: "그렇게 말하는 '내' 말고, 혹시 다른 말을 하고 싶은 '나'는 없을까요?"

이런 개입은 고객의 **인식의 공간을 열어 주는 작업**이다. 바로 이 지점에서 다음 단계인 **성장 내러티브**로의 이동 가능성이 생겨난다.

"저는 늘 피해자였던 것 같아요. 그런데… 그냥 한 번이라도 내가 먼저 해석을 바꿔 볼 수는 없을까 싶더라고요."

이 말이 나온 순간, 코치는 문제적 내러티브의 전환점에 함께 도달한 것이다. 코칭은 그 틈에서 시작된다. 그리고 코칭은 그 틈을, 조금씩 넓혀 주는 일이다.

3.4 성장 내러티브: 새로운 이야기를 말하는 순간

"이번에는요… 제가 먼저 말해봤어요. 늘 듣기만 했는데, 이번엔 내 생각을 말했어요. 작은 일이지만, 그게 저한테는 엄청 컸어요."

이러한 발화는 단순한 행동 보고가 아니다. 이것은 고객이 이야기 구조를 전환하기 시작했음을 보여 주는 '성장 내러티브'다. 문제적 내러티브가 "나는 늘 안 된다."는 이야기였다면, 성장 내러티브는 "그런 나도 다르게 해 볼 수 있다."는 이야기다. 진로코칭은 이런 **전환의 언어**, 즉 기존 이야기의 경계를 흔들고, 새로운 자기를 말하는 미세한 움직임을 발견하고 확장하는 작업이다.

성장 내러티브란 무엇인가?

성장 내러티브(growth narrative)는 기존의 제한된 문제적 내러티브 구조에서 벗어나 고객이 **새로운 해석, 새로운 정체성, 새로운 행동 가능성**을 말하기 시작하는 이야기 흐름이다.

곤살레스(Gonçalves 등, 2009)은 이를 혁신적 순간(Innovative Moment, 이하 IM)라고 불렀다. 이러한 순간은 변화가 "지금-여기"에서 시작되고 있음을 보여 주는 심리적, 언어적 전환점이라고 설명했다.

성장 내러티브는 다음의 특징을 가진다:

- 기존의 정체성 내러티브와 **다른 관점의 출현**
- 반복된 문제 플롯을 **새로운 가능성 플롯으로 바꾸려는 시도**
- 아직 완성되지 않았지만 **자기 안에서 전환이 일어나고 있다는 언어**
- "~해도 되는 건 아닐까?"와 같은 **가능성의 문장들**

성장 내러티브를 식별하는 언어적 단서

성장 내러티브는 미세한 단어 하나, 어투 하나에서 시작된다.
코치는 다음과 같은 발화를 민감하게 포착할 수 있어야 한다:

- "그런데 요즘은 좀 다르게 느껴져요."
- "이번엔 내가 먼저 해보고 싶었어요."
- "예전 같았으면 피했을 텐데, 이번엔 좀 버텨봤어요."
- "그 사람이 왜 그랬는지 이해가 조금은 되더라고요."
- "내가 이런 생각을 하다니, 스스로도 놀랐어요."

이런 말들은 완성된 변화가 아니라, **변화의 씨앗이 언어로 발화되고 있는 순간**이다. 코치는 이 언어를 귀하게 다뤄야 한다.

3.5 내러티브 전환을 위한 코칭 전략

"예전에는 늘 내가 틀렸다고 생각했어요.
그런데 이제는… 다르게 말할 수 있다는 걸 알게 됐어요."

이 한 문장은 전환의 증거다. 고객이 **자신의 오래된 이야기 구조를 넘어, 다른 방식으로 자기를 말하고 있다는 신호**다. 그리고 코칭의 역할은 바로 이 순간을 **민감하게 포착하고, 확장시켜 주는 일**이다.

왜 전환이 중요한가?

문제적 내러티브는 고객의 정체성을 고정시키고, 삶의 방향을 좁히며, 선택의 가능성을 차단한다. 반면 성장 내러티브는 과거의 이야기를 새롭게 해석하고, 정체성을 재구성하며, 미래를 설계할 수 있는 내적 자원을 회복시킨다.

사비카스(Savickas, 2011)는 진로 설계에서 가장 중요한 것은 "내러티브의 재구성(narrative reconstruction)"이라고 강조했다. 즉, **"나를 설명하던 이야기"를 바꾸지 않으면, 삶의 방향도 달라질 수 없다는 것**이다.

내러티브 전환을 위한 핵심 전략

1. 의미의 전환: 재명명(Re-naming)

고객이 말하는 부정적 의미를 다른 관점에서 다시 말하게 돕는다.

고객: "전 늘 남한테 맞추는 성격이에요."
코치: "그건 타인과의 관계에서 조화를 중요하게 여기는 가치일 수도 있겠네요."

재명명은 새로운 자기 인식을 열어 주는 언어적 창문이다.

2. 시간의 재배치: 새로운 플롯 만들기

고객의 이야기를 시간 흐름 속에서 다시 배열함으로써, 이야기의 '전환점'을 발견하게 돕는다.

"그때의 경험이 지금 이 선택과 어떻게 연결되어 있나요?"
"이전과는 다른 흐름을 만든 순간이 있었다면, 언제였을까요?"

이는 IM 모델의 성찰-저항-재개념화 흐름과 연결된다.

3. 가치를 중심으로 구조의 재조정

삶의 주제를 구성하는 핵심 가치를 중심으로 이야기의 흐름을 다시 연결한다.

"그 선택에 담긴 당신의 가치는 무엇이었나요?"
"지금 말한 행동이, 당신이 진짜 중요하게 여기는 삶의 방향과 어떻게 이어지나요?"

이 전략은 "단순한 이야기에서 정체성 있는 이야기"로 전환시키는 핵심이다.

4. 새로운 언어 공간 열기: 은유, 이미지, 상징 사용

고객이 말로 표현하기 어려운 내면을 은유와 상징을 통해 끌어낼 수 있다.

"당신의 현재 이야기를 한 장면으로 그린다면 어떤 그림일까요?"
"이야기에 제목을 붙인다면 어떤 이름이 어울릴까요?"

이런 질문은 고객이 자기 이야기를 **객관화하고 재구성할 수 있는 상상력의 공간**을 제공한다.

5. 공동 저술자로서의 코치 포지션

코치는 전문가나 해석자가 아니라, 고객의 이야기를 함께 써 내려가는 공동 저자(co-author)로 존재해야 한다.

"이 장면을 어떤 이야기로 남기고 싶으신가요?"
"이 이야기가 앞으로 어떻게 이어지면 좋을까요?"

이러한 질문은 고객이 자기 삶을 외부의 시선이 아니라 **자기 내면의 목소리**로 서술하도록 돕는다.

코칭 대화 모델과의 통합 적용

이 장에서 다룬 내러티브 분석과 전환을 위한 기법은 이후 설명할 4C 대화 모델, IM 모델, CCI 모델과 실천적으로 연결된다. 다음 장들에서는 이 분석 도구들이 코칭 대화 속에서 어떻게 구조화되고, 변화의 흐름을 촉진하는지 구체적으로 안내할 것이다.

- **4C 모델[6]:**
  - 전환 전략은 Context-Challenge-Change-Continuity 단계에서 핵심적으로 작동한다.
  - 특히 Challenge 단계에서 문제적 내러티브를 명확히 하고,
  - Change에서 새로운 플롯을 구성하며,
  - Continuity에서는 그것을 실천 계획으로 이어지게 한다.
- **IM 모델[7]:**
  - 전환 전략은 성찰(Reflection) → 재개념화(Reconceptualization) 구간에서 집중적으로 작동한다.
  - 전환 언어는 '성장의 순간'을 확장시키는 도구이다.
- **CCI 활용[8]:**
  - 라이프 테마 분석과 전환 전략을 결합하여
  - 삶의 주제 → 직업적 선택 → 미래 설계로 이어지도록 돕는다.

"이제는, 제 이야기가 좀 다르게 들려요. 예전엔 늘 끝이 슬펐는데… 지금은 어떤 장면은 다시 쓰고 싶다는 생각이 들어요."

이것이 전환의 효과다. 그리고 그것이 **코칭이 만들어 낼 수 있는 가장 깊은 변화**다. 삶 자체를 바꾸는 것이 아니라, **삶을 바라보는 이야기를 바꾸는 것.** 그 시작은, 고객이 자신을 **다른 말로 부를 수 있는 순간**이다.

6) 4C모델은 5장에서 구체적으로 설명함.
7) IM모델은 6장에서 구체적으로 설명함.
8) CCI모델은 7장에서 구체적으로 설명함.

■ 내 프랙티스를 위한 시사점
- 이야기로 진로를 코칭한다는 것의 의미

3장에서 다룬 다섯 가지 핵심 개념(삶의 주제, 내러티브 분석, 문제적 내러티브, 성장 내러티브, 전환 전략)은 라이프디자인 진로코칭의 현장에서 고객의 진로를 이해하고 변화의 흐름을 촉진하는 데 매우 실천적인 토대가 된다. 다음은 이 장에서 얻은 통찰을 바탕으로, 코칭 현장에서 기억해야 할 핵심 적용 포인트들이다.

1. '삶의 주제'는 고객의 진로를 여는 내면의 나침반이다

고객이 반복적으로 떠올리는 감정, 경험, 역할, 상황에는 단순한 '과거의 장면'이 아니라 삶의 주제(life theme)가 담겨 있다. 삶의 주제는 진로정체성과 직업 선호의 연결고리가 되며, 고객의 직업선택이 단순한 '외부 기준'이 아니라 '내면의 의미'와 연결되도록 이끈다.

- 핵심 실천 포인트
  - 고객의 반복된 감정 반응과 발화 속에서 감정-경험-가치의 패턴을 탐색한다.
  - 삶의 주제를 정리한 후, 그것이 실현될 수 있는 직무나 직업 영역과 매칭해 본다.
- 질문 예시
  - "당신 이야기 속에서 자주 등장하는 장면이나 감정은 무엇인가요?"
  - "그 주제와 연결되는 직업적 방향성이 있다면, 어떤 것일까요?"

2. 내러티브는 해석이 아니라 구조화의 문제다

3.2절에서 소개한 세 가지 내러티브 분석 방식-**심층 구조 분석, 이야기 순서 분석, 내**

용 중심 분석-은 고객의 말 속에서 정체성, 갈등, 전환 가능성을 구조적으로 해석하는 데 큰 도움이 된다. 이 분석은 진단이 아닌, 고객과 함께 흐름을 정리해 가는 공동 탐색이다.

- 핵심 실천 포인트
  - 고객의 말에 감정-경험-정체성의 연결 구조를 적용하여 흐름을 이해한다.
  - 과거-현재-미래의 시간 구조 속에서 서사의 정체나 전환 가능성을 감지한다.
  - 말하지 않은 공백, 반복된 주제, 연결되지 않은 조각들을 함께 정리한다.
- 질문 예시
  - "이야기를 시간 순으로 되짚는다면, 어느 시점에서 흐름이 바뀐 것 같나요?"
  - "그 경험은 당신에게 어떤 의미로 남아 있나요?"

3. 문제적 내러티브는 '이야기의 한 버전'일 뿐이다

고객이 "나는 원래 그런 사람이에요."라고 말할 때, 우리는 종종 그 말을 '사실'로 받아들인다. 하지만 이는 해석된 이야기의 한 버전이며, 대개는 반복된 패턴과 감정의 고착으로 만들어진 **문제적 내러티브**다. 진로 정체성을 협소하게 만들고, 미래 선택을 막는 핵심 장벽이기도 하다.

- 핵심 실천 포인트
  - 고객의 자기서술에 숨은 일반화, 책임 회피, 고착 감정을 감지한다.
  - 비판 대신 공감적 명료화로 문제적 내러티브의 흐름을 함께 조망한다.
- 질문 예시
  - "그 말은 언제부터 당신의 이야기로 자리 잡게 되었나요?"
  - "혹시 지금, 이 이야기를 다른 시선으로 바라볼 수 있다면 어떤 느낌이 드시나요?"

4. 변화는 작은 언어의 전환에서 시작된다

성장 내러티브(growth narrative)는 거창한 전환이 아니다. "이번엔 내가 먼저 말했어요.", "예전 같았으면 포기했을 텐데요." 같은 **미세한 언어의 변화**가 바로 변화의 씨앗이다. IM모델(혁신적 순간 모델)이 보여주듯, 성찰-저항-재개념화-실행의 흐름 속에서 이 작은 전환들은 정체성의 재구성으로 이어진다.

- 핵심 실천 포인트
  - 새로운 어휘, 변화된 어투, 관점 이동이 보일 때, 그 순간을 언어로 확장한다.
  - 단편적 전환을 지속 가능한 자기 이야기로 연결한다.
- 질문 예시
  - "그 행동을 한 자신을 바라보면 어떤 느낌이 드셨나요?"
  - "이 경험이 당신의 삶의 이야기 속에서 어떤 전환점이 될 수 있을까요?"

5. 코치는 해석자가 아니라 '공동 저자'다

코칭은 고객의 삶을 '해석'하거나 '진단'하는 과정이 아니다. 우리는 고객이 자신의 이야기를 새롭게 써 나가도록 공간과 언어를 제공하는 공동 저자(co-author)다. 핵심은 고객이 **정체성을 다시 말하고, 삶을 다른 플롯으로 재조직하도록**돕는 것이다.

- 핵심 실천 포인트
  - 코칭의 목표는 '목표 달성'보다 '정체성의 언어 회복'에 있어야 한다.
  - 코치는 안내자가 아니라, '함께 이야기를 써 내려가는 동반자'라는 정체성을 갖는다.
- 질문 예시
  - "이 이야기를 다른 방식으로 다시 쓴다면, 어떤 제목을 붙이고 싶으신가요?"
  - "지금 이 순간은, 당신 이야기의 어떤 장면으로 남길 수 있을까요?"

6. 마무리 성찰

진로 코칭은 정보를 제공하거나 전략을 짜는 기술이 아니다. 그것은 고객이 **자신의 삶을 다시 이해하고, 다시 말하고, 다시 쓰는 여정**에 동행하는 일이다.

이 장에서 소개한 내러티브 접근은 그 여정 속에서 코치가 고객의 언어를 경청하고, 감정의 흐름을 구조화하며, 정체성의 이동을 섬세하게 지원할 수 있도록 돕는 프레임이다. **고객은 언제나 이야기 속에서 살아 간다. 그리고 코치는 그 이야기가 확장되고, 다시 쓰이는 순간에 함께 존재하는 사람이다.**

| 참고문헌 |

- Bruner, J. (1990). Acts of meaning. Harvard University Press.
- Drake, D. (2015). Narrative coaching: Bringing our new stories to life. CNC Press.
- Drake, D. (2015). *Narrative coaching: The definitive guide to bringing new stories to life*. CNC Press.
- Gonçalves, M. M., Matos, M., & Santos, A. (2009). Narrative therapy and the promotion of innovative moments in the therapeutic dialog. *Journal of Constructivist Psychology, 22*(1), 1-23.
- McAdams, D. P. (1993). *The stories we live by: Personal myths and the making of the self*. New York: Guilford Press.
- McLean, K. C., Pasupathi, M., & Pals, J. L. (2007). Selves creating stories creating selves: A process model of self-development. *Personality and Social Psychology Review, 11*(3), 262-278.
- Riessman, C. K. (2008). *Narrative methods for the human sciences*. Thousand Oaks, CA: Sage.
- Savickas, M. L. (2011). Career counseling. *American Psychological Association*.
- White, M., & Epston, D. (1990). *Narrative means to therapeutic ends*. New York: Norton.

4장 진로 에이전시 모델

4장 진로에이전시 모델

"행동은 의미를 가진다.
진로에이전시는 그 의미를 실천으로 옮기는 힘이다."

진로에이전시(Career Agency)는 자신이 누구인지 이해한 의미를 실제 삶의 선택과 행동으로 옮기는 내적 동력이다.
이 장은 진로정체성, 의사결정, 전환역량, 장벽극복, 준비행동의 5요인 구조를 통해 개인이 어떻게 자기주도적 주체로 성장하는지를 보여 준다.
이는 진로심리학의 구성주의적 진화이자, 라이프디자인 철학의 실천적 구현이다.

학습 포인트

- 진로에이전시의 5요인 구조
- Bandura와 Savickas의 통합
- 구성주의적 진로발달 모형

인용문

"Agency is the capacity to design one's own becoming." - Albert Bandura

4.1 진로 에이전시[9]란 무엇인가?
- 진로의 주체성을 구성하는 심리적 내면 구조

"진로를 바꾸고 싶은데요…. 어디서부터 바꿔야 할지 모르겠어요."

"제가 준비가 안 된 건지, 그냥 겁이 나는 건지도 모르겠고요."

"가끔은요, 이게 제 길이라는 확신조차 없어요."

진로 코칭 현장에서 우리는 자주 이런 말을 듣는다. 단순한 진로결정의 문제가 아니라, **자기 자신과 진로 사이의 연결이 흐릿해진 상태**다. 이럴 때 코치는 고객의 어떤 이야기를 들어야 하고, 어디에 개입해야 할까?

진로개입의 중심을 되묻다

전통적 진로상담 이론들은 각기 독립된 개념을 강조해 왔다. 홀랜드(Holland, 1997)의 흥미유형, 수퍼(Super, 1980)의 생애발달, 크롬볼츠(Krumboltz, 2009)의 학습이론, 그리고 사비카스(Savickas, 2011)의 진로구성이론은 모두 진로를 이해하는 데 중요한 통찰을 제공했다.

하지만 진로코칭 현장에서 실제 고객을 만나다 보면, 이 개념들이 **따로따로 작동하지 않고, 서로 얽히고 엮이며 동시에 나타난다.** 예컨대, 의사결정을 못 내리는 고객의 이면에는 자기 정체성의 혼란, 미래 변화에 대한 두려움, 반복된 실패 경험이 함께 작동

9) 본 장에서 제시하는 진로에이전시(Career Agency) 모델은 저자가 개발한 구성주의 진로발달 패러다임에 기반하며, 이를 실증적으로 검증하기 위해 진단도구인 진로에이전시척도(Career Agency Scale, CAS) 를 개발하였다. 본 척도는 진로정체성, 진로의사결정, 진로전환역량, 진로장벽극복, 진로준비행동의 다섯 요인으로 구성되며, 타당화 연구를 통해 신뢰도와 구인타당도가 검증되었다. 본 연구 결과는 현재 학술지에 제출되어 심사 중이며, CAS는 라이프디자인 진로코칭의 핵심 이론 모델이자 진단 도구로 활용되고 있다.
(참조: Kim, J.(2025). Development and validation of the Career Agency Scale [Manuscript submitted for publication].)

하고 있는 경우가 많다.

이처럼 진로의 각 심리적 요소들은 분리된 것이 아니라 **한 사람의 삶 속에서 통합적으로 발현되며, 상호작용한다.**

진로코칭의 도구가 아닌, 구조가 필요하다

많은 진로상담 이론이 특정 국면에서는 유용하지만, 실제 코칭에서는 다음과 같은 실천적 질문이 더 절실하게 다가온다:

"코치로서 나는 고객의 진로 발달을 위해 무엇을 관찰하고, 무엇을 중심으로 개입해야 할까?"

필자는 이 질문에 답하기 위해 진로 에이전시 모델(**Career Agency Model**)을 고안하였다. 각 이론의 개별적 구성 요소를 나열하는 대신, 진로코칭 현장에서 자주 마주하는 **다섯 가지 심리적 핵심 역량**을 **하나의 통합된 내면 구조**로 조직하려고 한 것이다. 이 모델은 **이론을 뛰어넘는 실천적 방향성을 제공**하고자 했다. 코치가 고객의 진로 에이전시 수준을 파악하고, 구체적으로 어떤 영역에서 성숙이 필요한지를 선명하게 볼 수 있는 프레임이다.

에이전시란 무엇인가?

'에이전시(agency)'는 단순히 "행동하는 능력"을 뜻하지 않는다. 심리학과 철학에서는 에이전시를 다음과 같이 정의한다:

에이전시란, 개인이 자신의 삶에 대해 목적과 방향성을 가지고 능동적으로 선택하

고, 실천하고, 의미화하는 능력이다. -Bandura, 2001; Hitlin & Elder, 2007

즉, 에이전시는

- 외적 통제나 환경 요인에 의존하지 않고
- 자기 가치와 의미를 중심으로
- 삶의 방향을 스스로 구성해 나가는 **내적 자율성과 실행력의 통합된 힘**이다.

사빅카스(Savickas, 2011) 역시 진로를 고정된 경로가 아닌 자신의 내러티브를 구성하며 끊임없이 조정해나가는 삶의 설계 행위(life designing)라고 보았으며, 이러한 접근에서 에이전시는 핵심 개념으로 작동한다.

진로 에이전시 모델의 핵심 철학

진로 에이전시는 고객이 직업을 고르는 기술을 넘어서, "어떤 사람으로, 어떤 삶을 살아가고 싶은가?"라는 정체성의 이야기다. 진로문제를 단지 정보 부족이나 선택의 문제가 아니라, **자기 주도성을 회복하는 문제**로 보는 것이다.

이 모델은 다음의 다섯 가지 심리적 역량으로 구성된다:

- 진로 정체성(Career Identity)
- 진로 의사결정(Career Decision-Making)
- 진로 전환(Career Transformation)
- 진로 장벽 극복(Career Barrier Coping)
- 진로 준비행동(Career Preparation Behavior)

이 다섯 가지는 서로 독립된 개념이 아니라 **진로 에이전시를 구성하는 내면의 심리적 작동 체계**다. 그리고 이 구조를 기반으로 코치는 고객의 현재 상태를 보다 입체적으로 듣고, 적절한 질문과 개입을 설계할 수 있다.

진로 에이전시 모델은 진로문제를 해석하는 이론이 아니라, 고객이 자기 삶의 진로를 스스로 구성해갈 수 있도록 **심리적 방향성과 코칭 개입의 기준을 제공하는 실천 구조**다.

이제 다음 절에서는 이 다섯 가지 역량 각각을 자세히 살펴보며 실제 코칭에서 어떻게 활용할 수 있을지를 구체적으로 탐색해 보자.

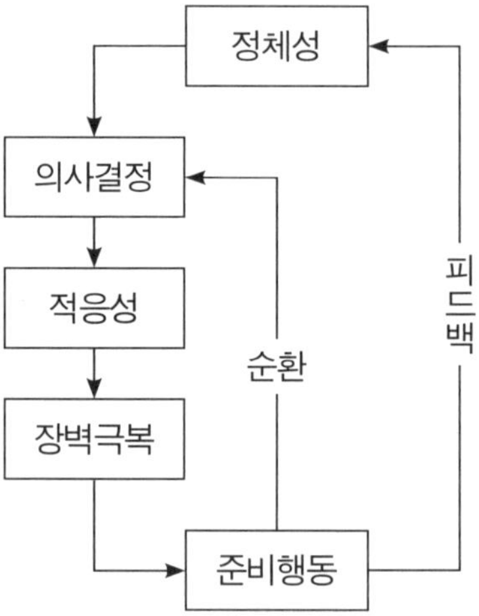

4.2 진로 에이전시의 5가지 핵심 역량

- 진로의 주체성을 구성하는 내면의 심리 시스템

진로 에이전시는 단일 능력이 아니다. 그것은 고객이 자신의 진로를 삶의 일부로 통합하고, 그 방향을 주도적으로 설계해 나가는 **다섯 개의 상호작용하는 심리적 역량**으로 구성된다.

이 다섯 가지는 **내면에서 진로를 '설계하고 살아내는 힘'의 구조적 기둥**이라 할 수 있다.

진로정체성: 나는 누구이며, 어떤 삶을 살고 싶은가?

"요즘 저한테 가장 어려운 질문이 뭔지 아세요? '지금 하는 일이 진짜 나다운가요?' 라는 거예요." - 28세, 콘텐츠 디자이너

이 말은 단순히 직업의 문제를 넘어선다. 이는 '내가 누구인지'에 대한 질문이자, '나는 어떤 삶을 살고 싶은가?'라는 깊은 탐색을 시작하는 신호다. 진로는 더 이상 외부에서 주어진 선택지가 아니다. 진로는 내 삶을 하나의 이야기로 조직하고, 그 이야기 속에서 **'나다운 삶'을 설계하려는 노력**이다.

이제 코치의 역할은 고객이 삶의 조각난 경험들을 하나의 이야기로 연결하여 **자기 자신을 이해하고, 그 자기로부터 방향을 찾도록 돕는 것**이다.

1. 진로정체성이란 무엇인가?

진로정체성(Career Identity)은 단지 "나는 무슨 일을 할 사람인가?"를 아는 것이 아니다. 그보다 더 근원적인 질문, "나는 누구이며, 어떤 삶을 살아가고 싶은가?"에 대한 **내러티브적 자기 이해**이다.

이 정체성은 개인의 흥미, 성격, 가치관, 경험, 감정, 의미 있는 장면들이

내러티브적으로 통합되어 형성된다(Savickas, 2011; McAdams, 1996). 따라서 진로정체성은 단일 정보가 아니라, **자기를 구성하는 이야기의 흐름**이자, 그 흐름이 향하고자 하는 삶의 방향이다.

2. 진로정체성은 왜 중요한가?

변화가 일상화된 오늘날, 진로는 고정된 목표가 아니다. 직업은 수시로 변하고, 기술은 끊임없이 진화하며, 삶의 의미 역시 생애주기에 따라 달라진다. 이러한 불확실성 속에서 필요한 것은 **외부 기준이 아닌 자기의 기준을 가지고 삶을 결정할 수 있는 힘**, 즉 '내가 어디로 가고 있는지'에 대한 이야기다.

진로정체성이 분명한 사람은 외부 변화 속에서도 중심을 잃지 않는다. 직업을 고를 때, 선택의 기준이 내면에 존재하기 때문에 기회 앞에서 흔들리지 않고, 실패 앞에서 자신을 지켜낼 수 있다.

반면 진로정체성이 불명확하면, 선택을 하더라도 확신이 없고, 선택 이후에도 지속적인 회의와 방향 상실을 경험하게 된다.

3. 이론적 배경: 정체성을 설명하는 다섯 개의 창

진로정체성은 다양한 진로이론에서 중심적으로 다루어진다. 다음은 그 중 주요 이론들을 내러티브적 관점에서 정리한 것이다.

- **슈퍼(Super, 1980)**는 진로를 자기개념(self-concept)의 실현으로 보았다. 그는 사람이 성장하면서 자신에 대한 이해가 깊어지고, 그에 따라 진로도 발달한다고 설명했다. 진로는 자기를 표현하는 수단이라는 관점에서 진로정체성의 토대를 제공했다.
- **사비카스(Savickas, 2011)**는 진로를 삶의 이야기로 구성해 나가는 과정이라고 보았다. 그의 진로구성이론(Career Construction Theory)에서는 사람들의 삶의 주제와 의미가 진로를 결정한다고 보며, 진로구성 인터뷰(CCI: Career Construction Interview)를 통해 내러티브를 탐색한다.
- **맥아담스(McAdams, 1996)**는 인간의 성격을 내러티브(narrative)로 설명하며, 정체성이란 '내가 살아가는 이야기'라고 보았다. 이 접근은 진로정체성을 단지 성격

이나 특성의 차원이 아니라, 삶의 의미를 중심으로 구성하는 틀로 확장시킨다.

- **홀랜드(Holland, 1997)**의 성격유형이론은 개인의 성격과 직업 환경의 일치를 강조하며, 자기이해를 기반으로 진로를 선택하게 만든다. 이는 진로정체성의 진단적 기반을 제공한다.
- **SCCT(사회인지진로이론)**에서는 자기효능감과 결과 기대가 진로 선택에 영향을 준다고 설명하는데, 이는 진로정체성에 내재된 자기 신념과 가능성의 인식에 영향을 준다.

이러한 이론들은 공통적으로 진로정체성이 단지 성향이나 흥미만이 아닌, **삶의 경험과 내면세계 전체를 통합해 구성된 정체성 구조**임을 보여 준다.

라이프디자인 진로코칭에서는 어떻게 다루는가?

진로정체성을 코칭에서 다룬다는 것은 고객의 삶을 단편적인 사건의 나열로 듣지 않고, 그 안에 반복되는 **감정, 가치, 이미지, 주제**를 발견하는 일이다. 특히 다음과 같은 질문은 진로정체성 탐색에 효과적이다:

- 지금까지의 삶에서 가장 자신다웠던 순간은 언제였나요?
- 그 경험은 당신에게 어떤 가치를 알려주었나요?
- 당신의 삶에서 반복되는 주제나 장면은 어떤 것인가요?
- 지금 말하는 이 이야기는 당신 안의 어떤 역할을 보여주고 있나요?

이 질문들을 통해 고객은 "나는 왜 이 선택 앞에서 흔들리는가?"에서 "나는 어떤 이야기로 살아가고 싶은가?"로 질문을 전환하게 된다.

4. 코칭 사례: 방향을 재구성한 예술가

수학 교사를 꿈꾸던 한 여학생은 '안정적이고 인정받는 직업'이라는 이유로 교대를 준비하고 있었다. 하지만 코칭 과정에서 그녀는 감정에 민감하고, 그림과 음악을 통해 감정을 표현할 때 가장 나답다고 느꼈던 순간들을 떠올리게 되었다.

"제가 제일 빛났던 때는, 사람들에게 제가 만든 이야기를 보여주고, 그 감정을 나눌 수 있었던 순간들이었어요."

코치는 이렇게 되묻는다:

"그 이야기를 다시 따라가 본다면, 당신의 삶은 어떤 방향으로 이어질 수 있을까요?"

이 대화를 통해 그녀는 '교사'라는 직업이 아닌, '교육 콘텐츠 기획자'로서 예술적 감각과 교육적 열정을 동시에 담아낼 수 있는 새로운 정체성의 가능성을 발견했다.

5. 진로정체성은 나침반이다

진로정체성은 단지 자기이해의 결과물이 아니다. 그것은 삶의 불확실성 속에서도 자신만의 방향을 다시 설정할 수 있도록 도와주는 **내러티브적 나침반**이다. 코치는 고객이 그 나침반을 찾고, 자기 삶을 '내가 선택한 이야기'로 살아갈 수 있도록 말과 질문으로 길을 비춰 주는 안내자다.

"당신은 어떤 이야기로 살아가고 싶나요? 그리고 그 이야기를 위해, 오늘 당신은 어떤 사람으로 행동하고 싶나요?"

진로의사결정: 나는 어떤 기준으로 선택하는가?

"솔직히 말하면요, 뭘 선택하든 후회할 것 같다는 생각이 먼저 들어요. 그러니까 계속 미루게 돼요." - 25세, 졸업을 앞둔 대학생

진로선택의 길목에서 많은 이들이 멈춰 선다. 그들이 주저하는 이유는 게으름도, 정보 부족도 아니다. 선택의 중심에 있어야 할 '기준'이 없거나, 그것이 자신에게서 나오지 않기 때문이다.

진로의사결정(Career Decision-Making)은 진로 에이전시 모델에서 행동으로 연결되는 다리이자, 삶의 방향을 내러티브적으로 전환하는 중요한 분기점이다. 선택은 단순한 결단이 아니라, '나는 어떤 이야기를 살아가고 싶은가?'라는 질문에 대한 응답이다.

1. 왜 진로의사결정이 어려운가?

현대인은 과잉된 선택지 속에 살아간다. 무엇이 옳은지보다, 무엇이 더 나아 보이는지를 따지는 사회. 완벽한 선택을 요구하는 기준 앞에서 사람들은 점점 선택을 회피하게 된다.

그 이면에는 다음과 같은 심리적 요인들이 있다:

- **자기이해의 부족**: 내가 진정 원하는 것을 모를 때, 선택은 외부 요인에 휘둘린다.
- **사회적 비교**: 타인의 길을 보며 자신의 선택이 왜곡된다.
- **실패에 대한 두려움**: 선택이 곧 리스크로 느껴지며, 행동은 마비된다.
- **내면의 갈등**: 하고 싶은 것과 해야 할 것 사이의 충돌은 늘 혼란을 낳는다.

결국 진로의사결정은 '무엇을 고를 것인가'보다, '나는 어떤 삶을 의미 있게 살아가고 싶은가'를 탐색해야 가능한 일이다.

2. 이론적 배경: 선택을 이해하는 네 개의 관점

진로의사결정은 다음 이론들을 통합적으로 고려할 때 가장 풍부하게 이해할 수 있다.

- **인지적 정보처리이론(CIP: Cognitive Information Processing)**은 진로결정을 인지적 정보처리의 과정으로 설명하며, 캐스브이 사이클(CASVE Cycle: Communication, Analysis, Synthesis, Valuing, Execution)을 통해 체계적 선택 흐름을 제시한다(Peterson, Sampson, Reardon, 1991).
- **사회인지진로이론(SCCT: Social Cognitive Career Theory)이론**은 자기효능감과 결과기대, 목표 설정이 선택의 전제 조건임을 보여 준다. 자신이 할 수 있다고 믿고, 그 일이 가치 있다고 기대할 때 행동은 일어난다(Lent, Brown, & Hackett, 1994).
- **계획된 우연 이론**은 진로결정에 있어 유연성과 열린 태도의 중요성을 강조하며, 완벽한 정보와 확신이 없는 상태에서도 결정을 내려야 할 필요성을 역설한다(Krumboltz, Mitchell & Levin, 1999).
- **내러티브 접근**에서는 선택이란 자신의 삶의 이야기에서 무엇을 이어가고, 무엇을 새롭게 쓰고자 하는가에 대한 결정이다. 즉, 진로선택은 **정체성의 전환이자 의미의 구성**이다(McAdams, 1996).

즉, 진로의사결정은 단순한 결단력이 아니라, 인지적 사고, 정서적 자기확신, 유연한 자세, 그리고 내러티브적 통합을 필요로 하는 복합적 실천이다.

3. 라이프디자인 진로코칭에서는 어떻게 다루는가?

코치의 역할은 '이 직업이 맞을까요?'라는 질문에 정답을 주는 것이 아니다. 오히려 코치는 질문의 구조 자체를 전환해야 한다:

"당신은 어떤 삶의 이야기를 선택하고 싶은가요?"

이런 접근을 위해 다음과 같은 질문이 유용하다:

- 지금 이 선택은 당신의 삶에서 어떤 의미를 가지고 있나요?
- 과거에 내린 중요한 결정 속에서 작동한 기준은 무엇이었나요?
- 현재 당신이 이 선택을 망설이게 만드는 목소리는 누구의 것인가요?
- 이 선택은 당신의 정체성과 어떻게 연결되어 있나요?
- 당신은 어떤 이야기를 이어가고, 어떤 이야기를 바꾸고 싶은가요?

고객이 선택을 행동 이전의 **자기 이야기로 끌어올릴 수 있도록 돕는 것**,
그것이 진정한 진로코칭이다.

4. 코칭 사례: 기준을 되찾은 대학생의 선택

심리학과와 교육학 중 무엇을 선택할지 고민하던 한 학생이 있었다. 주변 친구들은 교육학을 추천했고, 부모는 '더 안정적인 길'을 원했다. 처음에는 단순한 정보 비교와 장단점 분석으로 접근했다.

하지만 코칭 대화가 이어질수록, 그는 자신의 삶에서 반복적으로 등장한 주제를 발견했다.

"전 늘 사람의 마음을 이해하고 싶었어요. 가족이 힘들 때도, 친구가 고민을 털어놓을 때도, 그 마음이 어디서 오는지를 알고 싶었어요."

이 인식은 단순한 흥미를 넘어선 **삶의 방향성**이었다. 그는 그 주제의 흐름을 따르기로 했다. 결국 그는 심리학을 전공하며, 상담 심리사라는 진로를 준비하게 되었다.

5. 선택은 삶을 다시 쓰는 일이다

진로의사결정은 진로에이전시의 중심축이다. 그러나 그것은 '무엇을 선택했는가'보다 '그 선택이 어떤 이야기를 강화하고, 어떤 정체성을 실현하는가'가 더 중요하다. 고객이 스스로 삶의 이야기의 저자가 되려면, 그 선택은 자기 삶의 문장을 써내려가는 첫 행이 되어야 한다.

"선택은 나의 삶을 무엇에 걸 것인가를 결정하는 이야기의 전환점이다."

진로전환역량: 변화 속에서 자신을 새롭게 재구성하는 힘

"10년을 일했는데 하루아침에 정리되더라고요. 그런데요, 이상하게도 이번엔 예전처럼 무너지진 않았어요. 예전의 저는 여기서 끝이라고 생각했을 텐데, 이번에는 '이걸 계기로 다시 시작해 볼까?'라는 생각이 먼저 들었어요." - 38세, 경력 전환기 직장인

변화 앞에서의 반응은 단지 상황의 문제가 아니다. 그것은 **자신 안에 어떤 자원이 있는지, 그리고 그 자원을 어떻게 다시 의미화할 수 있는지의 문제**다. 오늘날의 진로세계는 예측 가능한 경로보다, **의미를 새롭게 구성하는 전환의 능력**을 요구한다. 이때 필요한 것이 바로 **진로전환역량(Career Transformation Capacity)**이다.

1. 진로전환역량이란 무엇인가

진로전환역량은 개인이 **삶의 전환기나 예기치 않은 변화 상황 속에서 자기서사를 재구성하고, 새로운 방향성을 창조적으로 설계할 수 있는 능력**을 의미한다.

이 개념은 Savickas(2005)의 진로적응성(career adaptability)을 계승하면서도, 단순히 변화에 '적응'하는 것을 넘어, **변화를 자기 이야기의 일부로 전환하는 구성주의적 힘**을 강조한다.

2. 이론적 배경: '적응'에서 '전환'으로

진로전환역량의 이론적 기초는 **구성주의 진로이론(constructivist career theory)**에 두고 있다. 이는 인간을 고정된 특성의 존재가 아니라, **자신의 경험을 통해 의미를 구성하며 살아가는 존재**로 본다. 다음 다섯 가지 이론적 축이 진로전환역량 개념의 뼈대를 이룬다.

- **사빅카스(Savickas)의 진로구성이론(Career Construction Theory)**
  사빅카스(Savickas, 2005, 2011)는 진로발달을 "적응의 이야기(adaptive readiness)"로 보았다. 그는 진로적응성(*career adaptability*)을 네 가지 차원, 즉 관심(Concern), 통제(Control), 호기심(Curiosity), 자신감(Confidence)으로 제시하며, 개인이 환경 변화에 대응할 수 있는 심리적 자원을 강조했다. 그러나 오늘날의 전환은 단순한 '대응'이 아니라 **정체성과 의미의 재구성**을 요구한다. 따라서 진로전환역량은 이러한 적응성을 '의미 전환의 능력'으로 확장한 개념이다.
- **반두라(Bandura)의 인간 에이전시(Agentic Self)**
  반두라(Bandura, 2001)는 인간을 환경의 수동적 수용자가 아니라, **자신의 삶을 선택하고 방향을 설계하는 주체적 존재**로 보았다. 그는 인간행동의 근본 동력을 "미래지향성(forethought), 의도성(intentionality), 자기조절(self-reactiveness), 자기반성(self-reflectiveness)"의 네 기둥으로 설명했으며, 이는 진로전환역량의 '주도적 재서사화 능력'과 직접 연결된다. 즉, 변화의 한가운데에서도 자신이 주체적으로 새로운 의미를 만들어갈 수 있다는 믿음이 핵심이다.
- **메찌로우(Mezirow)의 전환학습이론(Transformative Learning Theory)**
  메찌로우(Mezirow, 1991)는 성인학습의 핵심을 '의미체계의 전환'으로 보았다. 삶의 위기나 낯선 경험은 기존의 신념체계를 흔들지만, 그때 사람은 반성적 성찰을 통해 더 확장된 자기이해로 이동한다. 진로전환역량은 바로 이 과정-혼란을 성찰로, 성찰을 새로운 삶의 이야기로-를 내면화하는 힘이다.

• **장 기샤르(Guichard)의 자기구성이론(Self-Construction Theory)**

장 기샤르(Guichard, 2009)는 인간이 "다수의 자기(subselves)"로 이루어진 존재이며, 진로발달은 이 다양한 자기들을 하나의 내러티브로 통합하는 과정이라고 설명했다. 따라서 진로전환역량은 단순한 기술적 적응이 아니라, **분열된 자기경험을 하나의 의미 있는 이야기로 엮어내는 통합적 능력**이다.

• **부르너(Bruner)의 내러티브 심리학(Narrative Psychology)**

부르너(Bruner, 1990)는 인간을 "이야기를 통해 의미를 만드는 존재"로 정의했다. 그에게서 전환은 곧 **새로운 내러티브 구조를 창조하는 행위**다. 진로전환역량은 변화 상황을 새로운 이야기로 엮어내는 '서사적 사고력(narrative thinking)'이며, 이것이 바로 라이프디자인 진로코칭의 심리학적 토대이다.

이 다섯 축을 통합하여, "변화를 자기 이야기로 전환하는 힘"으로 확장된 개념이다.

3. 진로전환역량의 네 가지 핵심 요소

진로전환역량은 네 가지 상호작용하는 내적 과정-**감지, 의미화, 재구성, 실행**-으로 이루어진다. 이 네 과정은 단계적이라기보다, 서로를 순환적으로 이어 주는 **삶의 내러티브적 순환 구조**를 이룬다.

첫째, **감지(Awareness)**는 변화의 신호를 포착하는 능력이다. 삶의 전환은 예고 없이 찾아오지만, 중요한 것은 그 변화가 내 안에서 어떤 감정을 불러일으키는가를 아는 것이다. 감지는 단순한 자각이 아니라 **내면의 미세한 울림을 감지하는 감수성**이며, "지금 내 안과 밖에서 무슨 일이 일어나고 있는가?"라는 성찰의 문을 연다.

둘째, **의미화(Meaning-Making)**는 감지된 경험을 새롭게 해석하는 과정이다. 혼란과 상실 속에서도 그 경험이 내게 전하고자 하는 메시지를 찾아내는 것이 의미화이다. 이 과정은 고통을 피하지 않고, 그 안에서 배움을 찾는 내적 전환의 시작이다.

셋째, **재구성(Re-authoring)**은 낡은 이야기를 넘어 새로운 정체성을 상상하고, 삶의 서사를 다시 쓰는 능력이다. "이 이야기를 다시 쓴다면 어떤 제목을 붙이겠는가?"라는 질문이 바로 이 단계의 출발점이다. 여기서 사람은 과거의 실패와 상처를 새로운 의미 안에 다시 엮어 넣는다.

마지막으로, **실행(Acting)**은 새롭게 구성된 의미를 실제 행동으로 옮기는 단계다. 이것은 결심이 아니라 실천이다. 다시 쓴 이야기의 방향으로 작은 걸음을 내딛는 순간, 그 경험이 또 다른 감지와 의미화를 불러오며 전환의 순환이 계속된다.

즉, 진로전환역량은 **감정-의미-행동이 순환하며 자기서사를 확장시키는 힘**이다. 이 능력을 통해 사람은 '변화를 견디는 존재'가 아니라, '변화를 다시 쓰는 저자'로 살아갈 수 있다.

4. 왜 진로전환역량이 중요한가

오늘날의 진로세계는 예측 가능한 경로가 아닌, 지속적 전환의 연속이다.

따라서 진로전환역량은 생존의 기술이 아니라 **삶의 방향을 재정의하는 능력**이다.

- 퇴직, 경력단절, 산업 변화 등 **전환기마다 자신을 다시 세우는 힘**이 된다.
- 높은 진로전환역량은 실패나 상실을 학습의 자원으로 전환하게 한다.
- 변화 속에서도 **자기다움을 유지하며 의미를 재구성**하게 한다.
- 결과적으로 심리적 안녕감과 삶의 만족을 높인다.

진로전환역량은 결국 **"나를 잃지 않고 다시 만들어 가는 힘"**, 즉, 삶을 다시 설계할 수 있는 내적 회복력이다.

5. 라이프디자인 진로코칭에서는 어떻게 다루는가

라이프디자인 진로코칭은 전환을 '문제'가 아닌 **이야기의 재편 기회**로 본다. 코치는 고객이 변화 상황을 어떻게 해석하고 있는지를 경청하며, 그 속에 숨은 자기회복의 단서를 발견한다. 다음과 같은 질문이 유용하다.

- 지금의 변화는 당신 안에 어떤 감정과 생각을 일으키나요?
- 과거의 전환기에서 자신을 지탱해준 자원은 무엇이었나요?
- 이번 변화 속에서도 놓치고 싶지 않은 당신다움은 무엇인가요?
- 이 변화를 다시 쓴다면, 어떤 제목을 붙이고 싶나요?
- 지금의 경험이 이후의 선택에 어떤 영향을 미칠까요?

코치의 역할은 고객이 **자기서사를 재조직하고 실행으로 이어가도록 돕는 것**이다. 즉, 문제를 해결시키는 것이 아니라, **새로운 이야기를 살아내도록 돕는 것**이다.

6. 코칭 사례: 전환을 이야기로 바꾼 직장인

10년간 한 직장에서 근무해 온 지현은 예고 없는 구조조정으로 퇴직했다. 처음엔 수치심과 무기력이 몰려왔지만, 코칭 중 그는 이렇게 말했다.

"사실 저는 대학 시절부터 교육에 관심이 많았어요. 그땐 너무 비현실적이라 생각했는데… 요즘은 오히려 그게 다시 떠올라요."

코치는 이 말을 새로운 서사의 단서로 함께 탐색했다. 그 결과, 그는 자신이 잃은 것은 '직업'이 아니라 '이야기의 구조'였음을 깨달았다. 이후 성인교육 프로그램을 기획하는 일을 시작하며 '퇴직'을 **다음 장면으로 재서사화**했다. 그가 회복한 것은 단순한 일자리가 아니라,

"나는 변화 속에서도 내 이야기를 다시 쓸 수 있다."

는 자기서사적 확신이었다.

7. 진로전환역량은 '나를 새롭게 짓는 힘'이다

진로전환역량은 단순히 변화에 적응하는 능력이 아니다. 그것은 **삶의 방향이 흔들릴 때, 자기 이야기를 다시 짓는 능력**이다.

코치는 고객이 스스로 말하게 한다.

"이 변화 덕분에 나는 나를 더 잘 알게 되었어요."

그 순간, 전환은 이미 성장의 이야기로 바뀌어 있다.

"진로전환역량은 나를 잃지 않고 다시 만들어 가는 힘이다."

그것은 변화 속에서 의미를 다시 짓고, 새로운 자기로 살아가는 인간의 창조적 능력이다.

진로장벽 극복: 나는 어떤 장벽을 어떻게 돌파하는가?

"제가 뭘 해도 안 되는 건, 결국 제가 부족해서인 것 같아요." - 23세, 취업 준비 중인 대학생

진로 여정은 직선이 아니다. 누구에게나 예상하지 못한 충돌이 있고, 멈춤이 있고, 다시 돌아가야 하는 순간이 있다. 그때 사람들은 자신에게 묻는다.

"나는 왜 이렇게 안 되는 걸까?"

그러나 진로코칭에서 이 질문은 다르게 바뀐다. "그 장벽은 당신에게 어떤 이야기를 들려주고 있나요?"

1. 진로장벽이란 무엇인가?

진로장벽은 단지 취업의 어려움이나 스펙의 문제만이 아니다. 그 장벽은 때로 **자신에 대한 해석을 바꾸게 만들고**, 삶의 방향성마저 흔들리게 만든다. 진로에이전시 모델에서 장벽은 극복의 대상이 아니라 **해석과 전환의 기회**다. 장벽은 '못 가게 막는 것'이 아니라 '내가 어떤 사람인지 다시 물어보게 하는 것'이다.

2. 진로장벽에 대한 이론적 관점

- **렌트(Lent 등의 SCCT, 1994)**는 진로결정 과정에서 '지각된 장벽(perceived barriers)'이 행동의 시작과 지속에 큰 영향을 미친다고 보았다.
- **크롬볼츠(Krumboltz, 2009)**는 우연한 사건이나 실패 경험도 학습 자원이 될 수 있다고 보며, 장벽을 해석하는 방식이 진로형성에 영향을 미친다고 강조한다.
- **사빅카스(Savickas, 2011)**는 장벽 상황에서도 자기 이야기를 재해석하고, 새로운 정체성을 구성해나가는 **내러티브 재구성력**을 강조한다.

사빅카스(Savickas, 2011)는 특히 내적 장벽을 '내러티브 속에서 반복되는 자기 억압의 이야기'로 보았다. 즉, **장벽은 외부의 현실이 아니라, 그 현실을 어떻게 말하고 해석하느냐에 따라 달라지는 이야기 구조**인 것이다.

3. 왜 장벽 극복이 진로에이전시에 중요한가?

장벽은 누구에게나 있지만, **그것을 이야기하는 방식**은 사람마다 다르다.

- 진로장벽을 자기 내러티브에 통합하지 못하면,

- 고객은 늘 '무기력한 이야기'를 반복하게 된다.
- 반대로 장벽을 의미 있는 내러티브로 전환하면,
- 그것은 **성장의 전환점**이 된다.

사회인지진로이론(SCCT, Lent 등, 2000)는 '지각된 장벽(perceived barriers)'이 진로 결정과 행동 지속성에 큰 영향을 미친다고 보았다. 크롬볼츠(Krumboltz, 2009)는 실패나 우연조차 **배움의 자원**이 될 수 있다고 강조한다. 따라서 코칭에서 장벽은 '없애야 할 것'이 아니라, '다르게 이해할 수 있는 계기'로 받아들여야 한다.

4. 라이프디자인 진로코칭에서는 어떻게 다루는가?

코치는 고객이 자신의 장벽을 무력함의 증거로 말하는지, 혹은 아직 해석되지 않은 질문으로 말하는지를 구분해야 한다. 장벽은 외부에 있더라도, 그것을 구성하는 언어는 **내면에서 비롯된다.**

다음과 같은 질문들이 유용하다:

- 지금 당신 앞에 있는 장애물은 어떤 말로 설명되고 있나요?
- 이 장벽은 당신에게 어떤 감정을 만들어내나요?
- 과거의 실패 경험과 연결되어 있는가요?
- 이 장벽이 당신의 정체성과 어떤 관계를 맺고 있나요?
- 만약 이 장벽을 넘는다면, 당신의 삶의 이야기는 어떻게 달라질 수 있을까요?

이러한 질문은 고객이 장벽을 **자기 이야기를 재구성하는 기회**로 인식하도록 돕는다.

5. 코칭 사례: 불안을 재해석한 심리학도

수현은 발표 불안이 심해, 수업에서조차 질문 한 마디 하지 못했다. 그는 "내가 말하면 틀릴 거예요.", "다들 나를 이상하게 볼 거예요."라고 반복했다. 코칭 초반, 그는 자신을 **불안한 사람**, **작은 목소리를 가진 존재**로 인식했다. 하지만 코치와의 대화 속에서, 그는 이런 말을 꺼냈다.

"사실 전 사람들 앞에서 괜히 말하는 게 싫은 게 아니라, 진짜로 도움이 되고 싶어요. 괜히 실수해서 그 기회를 망칠까 봐 두려운 거예요."

이 통찰은 단순한 불안이 아니라, **타인을 돕고 싶은 강한 동기**가 장벽 속에 숨어 있었음을 보여 준다. 그는 이후 상담심리 분야에 도전했고, '불안은 진심의 증거'라는 자기 이야기를 새롭게 써 내려갔다.

6. 장벽은 전환의 문턱이다

진로장벽 극복은 단지 **문제를 해결하는 전략**이 아니다. 그것은 문제를 새롭게 **이해하고 말할 수 있는 언어를 갖는 일**이다. 고객이 자신의 장벽을 무조건 이겨내야 할 시련이 아니라, 삶의 질문으로 받아들이고, 그 안에서 새로운 이야기를 발견할 수 있도록 코치는 돕는다.

"진로 장벽은 실패의 신호가 아니라, 자신을 새롭게 이해할 수 있는 질문의 시작이다."

진로준비행동: 나는 그 꿈을 위해 무엇을 실천하고 있는가?

"계획은 많은데, 막상 시작이 안 돼요. 생각만 하고 있는 것도 지쳐요." - 26세, 졸업을 앞둔 대학생

많은 사람들이 진로에 대해 오랫동안 고민한다. 무슨 일을 하고 싶은지, 어떤 삶을 살

고 싶은지, 그 방향성은 분명히 보인다. 그런데 이상하게도 **실제로 움직이는 순간은 늘 미뤄진다.**

진로에이전시의 마지막 축은 바로 '움직임'이다. 진로준비행동(career preparation behavior)은 내면의 탐색을 넘어, 그 이야기를 **현실로 이어가는 실천의 문장들**이다.

1. 진로준비행동이란 무엇인가?

진로준비행동은 단지 취업 준비를 의미하지 않는다. 이것은 내가 원하는 삶과 진로 방향을 향해 **의미 있는 행동을 실제로 시작하고, 지속하는 힘**이다.

사비카스(Savickas, 2011)는 진로준비행동을 '**자기 삶의 이야기를 구체적 실천으로 이어 가는 과정**'으로 보았다. 이는 단순한 과업이나 계획이 아니라, 삶의 방향성과 정체성이 행동으로 표현되는 과정이다.

2. 진로준비행동의 다섯 가지 특성

① 목표 중심성

- 진로정체성에 기반한 '왜'가 분명한 행동이다.

② 작고 유연한 실험성

- 반드시 완벽하게 하려 하지 않고, **탐색과 수정**이 가능하다.

③ 지속성과 누적성

- 일회성이 아닌, 작은 실천들이 모여 변화의 흐름을 만든다.

④ 이야기 연결성

- '그 행동은 당신 삶의 어떤 이야기와 연결되어 있나요?'

⑤ 자기주도성과 피드백 수용력

- 외부의 자극에 휘둘리지 않고, 자기 기준에 따라 행동하며, 그 과정에서 스스로 배우고 성장한다.

3. 이론적 배경: 행동은 어떻게 시작되는가?

진로준비행동은 다음 세 가지 이론을 통해 심층적으로 이해할 수 있다:

- **사회인지 진로이론**은 자기효능감과 결과기대가 진로 목표를 설정하게 하고, 그 목표가 행동을 유도한다고 설명한다(Lent, Brown, & Hackett, 1994).
- **진로학습이론**은 실제 행동과 우연한 기회가 진로에 결정적 영향을 주므로, 준비 행동을 통해 우연을 창출하는 것이 중요하다고 강조한다(Krumboltz, 2009).
- **진로구성이론**은 진로준비행동을 자기 내러티브를 실현하는 실천적 과정으로 보며, 삶의 의미와 정체성이 행동으로 전환되는 접점을 강조한다(Savickas, 2013)..

이처럼 진로준비행동은 단지 실행계획이 아니라 **자기 삶의 방향성에 대한 실천적 확언**이다.

4. 라이프디자인 진로코칭에서는 어떻게 다루는가?

코칭에서 중요한 것은 '실행 여부' 그 자체보다 그 행동이 **무엇을 의미하는지**, 그리고 고객이 그 행동을 **자기 삶과 어떻게 연결하고 있는지**이다.

다음과 같은 질문은 내면과 실행을 연결하는 데 유용하다:

- 지금 당신이 실제로 하고 있는 진로 관련 행동은 무엇인가요?
- 그 행동은 당신의 어떤 가치나 꿈과 연결되어 있나요?
- 가장 작게 시작할 수 있는 실천은 무엇인가요?
- 실행을 어렵게 만드는 감정이나 상황은 무엇인가요?
- 이 한 발의 행동이 당신 삶의 이야기에서 어떤 변화의 문장을 만들어낼 수 있을까요?

5. 코칭 사례: "작은 발걸음이 방향을 만들었다"

졸업을 앞둔 은호는 상담심리에 관심이 있었지만, 그저 '좋아하는 마음' 정도로만 간직하고 있었다. 실행은 없었고, 자신감도 부족했다.

코치와의 대화 중 그는 이렇게 털어놓았다:

"지금 당장 뭘 해야 할지 모르겠어요. 그냥… 관심만 있는 상태죠."

코치는 그에게 "상담 관련 책 한 권 읽고, 리뷰 써보기"를 제안했다.

은호는 이를 실행했고, 그 경험은 '상담 관련 워크숍 참여', '전공 교수와의 미팅', '심리학 대학원 진학 준비'로 이어졌다.

그는 말했다:

"처음엔 정말 사소한 행동이었는데, 그게 저를 움직이게 했고, 그 움직임이 방향이 되더라고요."

진로는 어느 날 갑자기 결정되는 것이 아니다. **움직임이 방향을 만든다.**

6. 준비된 자보다 움직이는 자에게 길이 열린다

진로준비행동은 진로에이전시의 완성이다. 탐색하고, 이해하고, 의미를 구성한 다음, **이야기를 현실로 연결하기 위한 실천이 바로 여기에서 시작된다.** 코칭의 최종 목적은 '잘 말하는 것'이 아니라 '잘 살아가는 것'이며, 그 살아감은 단지 거창한 실행이 아니라, '내 이야기를 한 줄 더 써내려 가는 작은 실천'이다. 진로는 생각하는 자의 것이 아니라, **움직이는 자의 이야기 속에 있다.**

이 다섯 역량은 어떻게 작동하는가?

이 다섯 가지는 결코 독립적으로 움직이지 않는다. 고객의 진로 이야기 속에서 이들은 **동시에, 상호작용하며, 교차적으로 작동**한다. 예를 들어,

- **정체성이 약하면 선택이 불안정**하고
- **적응성이 낮으면 장벽을 위협으로만 해석**하며
- **의사결정이 내면화되지 않으면 행동은 지속되지 않는다.**

따라서 코치는 고객의 진로에이전시 수준을 이 다섯 가지 구성요소의 관점에서 유기적으로 들어야 하며, **어디에서 전환이 시작될 수 있는지를 탐색하는 감각**이 필요하다.

4.3 이 다섯 가지 역량의 상호작용 구조
- 진로의 흐름을 읽는 내면의 심리 시스템

진로는 직선적인 단계나 고정된 모형으로 움직이지 않는다. 고객의 내면에서 벌어지는 진로 변화는 **상호의존적인 역량들의 미묘한 균형과 긴장 속에서 전개**된다.

진로에이전시 모델에서 제시하는 다섯 가지 심리 역량은 단순히 나열된 체크리스트가 아니라, 고객의 진로를 **의미 있게 구성하고 실천 가능하게 만드는 내면의 심리 구조**다.

핵심 전제: 진로는 통합적 시스템이다

고객이 진로에 대해 막막해하거나 반복적으로 의사결정을 미룬다면, 문제는 하나의 역량에 국한되지 않는다. 보통은 여러 요소가 동시에 영향을 주고받으며, **진로의 흐름**

전체가 '어딘가에서 멈춰 있는' 상태인 경우가 많다. 이때 코치는 고객의 진로 이야기를 단편적인 행동이나 감정이 아닌, **상호작용하는 역량 시스템**의 흐름으로 조망해야 한다.

상호작용의 흐름 예시

다섯 가지 역량은 일반적으로 다음과 같은 **흐름 구조**를 형성한다:

- **진로정체성**이 형성될 때, "나는 어떤 사람인가?"에 대한 자기개념이 뚜렷해지고, 이는 **진로의사결정**의 기준이 되고,
- 고객은 자신만의 가치와 의미를 기준으로 선택할 수 있는 주도성을 갖추게 된다.
- 이후, 선택한 방향이 외부 환경과 충돌하거나 예상과 달라질 때, 진로전환역량이 작동하여 변화에 유연하게 대응하고, 새로운 가능성을 탐색한다.
- 이 과정에서 마주치는 제약이나 두려움은 **진로장벽 극복 역량**을 통해 다시 해석되고 넘어설 수 있게 된다.
- 그리고 마지막으로, **진로준비행동**이 실제 행동으로 이어질 때 진로는 계획이 아니라 **살아 있는 경험의 과정**이 된다.

순환과 조절의 구조

이 다섯 가지 역량은 단방향 흐름이 아니라 고객의 이야기 안에서 **순환하고 교차하며 상호조절적인 시스템**으로 움직인다.

- 정체성이 흔들리면, 의사결정도 주저하게 되고, 행동도 지체된다.
- 반대로 작은 실행(준비행동)이 정체성과 적응성 회복을 유도하기도 한다.
- 장벽 극복 경험이 정체성의 확장을 가져오기도 한다.

즉, 이 구조는 **진로의 정체 · 전환 · 확장이라는 심리적 흐름을 읽는 좌표계**가 된다.

코칭 실천에서의 활용

이 상호작용 구조를 알면, 코치는 고객의 진로 이야기에서 **단편적 문제 대신, 흐름의 위치**를 포착할 수 있다.

예를 들어:

- 고객이 실행을 주저할 때,
  → 정체성과 선택이 충분히 자기화[10]되었는지를 본다.
- 반복적인 진로 고민이 있을 때,
  → 진로전환.
    이나 장벽 인식의 왜곡이 있는지를 탐색한다.
- 실행은 활발하지만 방향성이 모호할 때,
  → 정체성 탐색이 필요한 지점일 수 있다.
- 각 요소는 선형이 아닌 **상호보완 · 순환적 작용**을 하며 고객의 현재 상태가 **어디에서 정체되어 있는지, 어디서부터 회복이 필요한지를 시각적으로 파악**할 수 있다.

진로에이전시 모델은 바로 이 구조적 시야를 제공함으로써 **고객의 진로문제를 '해결'하는 것에서, 진로의 흐름을 '이해하고 회복'하는 코칭으로 전환하는 길**을 제시한다. 다음 절에서는 이 다섯 가지 심리 요소가 내러티브 코칭 안에서 어떻게 통합적으로 드러나고 작동하는지를 살펴보자.

10) 자기화(self-authorship 또는 internalization)란 외부의 기대나 기준을 수동적으로 따르는 것이 아니라, 그 기대와 기준을 자신의 삶의 의미와 가치에 비추어 다시 해석하고 주체적으로 받아들인 상태를 말한다. 이는 단순한 수용이 아니라, '자신의 내러티브 구조 안에 통합적으로 위치시킨 상태'를 의미하며, 진정한 선택과 정체성의 내면화를 판단하는 핵심 기준이 된다.

4.4 진로에이전시모델과 내러티브 코칭의 통합

- 고객의 이야기를 통해 진로역량을 읽어내는 감각

진로를 설계한다는 것은 곧 "이야기를 다시 쓰는 일"이다. 그리고 그 이야기를 다시 쓴다는 것은, 고객이 자신의 진로를 단지 외부 조건의 문제로 보는 것이 아니라, **자신의 삶의 방향성과 의미를 중심으로 새롭게 구성하는 과정**이다. 진로에이전시 모델은 이 과정을 **심리 구조적으로 설명**하고, 내러티브 코칭은 이 구조를 **고객의 언어와 경험 속에서 실천적으로 탐색**하는 방법이다.

구조와 흐름의 통합

진로 에이전시의 다섯 가지 심리 역량은 고객의 삶의 이야기 안에서 **감정, 장면, 말의 패턴, 선택의 망설임** 등으로 드러난다. 내러티브 코치는 이 이야기를 통해 다음과 같은 질문을 직관적으로 탐색하게 된다:

- "이 고객은 지금 누구로 살아가고 있는가?" → 진로정체성
- "이 사람은 지금 어떤 결정을 피하고 있는가?" → 진로의사결정
- "그가 말하는 '두려움'과 '새로운 시도'는 어떤 진로전환의 단초를 말하는가?" → 진로전환 역량
- "반복되는 패턴 속에 어떤 장벽 이야기가 숨어 있는가?" → 진로장벽 극복
- "그 이야기가 지금 어디까지 실천으로 이어지고 있는가?" → 진로준비행동

즉, 고객의 내러티브를 들으며 코치는 **이 다섯 가지 심리 좌표를 함께 듣고** 있는 것이다.

CCI[11] 질문과의 연결

진로구성인터뷰(CCI)는 고객의 삶의 주제를 탐색하고 그 주제를 통해 진로정체성을 형성하도록 돕는 대표적 내러티브 도구다. CCI의 각 질문은 다음과 같이 진로 에이전시의 특정 역량과 자연스럽게 연결된다:

CCI 질문 항목	주로 탐색되는 Career 에이전시 요소
롤모델	진로정체성 / 가치 / 이상적 자기
선호하는 TV 프로그램	진로의사결정 / 내면의 기준 / 삶의 의미
감명 깊은 이야기	진로전환 / 갈망하는 역할 / 선호하는 환경
좌우명	진로정체성 / 변화 실천 / 자기조절의 언어
초기 기억	진로장벽 인식 / 자기 이해의 기원 / 감정 패턴

CCI는 고객의 이야기를 특정 역량에 맞게 억지로 끼워 맞추는 도구가 아니다. 오히려 **삶의 주제라는 통합적 이야기 속에서 각 역량이 어떻게 유기적으로 움직이는지를 관찰**하는 실천 장치다.

1. 실제 코칭 대화 속 예시

고객: "늘 제가 하고 싶은 걸 말하기보단, 맞춰왔던 것 같아요."

코치(내면 탐색):

- 진로정체성: 타인의 기준에 맞춘 정체성 형성
- 의사결정: 자기 주도적 선택의 부재
- 장벽: 내면화된 '좋은 사람' 서사

이때 코치는 단순히 "왜 말하지 못했는지"를 묻기보다, "그 '맞추는 방식'이 언제부터

11) 7장에서 상세하게 다룸.

시작되었고, 그 이야기를 지금 다르게 말해 볼 수는 없는지"를 탐색하며 **정체성-결정-장벽 사이의 흐름을 이야기 속에서 전환**시킨다.

IM 모델[12]과의 유기적 연결

이 다섯 가지 역량은 IM 모델의 전환 흐름(행동 → 성찰 → 저항 → 재개념화 → 변화 실행) 속에서도 각각 다른 방식으로 활성화된다:

- **성찰 단계**에서 진로정체성과 진로전환 인식이 깨어나고
- **저항과 재개념화 단계**에서는 장벽 인식이 전환되며
- **변화 실행 단계**에서는 준비행동이 본격화된다.

즉, 진로에이전시는 고객이 "이야기를 다시 말할 수 있는 힘"이고, IM 모델은 그 이야기가 **어떻게 전환되어 가는지의 심리적 경로**이며, CCI는 그 이야기를 **안전하게 열어가는 구조화된 문**이다.

12) 6장에서 상세하게 다룸.

■ 내 프랙티스를 위한 시사점

1. '에이전시'를 단일 요소가 아닌 복합적 힘으로 이해하라

진로에이전시는 단순한 자기주도성이나 자율성만을 의미하지 않는다. 정체성의 명료함, 의사결정 능력, 환경에 대한 적응력, 장벽을 극복하는 심리적 회복력, 그리고 실행으로 옮기는 준비행동이 상호작용하면서 만들어지는 복합적 능력이다. 코치는 이 다섯 요소를 별개로 평가하기보다는, 전체 흐름과 균형을 함께 조망해야 한다.

2. 고객의 현재 상태를 '정체성-의사결정-적응성-장벽-준비행동'의 순환 흐름 속에서 바라보라

고객이 지금 어디에서 멈추어 있는지 파악할 수 있어야 한다. 예컨대 정체성 탐색은 활발하나 행동이 뒤따르지 않는 경우, '준비행동'을 저해하는 장벽이나 미결정 상태를 탐색할 수 있어야 한다. 이 모델은 단선적 경로가 아니라 순환적이고 유기적 흐름이라는 점을 이해하는 것이 핵심이다.

3. 심리검사 결과보다 '내러티브적 표출'에 주목하라

진로에이전시는 내면의 변화와 연결된다. 따라서 정체성과 의사결정이 말로, 행동으로 어떻게 이야기되고 있는지를 경청해야 한다. 예를 들어 "나는 뭘 하고 싶은지도 모르겠어요."라는 말에는 '정체성의 혼란'과 '의사결정 회피'가 함께 담겨 있을 수 있다. 코치는 말의 표면보다 그 이야기를 만들어낸 내면의 구조를 분석해야 한다.

4. 각 요소별 질문을 고안하라-에이전시 요소별 코칭 질문 프레임 필요

예컨대 "지금 하고 있는 일은 당신을 잘 설명해 주나요?"는 정체성에 관한 질문이며, "결정이 어려운 이유는 무엇인가요?"는 의사결정 장벽을 파악하는 질문이다. "새로운 상황에 적응하면서 자신에게 어떤 변화가 있었나요?"는 진로적응성을 이끌어내는 질문이다. 코치는 각 요소에 따라 다층적인 질문을 구사할 수 있어야 한다.

5. 진로에이전시는 코칭이 끝난 후에도 지속되어야 하는 힘이다

코칭의 목표는 고객이 코치 없이도 자신의 진로를 구성해 나갈 수 있는 힘, 즉 '지속 가능한 에이전시'를 갖추도록 돕는 것이다. 따라서 진로에이전시 모델은 코칭의 한 회기나 몇 주간의 프로그램에 머무르지 않고, 고객 삶 전반을 안내하는 '내러티브 나침반'으로서 자리매김할 수 있어야 한다.

| 참고문헌 |

- Bandura, A. (2001). Social cognitive theory: An agentic perspective. *Annual Review of Psychology*, 52(1), 1-26.
- Hirschi, A. (2009). Career adaptability development in adolescence: Multiple predictors and effect on sense of power and life satisfaction. Journal of Vocational Behavior, 74(2), 145-155.
- Hitlin, S., & Elder, G. H. Jr. (2007). Time, self, and the curiously abstract concept of 에이전시. *Sociological Theory*, 25(2), 170-191.
- Holland, J. L. (1997). *Making vocational choices: A theory of vocational personalities and work environments*(3rd ed.). Psychological Assessment Resources.
- Krumboltz, J. D. (2009). The happenstance learning theory. Journal of Career Assessment, 17(2), 135-154.
- Lent, R. W., Brown, S. D., & Hackett, G. (1994). Toward a unifying social cognitive theory of career and academic interest, choice, and performance. *Journal of Vocational Behavior*, 45(1), 79-122.
- Lent, R. W., Brown, S. D., & Hackett, G. (2002). Social cognitive career theory. In D. Brown(Ed.), Career choice and development(pp. 255-311). San Francisco, CA: Jossey-Bass.
- Peterson, G. W., Sampson, J. P., & Reardon, R. C. (2002). Career development and services: A cognitive approach. Pacific Grove, CA: Brooks/Cole.
- Savickas, M. L. (2005). The theory and practice of career construction. In S. D. Brown & R. W. Lent(Eds.), Career development and counseling: Putting theory and research to work(pp. 42-70).
- Savickas, M. L. (2011). Career Counseling. Washington, DC: American Psychological Association.
- Savickas, M. L. (2013). Career construction theory and practice. In S. D. Brown & R. W. Lent(Eds.), Career development and counseling: Putting theory and research to work(2nd ed., pp. 147-183). Wiley.
- Savickas, M. L., & Porfeli, E. J. (2012). Career Adapt-Abilities Scale: Construction, reliability, and measurement equivalence across 13 countries. Journal of Vocational Behavior, 80(3), 661-673.
- Super, D. E. (1980). A life-span, life-space approach to career development. Journal of Vocational Behavior, 16(3), 282-298.

II 부

코칭의 핵심 모델과 대화 구조

PART Ⅱ. 코칭 모델과 대화의 구조

핵심 메시지

"변화는 대화 속에서 일어나며, 대화는 구조를 가진다."

이 부에서는 코칭 대화의 시간적 흐름과 내러티브 전환의 구조를 이해한다.
4C 대화모델, IM 모델, 그리고 CCI 인터뷰를 통해 내담자의 이야기가 변화로 이어지는 실제 코칭의 프레임을 배운다.

학습 질문

- 코칭 대화는 어떻게 구조화될 수 있는가?
- 내담자의 내러티브는 어떤 순간에 전환되는가?
- 삶의 이야기를 진로로 재구성하기 위해 코치는 무엇을 해야 하는가?

핵심 키워드

4C 모델 · IM(혁신적 순간) · CCI(진로구성인터뷰) · 대화의 구조

포함 장

5장 4C 코칭 대화 모델: 코칭 대화의 흐름을 디자인하다
6장 IM 모델: 내러티브 전환의 순간을 읽는 기술
7장 CCI: 삶의 이야기를 진로의 기회로 바꾸는 인터뷰

인용문

"The shortest distance between two people is a story." - Patti Digh

성찰 질문

나는 상대의 이야기를 들을 때, 그 사람의 '도전'이 아닌 '가능성'을 보고 있는가?

5장 4C 코칭 대화 모델: 코칭 대화의 흐름을 디자인하다

5장 4C 코칭 대화모델: 코칭 대화의 흐름을 디자인하다
"대화는 변화의 그릇이다."

모든 변화에는 이야기가 있고, 모든 이야기는 대화로 시작된다.
4C(Coaching Conversation) 모델은 Context-Challenge-Change-Continuity의 네 흐름으로 구성된 라이프디자인 코칭의 시간적 구조다.
이 장은 코칭 대화의 진행 단계, 질문의 방향, 그리고 변화의 언어를 디자인하는 구체적 방법을 제시한다.

학습 포인트

- 4C 대화의 단계와 의미
- 각 단계별 코칭 질문
- 변화의 징후를 읽는 법

성찰 질문
"나는 대화의 어느 지점에서 '변화'를 감지하는가?"

5.1 코칭 대화 모델의 정의와 중요성

"질문은 잘 던졌는데, 뭔가 흐름이 안 잡히는 느낌이에요."

"좋은 대화 같긴 했지만, 고객이 실질적인 변화를 경험했는지는 잘 모르겠어요." - 3년차 전문 코치의 피드백 중에서

코칭을 시작하면 누구나 '질문'이 중요하다고 배운다. 하지만 코칭 대화는 질문을 많이 던지는 것보다, 그 질문이 언제, 어떤 흐름 안에서 등장하는가가 더 중요하다. 고객의 이야기가 흘러가는 경로에 맞춰 질문이 설계되어야 대화는 '깊이'와 '방향'을 모두 갖게 된다.

이때 필요한 것이 바로 코칭 대화 모델이다. 이는 코칭 과정에서 고객의 목표 설정, 문제 인식, 해결책 모색, 실행 전략 수립이라는 변화를 이끌어내는 대화의 구조를 설계하고 운영하는 하나의 틀이다(Whitmore, 2009; Passmore, 2010).

코칭 대화 모델은 단지 질문을 순서대로 배치하는 기법이 아니다. 그보다는 고객이 생각을 넓히고, 감정을 다루고, 행동을 설계할 수 있도록 대화를 구조화하는 전략적 접근이며, 고객의 자기인식과 행동 변화를 동시에 유도하는 통합 모델이다(Kimsey-House et al., 2011; Ryan & Deci, 2000).

실제로 오늘날 가장 널리 사용되는 대표적 대화 모델에는 GROW 모델(Goal-Reality-Options-Will), OSCAR 모델(Outcome-Scaling-Choices-Actions-Review), CLEAR 모델(Contracting-Listening-Exploring-Action-Review)이 있다(Gilbert & Whittleworth, 2009; Hawkins, 2012).

이들은 모두 목표 설정부터 실행 계획까지 고객의 변화 과정을 단계별로 체계화하여 흐름을 만들고, 그 안에서 효율적인 개입 시점과 질문 전략을 제시한다는 공통점을 갖는다.

왜 코칭 대화 모델이 필요한가?

코칭 대화 모델의 필요성은 단지 구조를 갖추는 데 그치지 않는다. 이 모델은 다음과 같은 심층적 이유로 코칭의 효과성을 높인다:

1. 대화 흐름을 구조화한다

- 코칭은 단순한 대화가 아니다.
- 목표 지향적, 실행 중심적 흐름을 갖추었을 때 고객이 자신의 목표를 실현하는 여정으로 전환된다(Whitmore, 2009).

2. 자기인식과 자기결정성을 강화한다

- 코칭 대화는 질문을 통해 고객의 강점, 가치, 감정, 신념을 되돌아보게 만든다.
- 고객은 단순한 조언이 아닌 자기주도적 결정(self-determined decision)을 통해 자신만의 해결책을 찾아가기 시작한다(Passmore, 2010; Ryan & Deci, 2000).

3. 행동 변화로 이어지는 실천을 촉진한다

- 통찰은 중요하지만, 변화는 행동을 통해 일어난다.
- 코칭 대화 모델은 고객이 작고 구체적인 실행을 설계하도록 도와 변화가 '말'이 아닌 '움직임'으로 이어지게 한다(Bandura, 1997; Kimsey-House et al., 2011).

5. 코치의 개입 효과를 극대화한다

- 구조화된 대화 모델은 '언제, 어떤 질문을 던져야 할지'를 분명히 해준다.
- 이를 통해 코치는 적절한 시점에 핵심을 짚고, 고객의 문제 맥락에 맞는 맞춤형 개입을 할 수 있게 된다(Hawkins, 2012; Drake, 2015).

6. 실증적 효과 검증과 교육에 유용하다

- 대표적 코칭 모델(GROW 등)은 다수의 연구를 통해 개인의 자기효능감, 조직 성과, 리더십 발달 등에 효과적임이 입증되었다(Theeboom et al., 2014; Grant, 2017).

이는 코칭 모델이 학습자 교육과 코치 훈련에도 유용한 기반이 됨을 보여준다.

정리하자면… 코칭 대화 모델은 질문과 경청을 넘어, 고객의 삶에 전략적 변화를 촉진하는 대화 프레임이다. 좋은 질문을 갖고 있는 것만으로는 충분하지 않다. 그 질문이 적절한 '위치'에서 던져지고, 고객의 이야기 구조 안에서 연결될 때, 비로소 코칭은 변화를 유도하는 설계가 된다.

다음 절에서는 라이프디자인 진로 코칭과 내러티브 코칭에 특화된 4C 대화 모델이 어떤 배경과 목적을 가지고 등장하게 되었는지 살펴본다. 이제, 고객의 말이 흘러가는 네 개의 다리를 함께 건너 보자.

5.2 4C 대화 모델이란 무엇인가?

"코칭을 할 때 어떤 구조를 따라야 할지 막막해요. 질문은 많은데, 어디서부터 어떻게 시작해야 할지 모르겠어요." - 코칭 교육 참여자, 2년차

이런 질문은 초보 코치들만의 고민이 아니다. 경험이 쌓인 코치조차도 종종, 고객의 이야기를 경청하면서도 "지금 이 이야기를 어떻게 연결하고, 어디로 이끌어야 할까?"라는 의문에 마주하곤 한다. 그래서 필요한 것이 '대화의 지도'다. 무엇을 들어야 하고, 무엇을 놓치지 말아야 하며, 어떨 때 질문을 던지고, 어떨 때 조용히 기다려야 하는지를 알려 주는 구조. 바로 여기에 등장하는 것이 4C 대화 모델이다.

코칭 대화 모델은 '도구'다 - 목적에 맞게 설계되어야 한다

코칭 대화 모델은 그 자체가 목적이 아니다. 그것은 고객이 변화할 수 있도록 돕기 위해 의도적으로 설계된 도구이며, 모든 도구는 그 목적에 부합할 때 비로소 유효하다. 많이 알려진 GROW 모델(Whitmore, 2009)은 명확한 목표 설정과 실행 계획 수립에 초점을 맞춘 성과 중심의 코칭 도구다. 문제 해결, 실행력 향상, 리더십 개발 등에서 매우 유용한 구조지만, 이러한 모델은 고객의 내면의 이야기와 정체성 변화를 주제로 삼는 라이프디자인 진로코칭에는 아쉬운 지점이 있다.

이 책에서 소개하는 라이프디자인 진로코칭은 고객의 삶의 맥락, 감정, 내면의 내러티브를 함께 탐색하며, 그 안에 숨어 있는 정체성과 진로의 가능성을 발견하고 전환을 목표로 한다.

즉, 이 코칭은 단지 '목표 설정'이 아니라 '이야기의 재구성'을 다룬다. 그래서 필자는 이 목적에 적합한 도구로 새로운 대화 모델, 4C 코칭 대화 모델을 개발했다.

본 대화 모델의 4C모델은 다음과 같은 프로세스로 이루어진다.

- **Context(맥락 탐색)** 단계에서는 경계경험(boundary experience) 혹은 전환사건(transition event)을 인식함으로써 자기 탐색의 출발점을 마련하고,
- **Challenge(도전 인식)** 단계에서 문제적 내러티브(problematic narrative)를 탐색하며, 동시에 진로전환을 가로막는 내적·외적 장애요소를 인식하며,
- **Change(변화 시도)**단계에서는 성장 내러티브(growth narrative)를 형성하고, 이를 실제 행동으로 옮기며 새로운 정체성을 실천적으로 확립해 나가는 과정에 초점을 맞추고,
- **Continuity(연속성 확립)**단계에서는 새로운 변화 방향을 구체적으로 설계하고, 실행을 통해 삶 속에 통합하며 지속 가능한 성장을 확립한다.

5.3 4C 대화 모델의 적용

4C 대화 모델을 설명하기 위해서 각 단계별 이론적 근거, 각 단계별 코칭 대화 목표, 주요 코칭 질문, 그리고 결과물을 설명한다. 또한 각 단계별 실제 코칭 대화 사례를 보여 주고자 한다. 코칭 고객은 대학 졸업을 앞둔 수진 씨의 고민과 퇴직하고 제2의 인생을 준비하는 정우 씨의 고민을 해결하는 코칭 대화를 예로 들었다. 각 코칭 대화 사례에 대한 수퍼비전도 함께 제시하였다.

코칭대화 사례 1: 수진 씨

- **코칭 고객:** 수진(24세, 대학 졸업 예정자)
- **전공**: 경영학
- **현재 상태**: 졸업을 앞두고 진로 고민 중. 대기업 취업을 준비하면서도 '내가 진짜 원하는 게 뭘까?'라는 고문이 큼.
- **배경**: 부모님은 안정적인 직장을 권유하고, 친구들은 창업이나 외국 유학 등 다양한 길을 가고 있음. 수진은 자신의 선택이 확신이 없다고 느낌.

1단계: Context(맥락 탐색)-경계경험과 전환사건 탐색으로 자기 이해

1. 이론적 근거

- 경계경험(boundary experience)
  - 경계경험은 개인이 기존의 삶의 틀, 정체성, 신념 체계에 균열을 느끼는 전환적 순간을 의미한다(Josselson & Lieblich, 1995). 이는 삶의 흐름 속에서 "이전과 이후"를 가르는 지점으로, 자기 이해를 재정립하거나 새로운 내러티브를 형성하는 계기가 된다.

- 인간은 특정한 경계선에서 자신을 다시 바라보는 경험을 통해 정체성을 탐색하며, 이 과정에서 삶의 의미를 새롭게 발견한다.

- 전환사건(turning point)
  - 전환사건은 개인의 생애에서 중요한 변화나 결단을 유발하는 실제적 사건을 뜻한다(McAdams, 2001). 이는 외부적 사건(예: 진학, 이직, 상실, 만남)일 수도 있고, 내적 각성(예: 가치관의 변화, 목표의 재설정)일 수도 있다.
  - 맥아담스는 이러한 전환사건이 내러티브 정체성 형성의 핵심 동력이라고 보았으며, 전환사건의 의미를 재구성하는 과정에서 사람은 "내가 누구인가"에 대한 새로운 서사를 구축한다.
- 내러티브 자기(Narrative Self)
  - 리코르(Ricoeur, 1992)는 인간이 경험을 시간 속에서 재해석하며 자기이해를 심화하는 존재라고 보았다.
  - 경계경험과 전환사건은 모두 삶의 연속성 속에서 의미를 재조직하는 내러티브적 장치로 작용하며, 이를 탐색하는 과정이 곧 자기 내러티브의 출발점이 된다.

2. 1단계 코칭 목표

- 고객이 자신의 삶에서 경험한 경계경험과 전환사건을 탐색하도록 돕는다.
- 그 경험 속에 담긴 감정, 신념, 가치의 변화 과정을 인식하도록 한다.
- 현재의 삶이 어떤 내러티브 구조와 의미의 흐름 위에 놓여 있는지를 명료하게 파악하도록 지원한다.
- 과거의 사건을 단순한 '사건'이 아니라 자기이해와 성장을 이끄는 출발점으로 재해석하도록 돕는다.
- 이를 통해 향후 진로전환 과정에서 자신에게 의미 있는 방향성과 내적 기준을 회복하도록 한다.

3. 주요 코칭 질문

- 당신의 삶에서 가장 큰 전환점이 되었던 경험은 무엇인가요?
- 당신의 신념이나 정체성을 흔들었던 순간이 있나요?
- 그 경험이나 사건을 통해 당신은 무엇을 배웠고, 어떻게 변화했나요?
- 만약 당신의 삶을 한 편의 영화로 만든다면, 가장 극적인 장면은 무엇일까요?

4. Context 단계 종료 후 다음 단계로 전환 신호

- 감정: 고객이 단지 감정을 회피하지 않고, 그 감정의 정체와 맥락을 스스로 자각하며 언어화할 수 있을 때
  예: "그땐 그냥 화가 난 게 아니라, 인정받지 못한 느낌이었어요."
- 인지: 고객이 자신의 문제 상황을 단편적 사건이 아닌 하나의 이야기 흐름으로 구조화해 설명할 수 있을 때
  예: "이 일은 단순히 업무 스트레스가 아니라, 내가 계속 참고 있는 방식과 연결된 것 같아요."
- 행동: 고객이 반복적인 반응 패턴을 자각하고, 지금과는 다른 방식으로 살아가고 싶다는 변화 욕구를 표현할 때
  예: "계속 이렇게 살아서는 안 될 것 같아요. 이제는 좀 바꾸고 싶어요."

수진 씨의 코칭 대화 사례: 1단계 맥락탐색

1. 코칭대화 목적:

- 수진 씨가 현재 처해 있는 삶의 맥락(환경, 정서, 관계, 기대 등)을 탐색
- 삶에서 반복되는 내러티브 패턴, 진로문제를 언어화로 명료화하기 이전 단계에서 나타나는 모호한 감정/의문 포착
  자신의 진로 고민이 개인의 이야기 안에서 어떤 의미를 가지는지 인식하도록 돕기

2. 수진 씨의 '현재'를 함께 들여다보기

코치: 수진 씨, 요즘 하루하루를 지내며 가장 자주 드는 생각이나 감정은 어떤 거예요?

- 현재 삶에 대한 정서적 체험 탐색

- 수진이 '어디에 있는지'를 감정과 함께 드러내게 함

수진: 음… '이제 뭘 해야 하지?'라는 생각이 계속 떠올라요. 졸업도 다가오고, 뭔가는 해야 할 것 같은데… 막막한 느낌이에요.

코치: 그 막막함은 수진 씨에게 어떤 느낌으로 다가오나요? 혹시 몸이나 마음으로도 느껴지는 게 있나요?

- 감정에 이름 붙이기 및 신체화된 반응 탐색

- 감정의 실체를 다각도로 인식하게 돕기

수진: 네… 뭔가 가슴이 답답한 느낌? 뭘 해도 마음이 따라 주지 않는다고 할까요.

코치: 그런 마음이 들 때, 수진 씨는 주로 어떤 행동을 하게 되나요?

- 감정-행동 연결

- 무의식적 패턴 인식 유도

수진: 하던 걸 멈추고 멍하니 핸드폰 보거나, 그냥 자버릴 때가 많아요. '내가 왜 이렇게까지 피하고 있지?' 싶은데, 자꾸 그렇게 돼요.

3. 수진의 맥락 더 깊이 들여다보기

코치: 수진 씨를 지금 이렇게 고민하게 만든 계기나 사건이 있었을까요?

- 경계경험 탐색 전단계

- 내러티브적으로 중요한 '시점' 포착

수진: 음… 한 달 전에 회사에 지원하기 위해서 자기소개서를 쓰는데, 멈칫했어요. 막상 쓰려고 하니까 제가 뭘 잘하는지, 왜 이 회사에 가고 싶은지도 모르겠는 거예요.

코치: 자기소개서를 쓰다가 그런 생각이 들었군요. 그때 수진 씨는 자신에게 어떤 말들을 했나요?

- 내면 대화 탐색

- 삶의 맥락 속 '자기 자신과의 대화'에 귀 기울이기

수진: '내가 왜 이걸 쓰고 있지?', '내가 진짜 원하는 게 이건가?' 그런 말들을 속으로 계속 했던 것 같아요.

4. 수진 씨의 주변 세계 탐색하기

코치: 요즘 수진 씨 주변 사람들은 어떤 길을 선택하고 있어요? 혹은 어떤 기대를 하고 있나요?

- 사회적 맥락과 기대 탐색

- 진로 결정에 영향을 주는 관계의 힘 탐색)

수진: 부모님은 '안정적인 대기업이 최고'라고 하세요. 반면에 친구들은 스타트업에 가거나, 해외 유학을 준비하는 친구도 있어요.

코치: 그런 주변의 다양한 방향 속에서 수진 씨는 어떤 느낌이 드나요?

- 타인의 길과 나의 길 사이의 긴장감 탐색

- 정체성 혼란의 정서적 실체 확인

수진: 전 그냥… 다 따라가고 있는 것 같아요. 제 선택이라기보단 '남들처럼 해야 하는 거 아닌가?' 이런 생각만 들고요.

5. 패턴 확인과 마무리

코치: 수진 씨 말씀을 들으면서, 요즘의 수진 씨는 '무언가 해야 한다'는 압박 속에서, '정작 내가 원하는 게 뭘까'에 대한 답을 찾지 못해 혼란스러운 상태인 것 같아요. 그러면서도 계속 무언가를 피하게 되는 모습도 있는 것같고. 어떻게 생각하세요?

- ***초기 내러티브 요약 및 재언어화***
- *'현재의 위치'를 언어로 가시화해 줌*

수진: 네, 정말 딱 맞아요. 말로 정리해 주시니까 '맞아, 내가 이걸 겪고 있었지' 하고 느껴져요.

6. 1단계 Context(맥락 탐색) 코칭 수퍼비전

항목	내용
핵심 질문	"요즘 자주 드는 생각은?", "그 감정은 어떤 모습인가요?", "주변 사람들은 어떤 이야기를 하나요?"
핵심 코칭포인트	감정 탐색, 내면 대화 포착, 관계적 맥락 이해, '현재 위치' 언어화
결과물	고객의 현재 상황(막막함, 타인의 기대와 나 사이의 갈등, 내면에서 '내가 진짜 원하는 게 뭘까'라는 질문 제기)을 명료하게 인식함

2단계: Challenge(도전 인식)-문제적 내러티브와 진로전환의 장애 탐색 탐색

1. 이론적 근거

- 문제적 내러티브(Problematic Narrative)
  - 개인은 삶의 특정 시점에서 반복되는 좌절, 자기의심, 회피적 패턴을 중심으로 이야기를 구성할 때가 있다.
  - 이러한 이야기는 자신의 가능성을 축소하고 변화에 대한 두려움을 강화하며, 진

로전환을 가로막는 내면적 장벽으로 작용한다(Josselson & Lieblich, 1995).

- 전환이론(Transition Theory; Schlossberg, 1981)
  - 전환은 단순한 외적 변화가 아니라 정체성의 이동과 재구성 과정이다.
  - 개인이 전환을 어떻게 해석하느냐에 따라 성장의 기회가 될 수도, 정체의 이유가 될 수도 있다.
  - 전환 과정에서의 "의미 부여"가 자기 효능감과 새로운 방향 설정을 결정한다.
- 구성주의 진로이론(Career Construction Theory; Savickas, 2005)
  - 진로의 문제는 외부의 조건보다 자신의 이야기를 어떻게 구성하고 있는가에 달려 있다.
  - 고객이 반복적으로 하는 "제한적 이야기"를 인식하고 그것을 새로운 서사로 재구성하는 과정이 진로전환의 핵심이다.
- 자기결정이론(Self-Determination Theory; Deci & Ryan, 2000)
  - 외적 압력보다 자율성, 유능성, 관계성의 욕구가 충족될 때 내적 동기가 회복된다.
  - 문제적 내러티브는 종종 외적 기대에 순응하려는 과정에서 형성되며, 진정한 변화는 '자기 기준으로 선택할 수 있는 힘'(agency)을 회복할 때 가능하다.

2. 코칭대화 목표

- 고객이 반복되는 한계의 이야기(문제적 내러티브)를 인식하도록 돕는다.
- 진로전환 과정에서 드러나는 두려움, 회피, 자기의심 등의 내면 장벽을 명료화하도록 한다.
- 이러한 이야기가 과거의 경험, 신념, 타인의 기대와 어떻게 연결되어 있는지 탐색한다.
- 외적 조건이 아닌 내적 기준(가치 · 의미)에 근거한 선택의 주체성을 회복하도록 돕는다.
- 도전을 회피하던 내러티브를 성장과 변화의 서사로 재구성할 수 있도록 지원한다.

3. 주요 코칭 질문

- 당신이 스스로에게 가장 자주 하는 부정적인 말이나 생각은 무엇인가요?
- 과거의 경험이 당신의 현재 행동에 어떤 영향을 미치고 있나요?
- 당신이 반복적으로 부딪히는 감정적 혹은 행동적 패턴이 있다면, 그것은 무엇인가요?
- 이 문제적 내러티브를 다르게 해석할 수 있는 방법은 무엇일까요?

4. Challenge 단계 종료 후 다음 단계로 전환 신호

- 감정: 고객이 기존 정체성, 역할, 신념 사이에서 느끼는 내면의 충돌과 불일치를 인식하고 감정적으로 수용할 수 있을 때.
  예: "사실 저 역할을 계속해 온 게 힘들었고, 이제는 나답지 않다는 생각이 들어요."
- 인지: 고객이 자신을 제한해온 신념이나 역할 구조를 문제의 핵심으로 인식하고, 그 내면 논리를 비판적으로 성찰할 수 있을 때.
  예: "늘 좋은 사람이 되어야 한다는 생각이 저를 너무 조이게 만든 것 같아요."
- 행동: 고객이 지금의 방식이나 태도를 더는 유지할 수 없다고 느끼고, 기존의 삶에서 방향 전환의 필요성을 분명히 표현할 때.
  예: "이제는 예전처럼 회피하지 않고, 다르게 살아보고 싶어요."

수진 씨의 코칭 대화 사례: 2단계 도전인식

1. 코칭대화 목적 - 문제의 본질과 마주하기

- 문제를 '자신의 행동 실패'가 아닌 '의미의 갈등'으로 전환해 보기
- 내면에 반복되는 문제 내러티브의 핵심 테마 포착하기
- '문제적 내러티브'를 인식하고, 그것이 삶에 미치는 영향을 자각하게 촉진

2. 문제적 내러티브 탐색

코치: 지난번 대화에서 수진 씨가 '막막하다.', '피하게 된다.'고 하셨잖아요. 그 막막함 안에는 어떤 생각이나 신념이 숨어 있는 것 같나요?

- 감정 뒤에 숨어 있는 신념 탐색

- 표면적 감정 이면에 내재된 내러티브 구조 포착

수진: 음… 뭔가 제대로 하지 않으면 실패할 것 같고, 실패하면 너무 부끄러울 것 같아요. 괜히 시작했다가 나만 뒤처질까 봐 불안해요.

코치: 실패하면 부끄럽다…. 수진 씨에게 '실패'는 어떤 의미인가요?

- 개념의 정서적 의미화

- 진로의사결정을 가로막는 감정적 핵심 인식

수진: 실패는… '나는 별거 아니라는 증거' 같아요. 누가 나를 봤을 때 '그럴 줄 알았어.'라고 말할 것 같은… 그런 느낌요.

코치: 다른 누군가의 시선으로 평가받는 느낌, 그런 상황이 수진 씨 삶에서 자주 반복적으로 나타나요?

- 과거-현재 연결

- 현재 문제의 과거에 발생한 반복적 패턴 찾기

수진: 네… 고등학교 때도, 발표하거나 뭔가 앞에 나서는 걸 늘 피했어요. '괜히 나섰다가 이상하게 보일까 봐' 걱정됐거든요.

3. 문제적 내러티브의 핵심 구절 도출하기

코치: 수진 씨가 지금까지 이야기한 걸 바탕으로 하나의 문장으로 요약해 보면, '나는 실패하면 가치 없는 사람이 되고, 남들은 그걸 알아차릴 것이다'라는 메시지로

들리는 것 같아요. 이런 말이 수진 씨 내면에서도 들려오나요?

- 문제 내러티브 문장화

- 반복적 사고/감정/행동의 핵심 메시지 포착

수진: (잠시 생각) 네… 인정하고 싶진 않지만, 그런 말이 늘 안에서 들리는 것 같아요.

코치: 그런 이야기를 오랫동안 들으며 살아왔군요. 그 말이 수진 씨의 삶에서 어떤 영향들을 미치고 있다고 생각하시나요?

- 내러티브가 삶에 미치는 영향 자각

- 외부 상황보다 내부 목소리의 힘에 주목

수진: 선택을 미루게 했고, 제가 원하는 걸 탐색하기보단 무난한 길을 고르게 만들었어요. 그런데도 계속 불안하고… 만족스럽지가 않아요.

4. 문제에 이름 붙이기

코치: 그렇다면 지금 수진 씨가 마주하고 있는 가장 큰 도전은 '실패에 대한 두려움'보다는, '실패가 곧 존재 가치의 부정이라고 믿는 내면의 목소리'와 마주하는 일일 수도 있겠네요.

- 문제 재정의

- '실패' 자체가 아닌 '실패의 의미'에 주목

수진: 와… 그 말이 되게 크게 다가와요. 저는 단순히 불안한 줄 알았는데, 사실은 제가 저 자신을 평가하는 기준이 너무 가혹했나 봐요.

5. 2단계 Challenge 코칭 수퍼비전

항목	내용
핵심 질문	"이 감정의 밑바닥엔 어떤 믿음이 있나요?", "이런 상황이 반복되었던 기억이 있나요?", "이런 메시지가 삶에 어떤 영향을 주었나요?"
핵심 코칭포인트	감정 이면의 신념 탐색, 과거-현재 연결, 문제 내러티브 문장화, 자기 판단 기준의 재인식
결과물	"나는 실패하면 무가치하다"는 내면 메시지를 인식함. 이 신념이 자신의 진로 선택을 제한해 왔음을 자각함.

3단계: Change(변화 시도)-장애해소와 성장 내러티브 구축

1. 이론적 근거

- 성장 내러티브(Growth Narrative)
  - 개인은 기존의 한계와 저항을 넘어, 스스로의 가능성과 자원을 확장하는 새로운 이야기로 삶을 재구성할 수 있다.
  - 이는 문제의 해결이 아니라, 삶의 방향성과 자기서사의 재창조 과정이다.
- IM(혁신적 순간; Innovative Moments) 접근법
  - 변화는 단번에 일어나지 않고, 작은 통찰과 새로운 행동의 순간들이 쌓이면서 형성된다.
  - 이러한 순간들이 모여 문제 중심 이야기에서 성장 중심 이야기로 전환을 이끈다.
- 행동 변화 모델(Transtheoretical Model; Prochaska & DiClemente, 1983)
  - 변화는 인식 → 준비 → 실행 → 유지의 단계를 거치는 점진적 과정이다.
  - 진로전환 또한 의식적 선택과 반복적 실천을 통해 현실 속에서 구체화된다.
- 자기효능감 이론(Bandura, 1997)
  - 새로운 행동으로 전환하기 위해서는 "나는 할 수 있다"는 자기 믿음이 핵심이다.
  - 코치는 고객이 작은 성공 경험을 통해 내적 확신을 강화하도록 지원해야 한다.

2. 코칭 대화 목표

- 고객이 자신의 문제적 내러티브를 성장 내러티브로 재구성하도록 돕는다.
- 전환 과정에서 마주하는 내면의 장애와 저항을 인식하고 해소하도록 지원한다.
- 작은 행동 실천과 새로운 선택의 시도를 통해 변화의 가능성을 경험하도록 한다.
- 새로운 서사와 행동이 연결되는 패턴을 형성하여, 자기효능감을 강화하도록 돕는다.
- 변화된 경험을 자기 서사 속에 통합하여 지속 가능한 전환의 기반을 마련한다.

3. 주요 코칭 질문

- 당신이 원하는 새로운 내러티브는 무엇인가요?
- 지금 바로 시작할 수 있는 작은 변화는 무엇인가요?
- 변화 과정에서 자신을 지지해 줄 사람이나 자원은 무엇인가요?
- 새로운 이야기를 살아가기 위해 필요한 습관은 무엇인가요?

4. Change 단계 종료 후 다음 단계로 전환 신호

- 감정: 고객이 새로운 선택과 자기 정의에 대해 두려움보다는 기대와 정서적 안정감을 느끼며 이를 긍정적으로 받아들일 수 있을 때
  예: "이 길이 완전히 확신이 드는 것은 아니지만, 지금은 나다운 선택처럼 느껴져요."
- 인지: 고객이 바뀐 정체성을 스스로 정의할 수 있고, 그 언어가 자신의 가치와 삶의 방향성과 통합된 의미를 갖기 시작할 때
  예: "저는 결국 사람을 연결하는 일을 하고 싶은 사람이더라고요."
- 행동: 고객이 변화된 자기 이야기를 반영한 실행을 작게라도 시작했고, 그 행동을 스스로 설명하거나 삶의 일부로 수용할 수 있을 때
  예: "그래서 이번 주엔 처음으로 제 이름으로 프로젝트 제안을 해봤어요."

수진 씨의 코칭 대화 사례: 3단계 Change-새로운 관점으로 보기

1. 코칭대화 목적

- 문제적 내러티브에 균열을 내고, 기존 해석을 재구성해 보는 경험 만들기
- 자원과 가능성을 발견할 수 있도록 관점 확장하기
- 작지만 의미 있는 '전환의 단서'를 포착하도록 돕기

2. 관점 전환 시도

코치: 수진 씨가 실패에 대해 갖고 있는 믿음은 정말 오래된 이야기였네요. 그런데 그와는 다른 경험도 혹시 있었나요? 실패했지만 오히려 괜찮았거나, 예상과는 달랐던 경험요.

- 문제적 내러티브에 '틈' 만들기

- 기존의 일관된 해석에 예외 탐색

수진: 음… 대학교 1학년 때 공모전 하나 나갔었는데요, 결과는 못 냈지만 그때 같이 팀으로 했던 친구들이랑 되게 좋은 시간을 보냈어요. 발표를 망쳤다고 생각했는데, 끝나고 친구들이 "고생했어."라고 해 줘서… 이상하게 뿌듯했어요.

코치: 그 경험 속에서는 결과보다 '과정'이 더 의미 있었던 거네요. 그땐 실패가 꼭 '가치 없음'을 뜻하지 않았던 거 같아요.

- 예외적 경험의 정서적 의미화

- '실패 ≠ 무가치'라는 새로운 내러티브의 단서 포착

수진: 맞아요. 뭔가… 그때는 내가 노력한 걸 인정받은 기분이었다고 할까. 실패해도 다 무너지는 건 아니구나 싶었어요.

코치: 수진 씨 안에도 이미 '다르게 해석하는 힘'이 있었네요. 만약 지금 이 시기를 그때처럼 '과정을 겪어 보는 시간'이라고 보면 어떨까요?

- 내러티브 재구성 시도

- 기존 의미의 전환 가능성 실험

수진: 그렇게 보니까… 조금 해 볼 수 있을 것 같아요. 완벽하지 않아도 괜찮다는 느낌이 들어요.

3. 대안 내러티브 문장화

코치: 그럼 지금 수진 씨 안에서 들리는 새로운 목소리를 하나의 문장으로 표현해 본다면요?

- 새로운 메시지 형성

- 자기 내러티브의 전환을 언어화하도록 유도

수진: 실패해도 괜찮아, 난 시도하는 사람이고, 그걸 통해 성장할 수 있어." 그런 문장요.

코치: 좋아요. 그 문장은 수진 씨 삶에 어떤 새로운 가능성을 열어 줄 수 있을까요?

- 새로운 해석의 미래 확장력 탐색

- 전환된 의미가 삶에 주는 가능성 조망

수진: 일단… 덜 두려울 것 같아요. 새로운 걸 시도해 볼 수 있을 것 같고, 자꾸 피하지 않아도 될 것 같아요.

4. 3단계 Change 코칭 수퍼비전

항목	내용
핵심 질문	"이 믿음과는 다른 경험이 있었나요?", "그 경험은 어떤 의미였나요?", "지금 상황에 다르게 접근한다면?", "새로운 목소리를 문장으로 만든다면?"
핵심 코칭포인트	예외 탐색, 감정-의미 재구성, 메시지 전환, 확장된 가능성 인식
결과물	"실패해도 괜찮다, 나는 시도하는 사람이다"라는 새로운 내러티브 형성. 두려움에서 시도로 전환될 가능성 열림.

4단계: Continuity(연속성 확립)-행동계획 수립

1. 이론적 근거

- BEAM 모델(Drake, 2021)
  - 지속 가능한 변화는 행동(Behavior), 환경(Environment), 야망(Aspiration), 마인드셋(Mindset)의 네 가지 요소가 조화를 이룰 때 가능하다.
  - 단순한 행동계획이 아니라, 환경적 지지와 내면적 태도의 정렬을 함께 설계해야 한다.
- 자기조절(Self-Regulation) 이론(Bandura, 1991)
  - 변화의 유지에는 목표 설정-자기관찰-피드백-조정의 순환 과정이 필요하다.
  - 코치는 고객이 스스로 진행을 점검하고 수정할 수 있는 구조를 갖추도록 돕는다.
- 회복탄력성(Resilience) 이론(Luthans et al., 2000)
  - 변화는 선형적이기보다 반복적이며, 좌절과 회복의 순환 속에서 강화된다.
  - 고객이 변화 과정에서 흔들릴 때, 내면의 자원과 의미를 다시 활성화하는 것이 중요하다.
- 내러티브 정체성 유지(McAdams, 2001)
  - 지속적 성장은 새로운 행동이 자기 이야기 속에 통합될 때 가능하다.
  - 즉, 행동은 습관이 아니라 정체성의 일부로 내면화될 때 지속된다.

2. 코칭대화 목표

- 변화가 일시적인 사건이 아니라 지속적 성장의 과정으로 이어지도록 설계한다.
- 고객이 자신의 행동 변화를 정체성과 일상의 패턴 속에 통합하도록 돕는다.
- BEAM 모델(행동 · 환경 · 야망 · 마인드셋)을 활용해, 변화가 실제 삶의 구조 안에서 유지되도록 지원한다.
- 변화 과정에서 발생하는 좌절이나 흔들림을 회복탄력적으로 관리하도록 돕는다.

- 고객이 스스로 성장과 성찰의 순환 구조(Self-Regulation Loop)를 유지할 수 있도록 설계한다.

3. 주요 코칭 질문

- 변화된 자신을 어떤 방식으로 유지할 수 있을까요?
- 새로운 경험을 어떻게 지속적으로 확장할 수 있을까요?
- 변화를 유지하기 위해 어떤 환경적, 심리적 요소가 필요할까요?

4. Continuitye 단계 종료 후 코칭 마무리 신호

- 감정: 고객이 변화된 자기 정체성과 삶의 방향에 대해 정서적 안정감과 내면의 일관성을 느끼며, 자신이 삶을 주도하고 있다는 감각을 갖게 되었을 때
  예: "이제는 흔들리더라도 다시 제 중심으로 돌아올 수 있을 것 같아요."
- 인지: 고객이 새로운 자기 이야기를 과거-현재-미래의 흐름 속에서 통합적으로 이해하며, 삶의 의미와 가치 체계를 재정립할 수 있을 때
  예: "지금까지의 모든 경험이 결국 지금의 저를 만들었다고 생각해요."
- 행동: 고객이 변화된 정체성을 반영한 실행을 일상의 일부로 유지하며, 스스로 지속 가능성과 자기 조절 전략을 설계할 수 있을 때
  예: "앞으로 어떤 선택을 하든, 저 자신을 잃지 않고 나답게 할 수 있을 것 같아요."

수진 씨의 코칭 대화 사례: 4단계 Continuity-새로운 삶으로 전환

1. 코칭대화 목적

- 변화된 내러티브가 일상 속에서 실천되도록 구체적인 실행 계획을 수립한다.
- 고객이 새로운 정체성과 태도를 지속적으로 유지할 수 있는 자기 지지 전략을 마련한다.

- 변화의 흐름이 멈추지 않고 확장될 수 있도록 정체성의 일관성과 삶의 방향을 연결한다.

2. 수진 씨의 새로운 이야기, 삶과 연결되다

코치: 지난 시간에 "시도는 그 자체로 의미가 있다"는 문장을 떠올리셨죠. 그 문장이 수진 씨 안에 어떻게 자리 잡았는지, 지난 일주일 동안 어떤 변화가 있었는지 궁금해요.

- 새로운 내러티브의 정착 여부 확인

- 변화가 일상에 어떤 영향을 주었는지 점검

수진: 네. 그 문장이 생각보다 자주 떠올랐어요. 사실… 드디어 포트폴리오용 프로젝트를 하나 시작했어요. 전에는 생각만 해보다가 멈췄는데, 이번엔 '완벽하지 않아도 돼'라고 생각하니까 손이 가더라고요. 친구한테도 보여 줬는데, 잘했다고 응원해 줬어요.

코치: 정말 멋진 시작이네요. 수진 씨가 새로운 내러티브를 '머리'로만이 아니라 '행동'으로 연결했다는 점이 중요해요. 그 과정에서 스스로에 대해 새롭게 발견한 점이 있다면 어떤 걸까요?

- 자기 재정의 강화

- 변화된 정체성 인식의 강화, 자아 통합 촉진

수진: 예전엔 뭔가를 하면서도 늘 긴장하고, '망하면 어쩌지.'라는 불안이 컸거든요. 근데 이번엔 과정 자체를 좀 더 즐기려고 했어요. 그랬더니… "아, 나도 뭔가를 만들어가는 사람이구나."라는 생각이 들더라고요.

3. 변화의 내면화

코치: "만들어 가는 사람"이라는 말 참 좋네요. 그 정체성을 계속 살려내기 위해, 수진 씨가 삶에서 '붙잡고' 가고 싶은 태도나 신념이 있다면 어떤 걸까요?

- 변화의 내면화

- 새로운 자아상을 지속적으로 지지해 주는 내적 기준 수립

수진: 음… '과정 중심으로 살기'요. 결과만 보지 말고, 내가 시도하고 배워 가는 그 과정에서 의미를 찾고 싶어요. 아직 두렵긴 해도, 그게 제가 원하는 삶인 것 같아요.

4. 실행 계획의 구체화

코치: 아주 좋은 정리예요. 그럼 이제 그 태도를 삶에서 이어 가기 위해 어떤 구체적인 실천을 해 볼 수 있을까요? 작더라도 실천 가능한 루틴이 있다면?

- 실행계획 구체화

- 실현 가능한 작은 실천 설정

수진: 음… 일단 일주일에 한 번은 '실험의 날'로 정해서, 뭔가 새로운 디자인 아이디어를 그냥 스케치라도 해 보려고요. 완성해야겠다는 부담 없이요. 그리고 매주 일요일에 제 일기를 적는데, 그때 "과정을 얼마나 즐겼는지"를 체크해 보는 항목을 추가해 볼게요.

5. 변화의 지속화

코치: 훌륭해요. 그 두 가지 루틴은 수진 씨가 어떤 방향으로 살아가고 싶은지, 자기 자신에게 계속 '리마인드'시켜 주는 장치가 되어 줄 거예요. 혹시 중간에 다시 불안이나 두려움이 올라올 때, 스스로에게 어떤 말을 해 주면 좋을까요?

- 회귀 방지 전략 마련

- 후퇴 상황에 대한 자기 회복 언어 구성

수진: "완벽하지 않아도 돼, 지금 이 시도가 나를 살게 해 줘."라고 말해 줄래요. 이 문장이 저를 다시 꺼내 줄 수 있을 것 같아요.

코치: 너무 좋습니다. 수진 씨는 이제 '실패를 두려워하는 사람'에서 '실패해도 시도하는 사람', 더 나아가 '과정을 살아가는 사람'으로 내러티브가 바뀌어가고 있어요. 그 변화를 잘 붙들고 가는 수진 씨의 다음 여정이 기대돼요.

6. 4단계 Continuity 코칭 수퍼비전

항목	내용
핵심 질문	"새로운 관점이 삶에 어떤 변화를 가져왔나요?", "무엇을 더 잘해내고 있나요?", "이 변화를 지속하기 위해 무엇을 할 수 있을까요?", "다시 흔들릴 때 나를 지지해 줄 언어는?"
핵심 코칭포인트	새로운 내러티브의 일상 적용 확인, 변화된 자아의 언어화 및 정체성 강화, 작지만 반복 가능한 실행계획 수립, 회귀 시 복귀를 도와줄 자기 지지 언어 생성, 삶 속에서 변화가 유지될 수 있는 리듬 만들기
결과물	"나는 결과보다 과정을 살아가는 사람이다"라는 자기 내러티브의 확립, 자기지지 언어 개발: "지금 이 시도가 나를 살게 해줘", 실험의 날'과 '과정 체크 일기'라는 지속 가능 루틴 수립

이제 수진 씨는 **과거의 문제적 내러티브에서 벗어나, 성장 내러티브를 삶으로 실천하는 사람**으로 거듭났다. 4C 모델의 흐름이 내러티브 기반 코칭에서 어떻게 **정체성 전환과 실행을 동시에 촉진**하는지 잘 보여 주는 사례이다.

본 모델은 고객이 자신의 문제적 내러티브를 성장 내러티브로 변화시키고, 지속적인 자기 조절을 통해 의미 있는 삶을 살아가도록 돕는다.

4C 모델을 기반으로 **경계경험, 전환 장애요소, 문제적 내러티브, 성장 내러티브, 실행계획을** 추가함으로써 더욱 정교하고 강력한 라이프디자인 코칭이 가능해진다.

수진의 변화 내러티브 흐름으로 본 4C 대화 모델의 단계 간 연결

4C 모델은 고객이 **자신의 삶을 내러티브로 이해하고 변화시켜 나가는 과정**을 구조화한 라이프디자인 진로코칭 대화 모델이다. 이는 사비카스(Savickas, 2011)의 진로구성주의 이론, 특히 자기 저작성(self-authorship)을 강조하는 진로구성이론과 깊이 연관된다. 수진 씨의 대화를 통해 각 단계가 어떻게 연결되는지를 살펴보자.

1. 1단계: Context-이야기의 무대 만들기

이론적 근거: 사비카스(Savickas, 2011)는 진로상담을 "고객의 삶의 이야기에서 의미를 발견하고 새로운 가능성을 상상하게 하는 과정"이라고 보았다. 그러기 위해서는 먼저 고객이 살고 있는 내적 · 외적 삶의 배경(Context)을 깊이 이해하는 것이 필요하다.

수진의 사례: 수진은 스스로를 "결정을 잘 못 하고, 뭘 좋아하는지도 잘 모르는 사람"이라고 말했다. 외부 기준에 맞추느라 자신의 내면과 연결되지 못한 채 살아온 삶의 배경을 가지고 있다.

⇒ 이 단계에서는 수진이라는 인물이 어떤 내러티브 공간에서 살아왔는지를 들여다보는 출발점이다.

2. 2단계: Challenge-문제적 내러티브와 마주하기

이론적 근거: 화이트와 엡슨(White & Epston, 1990)의 내러티브 치료 이론에서 문제는 사람이 아니라 **문제적 이야기**에 있다고 본다. 사비카스도 진로상담에서 중요한 것은 **문제 그 자체가 아니라, 그 문제를 내러티브로 어떻게 의미화하느냐**에 달려 있다고 설명한다.

수진의 사례: 수진 씨는 반복적으로 "내가 실패하면 안 돼", "애매하게 하면 안 돼"라는 신념 아래 움직이고 있었다. 이로 인해 선택을 미루고, 준비만 반복하는 문제가 나타났었다. 여기서 수진 씨는 자신의 내러티브에서 **'실패는 곧 무능'**이라는 **제한적 이야기**를 발견하게 된다.

⇒ 이 단계는 단순한 문제 진술을 넘어 **문제를 구성하는 내러티브의 구조와 감정, 신념을 드러내는 과정**이다.

3. 3단계: Change-새로운 이야기 생성하기

이론적 근거: 곤살베스(Gonçalves et al., 2011)는 우리가 익숙하게 살아온 '이야기의 틀'이 '혁신의 순간(Innovative Moments)'을 통해 흔들릴 수 있으며, 이때 새로운 나, 새로운 방향의 실마리가 드러난다고 말한다. 즉, 낡은 내러티브를 해체하고 **새로운 가능성의 이야기로 확장**하는 단계이다.

수진의 사례: 코칭 대화에서 수진 씨는 "나는 정답을 찾는 사람이 아니라, 새로운 시도를 하며 살아보는 사람이 되고 싶어요."라고 말했다. 이 말은 자신에 대한 **정체성의 재정의**이며, 문제중심 사고에서 가능성 중심 사고로의 전환하는 순간이다.

⇒ 이 단계는 수진 씨가 '과정 중심의 태도'와 '탐색적 정체성'이라는 새로운 내러티브를 말로써 만들고 경험하는 순간이다.

4. 4단계: Continuity-변화의 흐름 이어가기

이론적 근거: 내러티브 정체성은 **이야기의 일관성과 지속적 실천**을 통해 강화된다(McAdams, 2001). 변화된 정체성이 지속되기 위해서는 **일상 속 실천 루틴과 자기-지지 언어**가 필요하며, 이는 성장 내러티브가 내면화되고 더 성숙한 자기 삶을 살아 갈 수

있도록 한다.

수진의 사례: 수진 씨는 "실패해도 괜찮아. 나는 도전하는 사람이라는 걸 기억할 거야"라는 자기-지지적 말을 만들고, 매주 '실험의 날'을 정해 새로운 것을 시도하기로 계획한다. 변화된 내러티브가 이제 **삶 속의 실천**으로 이어지는 계기가 된다.

⇒ 이 단계는 수진 씨가 새롭게 만든 이야기를 일상 **삶에 뿌리내리는 작업**이며, 코칭이 끝난 후에도 스스로를 지지하고 변화의 흐름을 이어갈 수 있는 기반을 마련하는 과정이다.

단계 간 흐름 요약: 변화 서사의 구조화

단계	고객의 위치	코칭 목표	핵심 전환
Context	현재 위치 파악	이야기의 배경 이해	나는 누구인가?(현재)
Challenge	문제 마주하기	제한적 이야기 해체	무엇이 나를 가로막고 있는가?
Change	가능성 발견	새로운 정체성 생성	어떤 사람이 되고 싶은가?
Continuity	실천 연결	변화의 지속 설계	그것을 어떻게 살아낼 것인가?

코칭대화 사례 2: 정우 씨

코칭대화 사례 두 번째, 김정우(58세) 씨. 퇴직 1년 차, 전직 대기업 기획실장) 퇴직 후 몇 가지 활동을 시도했지만 뚜렷한 방향을 잡지 못하고 있음. 삶의 후반부를 어떻게 보낼지 고민 중.

1단계: Context-삶의 맥락과 주제 탐색하기

1. 코칭대화 목적

- 고객의 현재 삶의 맥락과 삶의 주제(Life Theme)를 파악한다.
- 삶의 여정 속에서 중요하게 여겨왔던 가치와 의미를 듣고 삶의 스토리를 존중한다.
- 고객이 "내가 지금 어디쯤 와 있는가?"를 자각하게 한다.

2. 코칭 대화 사례(질문 의도 / 코칭 스킬)

코치: 정우님, 퇴직 이후의 삶을 새롭게 구상하고 계신다고 하셨는데요. 요즘 하루하루는 어떻게 보내고 계세요?

질문의도: 현재 삶의 흐름 파악 / 스킬: 열린 질문으로 탐색 시작

정우: 아침에는 산책하고, 가끔 봉사활동도 나가고요. 손주도 돌봐요. 바쁘긴 한데… 가끔은 내가 뭘 위해 살고 있는 건가 싶을 때가 있어요.

코치: 뭔가 열심히 지내고는 계시지만, 그 안에서 의미가 조금은 흐릿하게 느껴지시는 것 같아요. 혹시 그 '무엇을 위해'라는 질문은 정우님 삶에서 오래된 질문일 수도 있을까요?

(질문의도: 삶의 핵심 질문 탐색 / 스킬: 메타질문[13]을 통해 의미 연결)

정우: 음… 돌이켜 보면 늘 그런 질문을 해왔던 것 같아요. 회사 다닐 때도 그냥 일보다는 '이 일이 무슨 가치를 만드는가'를 더 중요하게 생각했어요.

코치: 정우님은 늘 '가치'와 '의미'를 중심에 두고 살아오신 분이군요. 지금 삶에서 그 가치를 다시 찾고 싶은 마음이 느껴져요.

질문의도: 고객의 라이프 테마 정리 / 스킬: 리플렉션, 가치 언어화

---

13) 메타질문: 문제나 현상을 바라보는 방식 그 자체를 재검토하게 만드는 질문.

정우: 맞아요. 뭔가 도움이 되는 존재, 그런 역할을 하고 싶어요. 근데 그게 어떤 형태일지는 아직 잘 모르겠어요.

코치: '도움이 되는 존재'라는 말이 참 인상 깊어요. 정우님에게 의미 있는 사람, 또는 기억에 남는 인물이 있다면 누굴 떠올리실까요?

질문의도: 삶의 주제 원형[14] 찾기 / 스킬: 내러티브 탐색

정우: 음… 고등학교 때 담임 선생님이 떠오르네요. 별거 아닌 말 한마디가 제겐 정말 큰 힘이 됐거든요.

코치: 아, 그 경험이 지금 정우님의 삶에도 깊은 울림으로 남아 있군요. 혹시 그 선생님처럼 정우님도 누군가에게 그런 존재가 되고 싶으신 걸까요?

질문의도: 현재와 과거 연결 / 스킬: 스토리의 반복 주제 인식

정우: 네… 누군가의 전환점에 작은 힘이 되어 줄 수 있다면 좋겠어요. 그게 제2의 인생이 될 수 있을지도 모르겠네요.

코칭 수퍼비전 포인트(1단계: Context)

항목	내용
코칭 초점	고객의 삶의 맥락, 반복되는 주제(라이프 테마), 핵심 가치 탐색
핵심 기술	의미 있는 일상의 탐색, 내러티브 연결, 리플렉션[15], 가치 중심 질문
슈퍼비전 체크 질문	- 코치는 고객의 삶의 흐름과 감정에 주의 깊게 귀 기울였는가? - 고객의 반복되는 주제나 가치가 무엇인지 구체화할 수 있었는가? - 과거의 기억을 통해 현재의 의미를 연결해내는 질문을 사용했는가?
코칭의 진척 신호	"도움이 되는 존재로 살고 싶다"는 삶의 주제(Life Theme)가 드러났는가?

14) 삶의 주제 원형: 개인이 살아가며 반복적으로 경험하는 주요 이야기와 가치관이 보편적인 이야기 구조(원형)와 만나는 지점으로, 자신의 정체성과 삶의 방향성을 이해하는 데 중요한 단서를 제공한다.
원형(Archetype)은 심리학자 칼 융이 제시한 개념으로, 인류가 공유하는 원형적 심상을 의미한다.

15) 리플렉션(reflection): 자신의 경험과 감정을 깊이 있게 되돌아보며, 그 속에 담긴 의미와 패턴을 성찰하고 재해석하는 과정

2단계: Challenge-직면하고 있는 도전과 과제 명료화하기

1. 코칭대화 목적

- 고객이 현재 삶에서 마주하고 있는 **내면의 갈등, 현실적 어려움, 심리적 장벽**을 구체화한다.
- 막연한 불안이나 혼란을 언어화하고, 이를 피하지 않고 마주볼 수 있도록 돕는다.
- 그동안 시도했지만 어려웠던 점, 회피하고 있는 과제 등을 함께 직면한다.

2. 코칭 대화 사례(질문 의도 / 코칭 스킬)

코치: 정우님, 자신의 삶을 '도움이 되는 존재'로 말씀해 주셨는데요. 그런 삶을 구체적으로 살아가시는 데에 있어, 어떤 부분이 가장 막막하게 느껴지세요?

질문의도: 실행의 어려움을 구체화 / 스킬: 현실 탐색 질문

정우: 일단 어디서부터 시작해야 할지 모르겠어요. 그리고… 내가 아직 쓸모가 있는 사람인가 하는 생각도 자주 들고요.

코치: '쓸모가 있는 사람인가'라는 말이 마음에 남네요. 정우님이 느끼는 불확실감과 자기효능감에 대한 의문이 함께 느껴져요.

질문의도: 핵심 감정 언어화 / 스킬: 정서적 리플렉션

정우: 맞아요. 평생 직장에서만 살아왔고, 사회에서는 내가 이제 별로 필요한 사람이 아닌 것 같다는 생각이 들 때도 있어요.

코치: 그런 생각이 드는 순간, 정우님 안에서는 어떤 감정이 올라오세요?

질문의도: 감정 인식과 표현 / 스킬: 감정 탐색 질문

정우: 허무함이요. 그리고 약간 서글픔이요. 그냥… 어디에도 내가 딱 맞는 자리가

없다는 느낌.

코치: 그 허무함과 서글픔은 정말 중요한 신호일 수 있어요. 정우님 삶에서 새롭게 찾아야 할 자리, 소속감, 의미에 대한 갈망처럼 느껴져요.

질문의도: 감정 이면의 욕구 조명 / 스킬: 통찰 유도

정우: 네, 맞아요. 다시 소속감을 느끼고 싶고, 누군가에게 필요한 사람이 되고 싶어요.

코치: 혹시 예전에 정우님이 그런 소속감과 가치를 가장 깊이 느꼈던 경험이 있다면 언제였나요?

질문의도: 과거 긍정적 경험으로 연결 / 스킬: 내적 자원 회복 질문

정우: 회사 후배를 멘토링하던 시절이요. 그 친구가 힘들 때 제가 말 한마디 해줬는데, 그게 엄청 힘이 됐다고 하더라고요.

코치: 지금 그 기억이 다시 떠오른 건 정우님 안에 여전히 누군가의 **멘토가 되고 싶은 마음**이 살아있다는 뜻일 수 있겠네요.

질문의도: 가능성 회복 / 스킬: 강점 회복 리플렉션

정우: 네. 그걸 다시 해볼 수 있다면 좋겠어요. 그런데 어떻게 시작해야 할지 모르겠어요. 어디서 누굴 도와야 할지도 막막하고요.

코치: 막막함과 동시에 가능성의 싹도 함께 보이는 순간이에요. 우리, 이 막막함 속에서 가장 먼저 직면해야 할 현실적 과제가 무엇일지 하나씩 정리해 볼까요?

질문의도: 행동을 위한 구조화 시작 / 스킬: 명료화, 과제 정리

코칭 수퍼비전 포인트(2단계: Challenge)

항목	내용
코칭 초점	고객이 느끼는 현실적/정서적 도전과 심리적 장벽 탐색
핵심 기술	감정 리플렉션, 갈등 언어화, 회피 과제 직면, 과거 긍정 경험 연결
슈퍼비전 체크 질문	- 코치는 고객의 막연한 불안을 구체적인 언어로 도출했는가? - 고객의 감정 이면에 있는 욕구(소속감, 의미감 등)를 포착했는가? - 현실과 연결된 과제(예: 막막함, 실행의 시작점 등)를 명확히 했는가?
코칭의 진척 신호	"다시 멘토 역할을 해 보고 싶다."는 바람이 드러났고, "어디서부터 시작할지 모르겠다."는 과제 인식이 분명해졌는가?

3단계: Change-새로운 시각과 시도, 작은 변화의 실험

1. 코칭대화 목적

- 고객이 지금까지의 관점이나 해석을 넘어서는 대안적 관점(alternative perspective)을 발견하게 한다.
- '할 수 없는 나'가 아닌 '새로운 가능성을 탐색하는 나'로 정체성을 확장한다.
- 작고 구체적인 실험(behavioral prototype)을 통해 변화의 시동을 걸도록 돕는다.

2. 코칭 대화 사례(질문 의도 / 코칭 스킬)

코치: 정우님, '누군가의 멘토가 되고 싶다'는 그 바람을 기억하시죠? 지금, 그 바람을 실현할 수 있는 **작은 시작점**이 있다면 어떤 것부터 떠오르세요?

질문의도: 행동에 대한 상상 촉진 / 스킬: 행동 탐색 질문

정우: 음… 글쎄요. 회사 사람들은 다 떠나고, 지금은 연락되는 사람도 별로 없어서요. 막상 하려니 막막하네요.

코치: 그렇다면 정우님이 멘토 역할을 하고 싶어 하는 대상은 꼭 회사 후배일 필요는 없겠죠. 예를 들어, 지금 사회 진입을 준비하는 청년들이나, 진로를 고민하는

사람들과도 연결될 수 있을까요?

질문의도: 대상과 범위의 확장 / 스킬: 관점 확장 질문

정우: 아, 그런 쪽도 괜찮을 것 같아요. 요즘 청년들이 많이 힘들다고 하잖아요.

코치: 그렇죠. 정우님이 가지고 계신 삶의 경험과 지혜가 그런 분들께 큰 힘이 될 수 있을 거예요. 혹시 '경험 나눔' 같은 것을 해볼 수 있는 채널이 있다면, 어디서부터 탐색해 볼 수 있을까요?

질문의도: 실천 가능성 탐색 / 스킬: 자원 탐색 질문

정우: 지역 도서관에서 '인생이야기 나눔 프로그램' 같은 걸 본 적 있어요. 그때는 그냥 지나쳤는데, 지금 생각해보니 지원해볼 수도 있겠네요.

코치: 정말 좋은 시작이 될 수 있을 것 같아요! 정우님이 가지고 계신 **삶의 주제(life theme)**, 예를 들어 '누군가에게 힘이 되는 존재'라는 정체성을 담아 이야기하실 수도 있겠고요.

질문의도: 삶의 주제의 실현 연결 / 스킬: 삶의 주제와 행동 혹은 진로와 연결

정우: 네, 그런 이야기를 한번 정리해서 해보고 싶어요. 내가 살아온 길이 누군가에게 의미 있게 들릴 수도 있겠네요.

코치: 네, 정우님이 살아온 길을 말로 표현하는 것 자체가 새로운 가능성의 실험이고, 이 경험은 '나도 여전히 의미 있는 삶을 살 수 있다'는 인식의 전환으로 이어질 수 있어요. 그렇다면, 정우님이 이번 주 안에 해볼 수 있는 **작은 행동 하나**를 함께 정해 볼까요?

질문의도: 행동 약속 구체화 / 스킬: 구체적 실행 계획 수립

정우: 도서관 홈페이지 들어가서 그 프로그램을 다시 찾아보고, 신청할 수 있는지 확

인해 볼게요.

코치: 훌륭합니다. 그걸 정우님 언어로 표현하자면, 그 시도에 이름을 붙여 본다면요?

정우: 음… '작은 연결의 시작'이라고 할 수 있을 것 같아요.

코치: 너무 멋진 말이네요. 그 연결이 정우님 삶에 어떤 문을 열어 줄지, 저도 함께 기대해 보겠습니다.

질문의도: 의미 부여 및 동기 강화 / 스킬: 심볼화[16]*, 의미화*

코칭 수퍼비전 포인트(3단계: Change)

항목	내용
코칭 초점	새로운 시각을 통해 변화 가능성 발견 및 작고 구체적인 행동 실험 계획
핵심 기술	관점 전환, 자원 탐색, 실행 설계, 상징화, 동기 강화
슈퍼비전 체크 질문	- 고객이 가능성 있는 대상을 새롭게 인식했는가? - 실현 가능한 행동 실험이 구체적으로 계획되었는가? - 고객이 그 행동에 **의미와 정체성**을 연결했는가?
코칭의 진척 신호	"작은 연결의 시작"과 같이 고객의 언어로 변화 시도를 상징화했고, 구체적 행동 계획이 수립되었는가?

4단계: Continuity-의미의 통합과 삶의 이야기 다시 쓰기

1. 코칭대화 목적

- 작은 실천을 통해 변화 가능성을 경험한 고객이 자신의 삶의 주제(life theme)와 연결된 삶의 방향을 **통합적으로 재구성**하도록 돕는다.
- '단절된 이야기'를 넘어 '연결되고 살아 있는 이야기'로 자신의 진로·삶을 재저작화(re-authoring)하도록 촉진한다.
- 향후에도 변화와 성장을 **지속할 수 있는 내적 리듬**을 형성한다.

16) 심볼화(symbolization): 자신의 경험과 감정을 상징, 이미지, 은유 등의 형태로 표현함으로써 더 깊이 이해하고 탐색할 수 있도록 돕는 과정.

2. 코칭 대화 사례(질문 의도/코칭 스킬)

코치: 정우님, 지난 시간에 도서관 인생이야기 나눔 프로그램을 탐색해보시기로 하셨죠. 그 후 어떻게 진행되었나요?

질문의도: 실행 후 피드백 수집 / 스킬: 행동 점검

정우: 네, 신청 마감이 지났긴 했지만, 비슷한 활동을 하고 있는 '시니어 멘토링 그룹'이라는 걸 알게 되었어요. 담당자랑 통화했는데, 5월부터 신규 멤버를 모집한대요.

코치: 그 과정을 직접 탐색하고, 관계를 만들기 시작하신 거네요. 어떠셨어요, 그걸 하면서 스스로에 대해 느낀 점이 있다면요?

질문의도: 실행 경험의 자기 인식 연결 / 스킬: 자기성찰 유도

정우: 그동안 '난 쓸모없어진 사람'이라고만 느꼈는데… 전화하면서 자연스럽게 예전 일 얘기를 하게 됐어요. 내가 살아온 시간이 그냥 흘러간 건 아니구나 싶더라고요.

코치: 그 시간들 속에서 어떤 **정체성**이나 **가치**가 다시 느껴졌나요?

질문의도: 자기서사 재해석 / 스킬: 의미 탐색 질문

정우: 책임감 있게 살았고, 후배들 성장에 진심이었어요. '나 같은 사람도 필요할 수 있겠다'는 생각을 했어요.

코치: 정우님의 '라이프 테마'인 "타인의 성장에 기여하는 삶"이, 지금 다시 깨어나는 듯한 느낌이네요. 지금의 시기를 과거와 단절된 시간으로 보는 게 아니라, 어떻게 **이어지는 이야기**로 연결할 수 있을까요?

질문의도: 삶의 재서사화 / 스킬: 서사적 통합 유도

정우: 회사에서 끝난 게 아니라, 이제는 더 자유롭게, 내가 돕고 싶은 사람과 연결되

는 시기가 시작된 거라고… 그렇게 보면 좋겠네요.

코치: 와, 정말 강력한 전환이에요. 정우님의 삶은 여전히 '기여하는 삶'이라는 스토리 안에 있고, 이제는 **더 주도적으로, 선택적으로** 이어갈 수 있는 시점이 된 거군요. 그 이야기를 한 문장으로 다시 써본다면요?

질문의도: 자기 이야기 요약 / 스킬: 스토리 재서술 요청

정우: 음… "나는 여전히 타인의 성장에 기여하며, 나답게 살아가는 사람이다." 이렇게 말할 수 있을 것 같아요.

코치: 너무 멋집니다. 앞으로 정우님의 삶은 '성공한 직장인'이라는 이야기에서 머무르지 않고, '성장 촉진자'로서 더 긴 호흡의 이야기로 쓰여질 거예요. 그 내러티브를 잊지 않도록 하기 위해, 혹시 어떤 **리듬이나 루틴**을 만들어볼 수 있을까요?

질문의도: 성장 지속 장치 설계 / 스킬: 자기 강화 및 재확언

정우: 매달 1번은 의미 있는 사람과 삶에 대해 대화 해보는 시간을 가져보려고 해요. 내 이야기도 정리하면서, 다른 사람도 듣는 식으로요.

코치: 너무 좋습니다. 정우님의 삶의 이야기는 계속됩니다. 그리고 지금 이 순간부터, 더 주체적이고, 더 진심을 담아 쓰일 수 있을 거예요. 함께 걸어오신 이 여정을 축하드립니다.

질문의도: 코칭 마무리 및 자기인식 강화 / 스킬: 감정적 연결과 축하

코칭 수퍼비전 포인트(4단계: Continuity)

항목	내용
코칭 초점	삶의 주제와 경험을 연결하여 **의미 있는 자기서사로 통합**하고, 지속가능한 성장 리듬 구축
핵심 기술	실행 피드백, 자기성찰, 서사통합, 상징화, 리듬 설계
슈퍼비전 체크 질문	- 고객이 자신의 삶을 **연결된 이야기**로 재해석했는가? - 자신의 변화와 정체성을 **자기 언어로 정리**했는가? - 성장을 이어가기 위한 자기 리듬(루틴, 실천 약속)이 수립되었는가?
코칭의 진척 신호	"나는 여전히 타인의 성장에 기여하며, 나답게 살아가는 사람이다."처럼 정체성 기반의 내러티브를 자기 언어로 말할 수 있게 되었는가?

사례 종합 분석: 김정우님의 4C 코칭 여정 되짚기

김정우님의 코칭 여정은 단지 진로 탐색이 아니라, 인생 2막을 준비하는 삶 전체를 다시 바라보는 **자기 내러티브 회복의 여정**이었다. 각 단계에서 코칭이 어떤 의도로 설계되었으며, 고객이 어떤 변화를 경험했는지를 아래와 같이 종합적으로 해석할 수 있다.

1. 1단계: Context-이야기의 배경을 세팅하고 내면의 '목소리'를 경청하다

- **코칭의도:** 삶의 현재 상황과 과거의 맥락을 연결하며, 고객이 살아온 이야기 속에서 '무엇이 중요한지'를 듣고, 그의 삶의 주제(life theme)의 단서를 발견하는 것이었다.
- **전환 포인트:** 단순한 퇴직의 슬픔이나 막막함을 넘어, 정우님의 삶에 반복적으로 등장했던 **'타인의 성장에 기여하고 싶다'는 삶의 주제**가 드러남.
- **고객의 변화:** "내가 진심으로 중요하게 여겨온 것이 있었다"는 사실을 인식하면서 **정체성의 중심이 직장이 아니라 관계와 기여**에 있었음을 자각하게 됨.

2. 2단계: Challenge-나를 가로막는 도전과 감정의 언어화

- **코칭의도:** 고객이 변화하고자 하는 의지를 느꼈더라도, 현실적 · 정서적 장애 요인을 탐색하지 않으면 변화는 지속되지 않는다. 이 단계의 핵심은 **'마음의 장벽'을 인식하고 감정에 이름을 붙이는 것**이다.
- **전환 포인트:** 정우님은 "더 이상 쓸모없는 사람 같다"는 내면의 부정적 메시지를 직면하면서도, 그 메시지가 **과거의 기준에 얽매인 사고**임을 스스로 인식하게 됨.
- **고객의 변화:** 감정을 억누르거나 회피하지 않고, '쓸모'라는 개념에 대한 **자기 내러티브를 재구성할 필요성**을 느끼기 시작함.

3. 3단계: Change-의미와 가능성을 새롭게 연결하며 작은 실천에 착수

- **코칭의도:** 변화를 촉진하기 위해서는 단지 인식의 전환만으로는 부족하다. 작더라도 **구체적인 행동 실천**을 통해 새로운 가능성을 '몸으로 체감'하는 경험이 필요하다.
- **전환 포인트:** 도서관 인생나눔 프로그램이라는 작지만 구체적인 기회를 탐색하고 실제로 연락해 본 경험은, 정우님에게 "내가 다시 움직일 수 있다"는 **에이전시**[17] **회복 경험**이 되었음.
- **고객의 변화:** 내면에서 느꼈던 '쓸모 없음'의 이야기를 넘어, 실제로 타인과 연결되고 기여할 수 있는 가능성을 다시 체감하면서 자기 역할을 회복하기 시작함.

4. 4단계: Continuity-삶의 서사를 다시 쓰고, 정체성과 의미를 통합하다

- **코칭의도:** 단절된 과거-현재-미래를 하나의 연결된 이야기로 통합적으로 재저작(re-authoring)하고, 이를 기반으로 **지속 가능한 자기 성장 리듬**을 구성하도록 돕는 단계다.

---

17) 에이전시(agency)란 개인이 자신의 삶과 진로에 대해 주체적으로 선택하고, 변화의 방향을 설계하며, 그 선택에 책임을 지는 심리적 능동성을 의미한다(Bandura, 2001). 이는 단순한 자율성의 개념을 넘어, 삶을 능동적으로 구성하고자 하는 실천적 힘을 포함한다

- **전환 포인트:** "나는 여전히 타인의 성장에 기여하며, 나답게 살아가는 사람이다."라는 자기 내러티브는 정우님의 삶을 '퇴직 후의 공백기'가 아닌 '자기다움을 회복하는 전환기'로 재의미화한 표현임.
- **고객의 변화:** 자신의 정체성을 '성공한 직장인'에서 '성장 촉진자'로 확장하면서, 정체성과 삶의 방향을 다시 연결해내고 **자기 서사의 주인이 되는 변화**를 이룸.

전체 흐름 요약: 김정우 님의 서사 전환 지도

단계	고객의 상태	코칭 개입	전환의 핵심
1. Context	삶의 의미 상실, 막막함	이야기 경청, 삶의 주제 탐색	"기여하고 싶다는 내 삶의 주제가 있었구나."
2. Challenge	쓸모없음, 두려움	감정 언어화, 인식의 확장	"이건 사회가 만든 기준이지 내 본질은 아니야."
3. Change	가능성 모색, 작지만 용기	행동화, 작게라도 연결	"움직이기 시작하면 생각도 달라진다."
4. Continuity	이야기 재통합, 자기 내러티브 회복	의미 통합, 리듬 설정	"나는 여전히 기여하는 삶을 살 수 있어."

결론: '삶을 다시 쓰는 진로코칭'의 가능성

이 사례는 4C 대화 모델이 단지 진로 선택을 돕는 기술이 아니라, **경력 단절을 연결하고, 의미를 복원하는 내러티브 회복 프레임**으로 기능할 수 있음을 보여준다. 특히 정우님처럼 **인생의 전환기에 있는 성인 고객**들에게 4C 모델은 단순한 상담을 넘어 **자기 내러티브 창조자로 거듭나도록 돕는 강력한 라이프디자인 진로코칭 도구**가 될 수 있다. 그리하여, 4C 대화 모델는 단지 "무엇을 할까"를 묻는 진로의 언어를 넘어서 "나는 누구인가, 그리고 어떻게 살 것인가"를 묻는 **존재와 삶의 언어로 확장**된다.

■ 내 프랙티스를 위한 시사점
- 변화의 흐름을 붙잡는 대화, 4C 모델의 실제 적용을 위하여

"저는 코칭을 받으면서 제 이야기가 조금씩 정리되는 걸 느꼈어요. 예전엔 혼란스러웠던 생각들이, 지금은 차곡차곡 연결되는 느낌이에요."

이러한 고객의 말은 단지 성실한 질문의 결과가 아니다. 그것은 고객의 내면 흐름을 따라가되, 그 흐름에 질서와 의미를 부여할 수 있도록 돕는 코치의 구조화된 대화 능력에서 비롯된다. 4C 대화 모델은 바로 그 대화를 위한 지도다. 다음은 이 모델을 실제 코칭에 적용하기 위한 네 가지 핵심 시사점이다.

1. '맥락'은 단서의 보고(寶庫)다

고객이 처음 털어놓는 이야기에는 해결책보다 더 중요한 '출발점의 감정'과 '현재를 구성하는 세계관'이 담겨 있다. 코치는 그것을 문제로 판단하기보다, 그 맥락이 형성된 배경과 내면적 동기를 파악해야 한다.

- **질문 예시**: "그 상황에서 자주 느끼셨던 감정은 어떤 거였나요?"
- **실천 포인트**: 고객의 '내면 말투'와 감정 리듬을 경청하고, 현재의 정서적 지형도(emotional landscape)[18]를 함께 그려 본다.

2. '도전'은 반복의 패턴에서 시작된다

고객의 이야기에는 늘 반복되는 말과 감정, 행동이 있다. 그것은 단지 습관이 아니라,

18) 정서적 지형도: 고객의 **다층적 감정 상태**를 공간적/구조적으로 이해하고, 그것이 **어디에서 시작되어 어디로 흐르고 있으며, 어디에서 정체되거나 충돌하고 있는지를 입체적으로 조망**하는 것.

변화의 문턱에서 계속 맴도는 내러티브의 패턴일 수 있다. 코치는 그 패턴을 정확히 인식하고, 도전의 본질이 무엇인지 함께 직면해야 한다.

- **질문 예시**: "이런 상황이 반복될 때마다, 자신에게 어떤 말을 하게 되시나요?"
- **실천 포인트**: 문제를 분석하지 말고, 반복되는 이야기의 구조와 그 내면적 역할(희생자, 회피자, 방관자 등)을 탐색하라.

3. '변화'는 질문으로 유도되는 것이 아니라, 신호로 포착된다

고객의 말 속에 불쑥 등장하는 "근데요, 요즘은 조금 다르게 느껴져요" 같은 문장은 변화의 씨앗이다. 코치는 이 신호를 포착하고, 그것이 어떻게 새로운 이야기로 확장될 수 있을지를 함께 탐색해야 한다.

- **질문 예시**: "그 말은, 이전과 무엇이 달라졌다는 의미일까요?"
- **실천 포인트**: 고객이 말한 '이전과 다른 감정'에 주목하고, 그것이 새로운 선택이나 해석으로 이어지도록 언어적 지지 제공.

4. '지속성'은 실행이 아니라 내러티브의 확장이다

변화를 행동으로 연결하는 것도 중요하지만, 더 중요한 것은 그 행동이 새로운 자기 이야기의 일부가 되도록 하는 것이다. 단발적 실행이 아니라, 삶의 맥락에 깊이 뿌리내린 '새로운 이야기의 지속성'을 설계해야 한다.

- **질문 예시**: "이 변화가 다음 한 달의 삶에서 어떻게 이어지면 좋을까요?"
- **실천 포인트**: 변화 이후의 장면을 함께 상상하게 하고, 그것을 말로 표현하도록 유도하라. 실행계획은 '내러티브를 살아보는 실험'으로 설계된다.

5. 마무리: 대화는 흐름을 만드는 기술이다

4C 대화 모델은 대화를 정답으로 이끄는 구조가 아니라, **고객의 내면 흐름을 따라가며 그 안에 있는 의미와 가능성을 조직하는 구조**이다. 좋은 질문, 깊은 경청도 중요하지만, 그 모든 것은 '언제, 어떤 타이밍에, 어떤 맥락에서' 이뤄지는가에 따라 효과가 달라진다.

코치의 역할은 정해진 단계로 끌고 가는 것이 아니라, 고객의 준비도와 이야기의 전환 타이밍을 읽고, 필요한 만큼 함께 머물다 다음 장면으로 넘어가는 리듬을 잡는 것이다.

"고객이 자기 삶을 새로운 이야기로 말할 수 있도록 돕는 것." 바로 그것이 4C 대화 모델의 진짜 힘이며, 라이프디자인 진로코치로서 우리가 길러야 할 실천의 감각이다.

| 참고문헌 |

- Bachkirova, T., Jackson, P., & Clutterbuck, D.(2010). Coaching and mentoring supervision: Theory and practice. Open University Press.
- Bandura, A.(1997). Self-efficacy: The exercise of control. W.H. Freeman.
- Drake, D. B.(2015). Narrative coaching: Bringing our new stories to life. The Moment Institute.
- Gilbert, A., & Whittleworth, K.(2009). The OSCAR coaching model: Simplifying workplace coaching. Lulu.com.
- Gonçalves, M. M., Matos, M., & Santos, A.(2009). *Narrative therapy and the nature of "innovative moments"* in psychotherapeutic change. Psychotherapy Research, 19(6), 691-700.
- Grant, A. M.(2017). The third 'generation' of workplace coaching: Creating a culture of quality conversations. Coaching: An International Journal of Theory, Research and Practice, 10(1), 37-53. https://doi.org/10.1080/17521882.2016.1266005
- Hawkins, P.(2012). Creating a coaching culture: Developing a coaching strategy for your organization. McGraw-Hill Education.

- Hawkins, P.(2012). Creating a coaching culture: Developing a coaching strategy for your organization. McGraw-Hill Education.

- instituteofcoaching.org
- Josselson, R., & Lieblich, A.(Eds.).(1995). Interpreting experience: The narrative study of lives(Vol. 3). SAGE Publications.
- Kimsey-House, H., Kimsey-House, K., Sandahl, P., & Whitworth, L.(2011). Co-active coaching: Changing business, transforming lives(3rd ed.). Nicholas Brealey Publishing.

- Kimsey-House, H., Kimsey-House, K., Sandahl, P., & Whitworth, L.(2011). Co-active coaching: Changing business, transforming lives(3rd ed.). Nicholas Brealey Publishing.

- Lent, R. W., Brown, S. D., & Hackett, G.(1994). Toward a unifying social cognitive theory of career and academic interest, choice, and performance. Journal of Vocational Behavior, 45(1), 79-122. https://doi.org/10.1006/jvbe.1994.1027
- Lent, R. W., Brown, S. D., & Hackett, G.(2000). Contextual supports and barriers to career choice: A social cognitive analysis. Journal of Counseling Psychology, 47(1), 36-49. https://doi.org/10.1037/0022-0167.47.1.36
- Luthar, S. S., & Cicchetti, D.(2000). The construct of resilience: Implications for interven-

tions and social policies. Development and Psychopathology, 12(4), 857-885. https://doi.org/10.1017/S0954579400004156

- McAdams, D. P.(2001). *The psychology of life stories*. Review of General Psychology, 5(2), 100-122.
- Passmore, J.(2010). A grounded theory study of the coachee experience: The implications for training and practice in coaching psychology. International Coaching Psychology Review, 5(1), 48-62.
- ResearchGate
- Ricoeur, P.(1992). Oneself as another(K. Blamey, Trans.). University of Chicago Press. https://doi.org/10.7208/chicago/9780226844541
- Ryan, R. M., & Deci, E. L.(2000). Self-determination theory and the facilitation of intrinsic motivation, social development, and well-being. American Psychologist, 55(1), 68-78. https://doi.org/10.1037/0003-066X.55.1.68
- Ryan, R. M., & Deci, E. L.(2000). Self-determination theory and the facilitation of intrinsic motivation, social development, and well-being. American Psychologist, 55(1), 68-78. https://doi.org/10.1037/0003-066X.55.1.68
- Savickas, M. L.(2011). *Career Counseling*. American Psychological Association.
- Theeboom, T., Beersma, B., & van Vianen, A. E. M.(2014). Does coaching work? A meta-analysis on the effects of coaching on individual level outcomes in an organizational context. The Journal of Positive Psychology, 9(1), 1-18. https://doi.org/10.1080/17439760.2013.837499
- White, M., & Epston, D.(1990). *Narrative means to therapeutic ends*. Norton.
- Whitmore, J.(2009). Coaching for performance: GROWing human potential and purpose: The principles and practice of coaching and leadership(4th ed.). Nicholas Brealey Publishing

6장 IM 모델: 내러티브 전환의 순간을 읽는 기술

6장 IM 모델 - 내러티브 전환의 순간을 읽는 기술
"한 문장이 인생을 바꿀 수 있다."

IM(Innovative Moment) 모델은 내담자의 말 속에서 새로운 가능성이 싹트는 '혁신적 순간'을 포착하고 확장하는 방법이다.
이 장에서는 5단계 구조(IM1~IM5)를 중심으로 언어 속에서 변화의 단서를 읽고, 그 순간이 행동으로 이어지도록 돕는 실천적 전략을 다룬다.

학습 포인트

- IM의 5단계 구조
- 혁신적 순간의 탐지와 확장
- 코칭 대화 사례 분석

인용문

"When words change, worlds change." - Michael White

6.1 IM 모델이란 무엇인가?

- 고객의 내면에서 벌어지는 변화의 언어를 포착하라

"코칭을 하다 보면, 고객이 어느 날 갑자기 이렇게 말해요. '근데요, 요즘은 좀 달라요.' 그 순간이 바로, 저는 귀를 쫑긋 세우는 때예요."

이런 말은 우연히 나오는 게 아니다. 변화는 조용히 시작되고, 그 시작은 언제나 고객의 말 속에 숨겨져 있다. 라이프디자인 진로코칭에서는 '고객의 변화'가 단지 행동의 변화가 아니라, 그 사람의 **삶의 이야기(narrative)**속에서 **다르게 말하고, 새롭게 해석하는 과정**이다.

이 내면의 변화가 이루어지는 찰나의 순간을 이론적으로 설명하고, 실제로 코치가 그것을 **발견하고 확장**할 수 있게 도와주는 모델이 바로 IM 모델(Innovative Moments Model, 이하 IM 모델)이다.

IM 모델의 등장 배경

- 문제적 이야기에서 성장 내러티브로의 전환을 탐색하기 위한 도구

"사람은 말로 변한다. 그러나 모든 말이 변화를 만들지는 않는다. 중요한 것은, 새로운 말을 시작하는 그 순간을 놓치지 않는 것이다."

IM 모델은 이러한 **'변화의 언어'를 포착하기 위한 이론적 장치**로 탄생했다. 이 모델은 기존의 내담자 중심 상담이나 코칭에서 간과되기 쉬운 **심리적 변화의 흐름과 그 '전환점의 언어'를 구조적으로 포착**하려는 시도에서 출발했다.

변화는 일어나고 있지만, 설명되지 않았다

많은 코치와 상담자들은 고객과의 대화에서 고객이 **갑자기 다른 말을 하기 시작하는 순간**을 경험한다. 예를 들어,

- "사실은요… 저, 이 일 말고 다른 걸 해 보고 싶어요."
- "이번엔 그냥 피해가지 않고 말해 봤어요."
- "그런데요, 이번엔 좀 달랐어요."

이러한 말들은 기존의 이야기 구조에서 벗어나는 내러티브적 틈(Narrative Rupture)이자, 새로운 정체성의 언어가 **발아하는 지점**이다. 하지만 이 작은 변화는 너무 미세해서 자주 놓치거나, 혹은 '우연한 말'로 간주되어 코칭 구조 안에서 제대로 다뤄지지 못했다. 즉, **변화는 일어나고 있었지만**, 그 변화의 흐름은 설명되지 않았고, **구조화된 개입 모델**이 부족했다.

기존 접근의 한계: 문제 중심 혹은 행동 중심

많은 상담 이론과 코칭 모델은 고객의 '문제'를 정의하고, 그에 맞는 해결 전략을 제공하는 데 초점을 맞췄다. 혹은, 목표 설정과 실행 중심의 모델(GROW 등)은 고객의 '생각-행동' 체계를 정리하는 데 집중했다. 그러나 이런 접근은 **고객의 이야기 구조 자체의 전환**, 즉 **정체성의 내러티브 변화**에 개입하는 데는 한계가 있었다. 특히 다음의 요소들은 소홀히 다뤄졌다:

- 말의 반복 구조 속에 숨은 **패턴의 인식**
- 감정과 해석의 **미묘한 틈**

- 새롭게 말해지기 시작하는 **'다른 이야기'의 씨앗**
- 기존 이야기와 다른 정체성 언어의 **출현과 유지**

이런 한계를 극복하기 위해 등장한 것이 바로 IM 모델(Innovative Moments Model)이다.

IM 모델의 개발: 변화의 언어를 구조화하다

IM 모델은 **포르투갈 심리학자 곤살레스(Gonçalves)와 동료들**에 의해 2009년 무렵에 개발되었다(Gonçalves, Matos, & Santos, 2009). 그들은 다양한 내러티브 치료 대화를 분석하면서 내담자의 말 속에 반복적으로 등장하는 '다른 말'(Innovative Moments)을 추적했고, 이러한 말들이 특정한 순서와 흐름을 가지고 **새로운 정체성 구성**으로 이어진다는 사실을 발견했다. 이 연구는 다음과 같은 중요한 통찰을 제공했다:

"사람은 변화하기 전에, 먼저 '다르게 말하기'를 시작한다. 그리고 '다르게 말한 사람만이, 결국 다르게 살아갈 수 있다."

IM 모델은 바로 이 전환의 흐름을 다섯 가지 단계로 설명하며, 고객이 **문제적 이야기에서 성장 이야기로 이동하는** 여정을 포착한다.

IM 모델의 이론적 구조

IM 모델은 이후 Innovative Moments Coding System: IMCS)으로 발전하면서, 내러티브 변화 과정을 정교하게 분석할 수 있는 코딩 시스템으로 확립되었다(Gonçalves et al., 2011). IMCS는 내담자 대화 속 '혁신적 순간'을 다섯 가지 범주-행동(Action), 성찰

(Reflection), 저항(Protest), 재개념화(Reconceptualization), 실행(Performing Change)-로 분류하고, 각 범주를 다시 세부 하위유형(subtypes)으로 구분하였다.

예를 들어, 성찰(Reflection) 단계는 '문제로부터의 거리두기(creating distance from the problem)'와 '변화 중심 성찰(reflection centered on change)'로 나뉘며, 저항(Protest) 단계는 '문제 비판(criticizing the problem)'과 '새로운 자기 위치의 출현(emergence of new positions)'으로 구분된다. 이러한 다층적 구분은 내러티브의 미시적 변화를 추적하기 위한 연구적 코딩 체계로, 심리치료 세션 분석에서 널리 활용되고 있다(Gonçalves, Ribeiro, Mendes, Matos, & Santos, 2011).

라이프디자인 진로코칭에서의 5단계 적용

본서에서는 IMCS의 복잡한 코딩 체계를 코칭 현장에 적합하도록 단순화하였다. 즉, 내러티브 변화의 본질적 흐름을 유지하면서도, 실천적 적용이 가능한 5단계 변화 과정으로 재구성하였다.

- 1단계 행동(action): 새로운 시도와 작은 변화를 통해 문제 중심에서 벗어난다.
- 2단계 성찰(reflection): 자신의 내러티브를 다시 바라보며 새로운 의미를 탐색한다.
- 3단계 저항(protest): 기존의 한계를 인식하고, 자신의 위치를 새롭게 설정한다.
- 4단계 재개념화(reconceptualization): 변화의 과정을 이해하고 새로운 자기서사를 형성한다.
- 5단계 변화실행(performing change): 새롭게 구성된 자기서사를 행동으로 실현하고 확장한다.

이 단순화는 연구 중심의 코딩이 아닌, 코칭 현장에서 고객의 변화 징후를 포착하고 지원하기 위한 실천적 프레임워크로의 전환을 의미한다. 따라서 라이프디자인 진로코칭에서 IM 모델은 "언어의 변화 → 인식의 전환 → 행동의 확장"으로 이어지는 내러티브 전환의 구조를 실천적으로 이해하도록 돕는 핵심 모델로 활용된다.

코칭 맥락에서 IM 모델의 필요성

IM 모델은 원래 내러티브 심리치료에서 출발했지만, 그 구조적 통찰은 **코칭 맥락에도 매우 유용**하다. 왜냐하면 코칭 역시 고객의 내면에서 '다르게 말하기'가 시작될 때, 비로소 행동의 변화가 나타나기 때문이다.

라이프디자인 진로코칭에서 특히 IM 모델은 다음과 같은 기능을 한다:

- 고객의 **정체성 전환**을 세밀하게 인식하고,
- 그 전환을 **언어화하고 강화**하며,
- 성장을 **하나의 이야기로 엮는** 코칭 대화의 흐름을 설계할 수 있도록 돕는다.

변화는 '다르게 말하는 것'에서 시작된다

IM 모델은 단지 변화의 결과를 추적하는 도구가 아니라, **변화의 시작을 발견하고 확장하는 렌즈**이다. 그리고 그 변화는 거창한 선언이 아니라, 고객의 작은 말 한 줄에서 시작된다:

"예전엔 늘 참았는데… 이번엔 말해 봤어요."
"그게 나쁜 경험만은 아니었을지도 모르겠어요."
"사실은… 내가 원하는 게 뭔지, 조금은 알 것 같아요."

그 말 속에서, 고객은 이미 **다른 이야기를 시작하고 있는 중**이다. IM 모델은 바로 그 순간을 **놓치지 않고**, 정체성의 전환이라는 **깊은 변화의 흐름**으로 연결시켜 주는 이론적 다리이자, 라이프디자인 진로코칭의 핵심 도구 중 하나다.

코칭에서 왜 중요한가?

진로코칭에서는 고객이 "내가 누구인지 모르겠다", "이게 정말 내가 원하는 길인지 혼란스럽다"고 말하는 순간이 많다. 이때 우리는 자칫 그 혼란을 **문제로만 보고 해결하려** 들기 쉽다. 하지만 IM 모델은 다르게 본다. 혼란 속에서도, 고객은 이미 **변화의 단서**를 말하고 있다는 것이다.

이 모델이 중요한 이유는 다음과 같다:

① **코치가 고객의 내면적 전환 흐름을 읽을 수 있게 해 준다.**
② 겉보기에는 똑같은 말 속에도, 정체성의 변화가 시작되는 '다른 언어'가 숨어 있다.
③ **성장 내러티브의 작은 단서를 구조화하고 확장할 수 있게 돕는다.**
④ IM 모델은 변화의 흐름을 **5단계로 설명**한다.
⑤ 코치는 각 단계를 이해하고, 변화의 언어를 붙잡아 **성장으로 연결하는 질문**을 던질 수 있다.
⑥ **문제적 내러티브에서 빠져나올 수 있는 틈을 발견하게 한다.**
⑦ 고객이 반복적으로 말하는 문제 내러티브("나는 항상 실패해요") 속에서도, IM 모델은 **새로운 이야기의 징후**를 추적할 수 있게 한다.

IM 모델이 다루는 것은 '변화의 언어'다

고객은 어느 날 갑자기 변하지 않는다. 그 변화는 **언어 속에서 서서히 조용히 피어나며**, 그 변화는 행동 이전에 **말**로 먼저 드러난다.

예를 들어 이런 문장들:

"근데요, 요즘은 좀 다르게 생각해요."
"그 말을 듣고, 처음으로 제가 저를 다르게 본 것 같아요."
"사실 제가 그런 말을 하다니 저도 놀랐어요."

이러한 말들은 전환의 징후다. IM 모델은 이처럼 고객이 말하는 **작은 전환의 언어**를 단지 '스쳐 지나가는 말'로 보지 않고, **정체성 변화의 흐름**으로 인식하고 **구조화**한다.

IM 모델, 단지 개념이 아니라 실천의 도구

IM 모델은 진로코칭, 특히 내러티브 기반 코칭에서 고객의 내면적 변화가 어떻게 '언어'로 드러나는지를 포착하게 한다. 그리고 그 순간을 붙잡고, 넓히고, 반복되게 하여 **고객이 자신의 내러티브를 '다르게 말하게'**만드는 실천의 기술이다. 이제 다음 절에서는 IM 모델이 제시하는 다섯 단계의 변화 흐름(행동 → 성찰 → 저항 → 재개념화 → 변화실행)을 각각 자세히 설명하고, 그 단계별로 코치가 어떻게 개입할 수 있는지 실제 대화와 함께 살펴보자.

6.2 IM 모델의 5단계 구조

- 고객의 변화는 다섯 개의 목소리를 지나며, 새로운 이야기를 완성한다

고객은 어느 날 갑자기 달라지지 않는다. 코치가 귀 기울여야 할 것은, 변화의 '순간'이 아니라 변화의 '흐름'이다. IM 모델은 고객이 **문제적 내러티브**에서 벗어나 **성장 내러티브**로 이동할 때, 그 내면에서 어떤 심리적 전환을 거치는지를 **다섯 단계로 구조화**한다. 이 다섯 단계는 심리치료 장면에서 관찰된 내러티브 전환의 보편적인 흐름이며, 진로코칭에서도 동일하게 발견된다. 단계는 반드시 순차적으로만 일어나는 것은 아니며, 오히려 **되풀이되고 교차되며 점차 강화되는 특성**을 가진다.

1단계: 행동(Action)

"나는 늘 이렇다." 고객은 문제적 내러티브에 묶여 있으며, 자동적이고 반복적인 행동과 해석에 갇혀 있다.

1. 내러티브 발화 예시

- "전 항상 마감 직전에야 뭘 시작해요."
- "제가 뭘 한다고 잘될 리가 없죠."
- "이건 제 성격이 원래 그런 거예요."

2. 코칭 개입 전략

- 고객의 말과 행동 패턴에서 **반복성**과 **결정론적 표현**을 인식하게 돕는다.
- 고객이 문제를 **자기 정체성과 동일시**하고 있음을 가볍게 비추어 준다.
- 직접적 변화 개입보다는 **메타인식 질문**으로 '말하고 있는 이야기'를 자각하게 한다.
  → "항상 그렇게 느껴졌다고 하셨죠. 혹시 그럴 때 어떤 감정이 가장 먼저 떠오르시나요?"

3. 수퍼비전 포인트

- 코치는 고객의 진술을 단순하게 사실로 받아들이지 말고, **그 말이 어떤 이야기 구조를 강화하는지**를 읽어야 한다.
- '이야기'로부터 거리를 만드는 질문이 핵심이다.

2단계: 성찰(Reflection)

“이대로는 안 될 것 같아요.” 고객이 처음으로 기존 이야기의 한계, 부적절함, 불편함을 자각한다. 하지만 대안은 아직 없다.

1. 내러티브 발화 예시:

- “계속 이렇게 사는 게 맞나 싶어요.”
- “사실 저도 제가 왜 이렇게 행동하는지 모르겠어요.”
- “문득, 내가 나를 너무 몰랐다는 생각이 들었어요.”

2. 코칭 개입 전략

- 감정의 **불일치 지점**을 조심스럽게 비춰준다.
- 고객이 사용하는 **모호한 표현**(예: 뭔가, 그냥, 왠지)을 명료하게 되묻는다.
- 성찰이 판단이나 자책이 아닌, **탐색으로 이어지도록** 질문을 설계한다.
  → “그 생각이 들었을 때, 이전과는 어떤 점이 달랐다고 느끼셨나요?”

3. 수퍼비전 포인트

- 이 단계는 문제적 이야기로부터 **틈이 벌어지는 시점**이다.
- 말의 톤, 리듬, 표현의 망설임 등에 **감각을 열어야**한다.

3단계: 저항(Protest)

“왜 내가 항상 그래야 하죠?” 기존의 정체성, 역할, 타인의 기대에 대해 감정적으로 반응하고 저항이 나타난다. 이 단계는 **감정이 살아 있는 회복의 시작**이다.

1. 내러티브 발화 예시

- "왜 늘 내가 양보해야 하죠?"
- "이제는 좀 내 인생 살고 싶어요."
- "그동안 참은 게 너무 많았던 것 같아요."

2. 코칭 개입 전략

- 고객의 **분노, 슬픔, 억울함** 등의 감정을 수용하고, 억제하지 않도록 한다.
- 저항의 감정 안에 담긴 진짜 바람(갈망)을 함께 명명한다.
  → "그 말 속에는 '더는 이대로 살 수 없다'는 강한 마음이 느껴지네요. 그 마음은 어떤 삶을 바라고 있나요?"

3. 수퍼비전 포인트

- 저항은 방어가 아니다.
- 새로운 이야기로 나아가기 위한 '감정의 에너지'다.
- 이 시점에서 고객의 감정을 눌러서는 안 된다. **감정은 변화의 동력이다.**

4단계: 재개념화(Reconceptualization)

"지금까지와는 다르게 해 보고 싶어요." 새로운 자아해석, 삶에 대한 새로운 프레임이 등장한다. '내가 이런 사람이었구나.'라는 정체성의 재구성이 시작된다.

1. 내러티브 발화 예시

- "내가 늘 피해만 다닌 것 같았는데, 사실은 내가 먼저 나서도 되는 사람이었네요."
- "이젠 남을 실망시키지 않기 위해 사는 건 의미 없다는 생각이 들어요."
- "실패가 꼭 나쁜 게 아니라는 걸 조금은 알게 됐어요."

2. 코칭 개입 전략

- 고객의 **새로운 언어**를 반복해서 들려주고, 문장화하여 강화한다.
- '새로운 이야기'를 **요약하거나 이름 붙여주는 것**도 효과적이다.
  → "지금 수진 씨 말은, 마치 '내가 나의 이야기를 다시 쓰기 시작했다'는 선언처럼 들려요."

3. 수퍼비전 포인트

- 이 단계는 '말'보다 '말의 무게'에 주의해야 한다.
- 고객이 처음 말하는 새로운 해석은 **여전히 연약하다.** 코치의 신중한 동행이 필요하다.

5단계: 변화 실행(Performing Change)

"이번엔 제가 먼저 말했어요." 새로운 내러티브가 **행동**으로 표현되며, 변화가 현실의 경험으로 뿌리내리기 시작한다.

1. 내러티브 발화 예시

- "오늘 처음으로 제가 먼저 제안해 봤어요."
- "그동안 미뤘던 자격증 강의를 신청했어요."
- "회사에서는 같은 사람이지만, 마음은 정말 다르게 느껴져요."

2. 코칭 개입 전략

- 변화가 지속될 수 있도록 **작은 실천 계획**을 함께 설계한다.
- 고객의 새로운 경험에 대한 **감정적 통합**을 촉진한다.
- "그 작은 변화가 당신에게 어떤 의미였나요?"

- “지금 이 변화가 앞으로 당신의 삶에 어떤 영향을 줄 수 있을까요?”

3. 수퍼비전 포인트

- 이 단계는 **‘성공 확인’의 순간이 아니라, ‘지속 가능성’을 확보하는 시점**이다.
- 코치는 변화가 행동으로만 그치지 않고, **내러티브로 정착되도록 안내**해야 한다.

요약하면 내러티브의 변화는 말로 시작되어, 행동으로 완성된다. IM 모델의 다섯 단계는 단순한 심리상태의 연속이 아니다. 이들은 **고객의 언어와 정체성이 바뀌어 가는 심리적-내러티브적 경로**이며, 코치는 이 흐름을 **경청하고, 반영하고, 강화함으로써** 고객이 스스로 새로운 이야기를 말하고, 그 말대로 살 수 있도록 돕는다. 코칭은 문제를 해결하는 기술이 아니라, 고객이 **자기 이야기를 바꾸는 여정의 동반자**가 되는 일이다. 그리고 그 여정의 움직임은 이 다섯 단계 속에서 시작된다.

6.3 IM 모델과 라이프디자인 진로코칭의 연계

- 내러티브 전환의 흐름을 코칭의 맥락에 연결하기

“지금 제 안에 뭔가 바뀌고 있는 것 같아요. 근데 그게 뭔지 아직은 잘 모르겠어요.”

이 한마디는 많은 고객이 변화의 중간에서 건네는 말이다. 코칭은 바로 이 ‘아직은 말로 되지 않은 변화’를 조금씩 언어화하고, 정체화하며, 행동으로 확장시키는 여정이다. 앞에서 살펴본 IM 모델은 고객 내면에서 벌어지는 **정체성의 전환 과정**을 내러티브 흐름으로 구조화한 모델이다.

그렇다면, 이 모델은 **라이프디자인 진로코칭** 안에서 어떻게 실천될 수 있을까?

IM 모델과 4C 대화 모델의 연결

4C 대화 모델은 코칭 대화를 Context(맥락) → Challenge(도전) → Change(변화) → Continuity(지속성)의 4단계로 안내하는 구조적 프레임이다. IM 모델은 이 대화 흐름 속에서 **고객 내면의 변화의 움직임**을 세밀하게 포착하는 기능을 한다.

4C 단계	IM 모델과의 연계	코칭 포인트
Context	행동, 성찰	문제적 내러티브를 말할 때, 그 안의 자각(성찰)을 탐색
Challenge	성찰, 저항	기존 내러티브에 대한 갈등과 저항의 표현을 포착
Change	재개념화	새로운 의미와 정체성이 등장하는 전환의 순간을 확장
Continuity	변화 실행	새로운 이야기로 살아가려는 행동을 구체화하고 지속화

즉, **4C는 코칭의 흐름**을 안내하고, **IM은 그 흐름 안의 변화의 징후**를 안내한다. 두 모델은 마치 바깥의 지도와 안쪽의 나침반처럼 함께 작동한다.

IM 모델과 진로에이전시 요소의 연결

IM 모델은 단지 정체성의 전환만을 설명하지 않는다. 진로에이전시 모델의 다섯 요소-진로정체성, 진로의사결정, 진로 전환, 진로장벽 극복, 진로준비행동-모두 IM 모델의 흐름 속에서 **성장하는 모습**으로 나타날 수 있다.

예를 들어:

- **진로정체성**은 '나는 누구인가'라는 질문이 성찰 → 저항 → 재개념화를 거치며 점차 구체화된다.
- **진로의사결정**은 성찰과 저항을 지나 새로운 자기 기준이 생기고 결국 변화실행으로 이어지며 실천된다.

- **진로전환**은 과거 실패나 불확실성에 갇힌 문제적 내러티브에서 벗어나 '내가 변화에 반응할 수 있다'는 새로운 이야기로 전환되며 강화된다.
- **진로장벽 극복**은 장벽을 다시 해석하는 과정에서 기존 행동 → 성찰 → 감정적 저항 → 재개념화를 통해 가능해진다.
- **진로준비행동**은 변화된 이야기를 구체적 행동으로 연결하는 변화실행 단계에서 명확히 드러난다.

다시 말해, IM 모델은 '진로역량의 발달'을 정량적으로 측정하는 모델이 아니라, **고객의 내면에서 그 역량이 어떻게 깨어나고, 움직이고, 자리 잡는지를 정성적으로 관찰하게 하는 렌즈**다.

코칭 실천에서 IM 모델이 작동하는 방식

다음은 실제 코칭 장면에서 IM 모델이 **실천적으로 어떻게 작동하는지**를 보여 주는 예시다:

상황 ①

코치: "그동안은 늘 지원서를 쓰기만 하면 불안해졌다고 하셨죠. 그런데 이번엔 어땠나요?"

고객: "음… 이번엔 좀 달랐어요. 제 이야기를 있는 그대로 쓰고 싶다는 생각이 들었어요."

→ **이 문장은 저항과 재개념화가 교차되는 순간**이다.

→ 코치는 '있는 그대로 쓰고 싶다'는 새로운 자기 해석을 **언어화하고 강화**해야 한다.

상황 ②

고객: "아직 완전히 확신이 있는 건 아니지만, 그냥 해 보고 싶어요."

→ **변화실행의 시작이다.**

→ 코치는 '완전하지 않아도 움직이는 자기'를 격려하고, 그 경험이 어떤 의미인지 탐색한다.

코치가 주의해야 할 것

- IM 모델은 **변화를 조장하는 도구**가 아니다.
- 고객이 **이미 변화하고 있는 흐름을 놓치지 않도록 돕는 감각**이다.
- 이 모델은 코치에게 '관찰의 기준'을 제공하지만, **진단 도구처럼 정답을 찾는 목적**이 되어서는 안 된다.
- 고객의 말 속에 있는 작은 언어의 틈, 감정의 떨림, 망설임과 회복의 반복 안에서 **내러티브의 전환 가능성을 신중하게 탐색**해야 한다.

코칭의 흐름에 심리적 움직임을 연결하라

IM 모델은 내러티브코칭의 심장을 구성하는 핵심 도구다. 코치는 고객의 말 속에 숨겨진 **변화의 순간들**을 포착하고, 그 순간이 **새로운 이야기로 확장될 수 있도록 함께 의미를 만들어가는 사람**이다.

4C 대화 모델이 외적 구조를 안내한다면, IM 모델은 내면의 움직임을 안내한다. 그리고 진로에이전시는 이 흐름의 결과로 드러나는 **정체성과 실행의 총합**이다.

6.4 IM 모델 코칭 대화 사례 분석

- 고객의 말 속에 숨어 있는 변화의 흐름을 읽는 기술

IM 모델은 고객의 내면에서 일어나는 **심리적 변화의 흐름**을 다섯 단계로 나누어 설명한다. 이 흐름은 단순한 의사 표현의 변화를 넘어, 고객의 **정체성의 전환과 새로운 내러티브의 형성**을 안내하는 실마리다. 이 절에서는 대학 졸업을 앞두고 진로 방향에 혼란을 겪는 **수진 씨**의 코칭 대화를 통해, IM 모델이 실제 대화 속에서 어떻게 관찰되고 개입될 수 있는지를 분석한다.

고객 소개

- **이름**: 수진(가명)
- **나이**: 24세
- **상황**: 경영학과 졸업 예정, 대기업 취업을 준비 중
- **고민**: 이 길이 '나답지 않다'는 감정과 선택에 대한 불확실성
- **목표**: 진로방향의 명확화와 자신감 회복

단계별 대화 흐름과 분석

1. 1단계: 행동(Action)

"솔직히… 지금 그냥 스펙 채우기에만 몰두하고 있어요. 아침부터 밤까지 자격증 공부, 어학, 인턴… 근데도 마음은 계속 불안해요."

코칭 해설

이 말은 기존의 '진로는 이렇게 준비해야 한다'는 자동화된 행동 패턴을 그대로 반복하고 있는 모습이다. 수진은 **문제적 내러티브** 속에서 움직이고 있으나, 아직 그것을 '문제'라고 느끼지 않는다.

코치의 개입 예시

"그런 스케줄을 계속 소화하면서도, 마음이 불안하다는 건 어떤 뜻일까요?"

→ 패턴 속에 숨어 있는 **정서적 이질감**에 주목하고, 메타인식을 유도한다.

수퍼비전 포인트

- 고객이 현재 말하고 있는 내러티브가 **반복 구조인지**를 확인하라.
- '이건 그냥 현실이죠.'라고 말할 때, 거기에 숨은 **감정의 부조화**를 감지해야 한다.

2. 2단계: 성찰(Reflection)

"어쩌면… 제가 이걸 진짜 원해서 하는 건 아닐 수도 있겠네요. 그냥 '다들 하니까' 저도 해야 할 것 같아서…"

코칭 해설

수진은 처음으로 자신의 행동과 욕구가 일치하지 않는다는 **내면의 틈**을 인식하기 시작했다. 성찰은 비판이 아니라 '다르게 볼 수 있음'을 자각하는 순간이다.

코치의 개입 예시

"그럼 수진 씨가 진짜 원하는 건, 혹시 어떤 방향일지도 모르겠다는 생각이 드신 적 있나요?"

→ **'의심의 시작'을 확장**시켜 변화 가능성의 토대를 만든다.

수퍼비전 포인트

- 성찰 단계에서는 아직 확신이 없다.
- 코치는 **가볍게 열린 질문**으로 내면의 '흔들림'을 환영해야 한다.

3. 3단계: 저항(Protest)

"왜 다들 안정적인 대기업만이 정답이라고 말하는지 모르겠어요. 저도 이제 좀… 제가 하고 싶은 거 하고 싶어요."

코칭 해설

수진은 이제 기존 이야기(타인의 기대, 사회적 기준)에 대해 **감정적으로 반응**하기 시작했다. 이 감정은 단순한 불만이 아니라, '나답게 살고 싶은 바람'의 표현이다.

코치의 개입 예시

"그 '하고 싶은 것'이란 말… 조금 더 풀어볼 수 있을까요? 지금 수진 씨 안에서 뭔가 중요한 에너지가 올라오는 것 같아요."

수퍼비전 포인트

- 저항은 변화의 초기 동력이다.
- '짜증' '불만' 속에 숨은 **주체성의 목소리**를 발견하라.

4. 4단계: 재개념화(Reconceptualization)

"예전부터 콘텐츠를 기획하거나 글 쓰는 걸 좋아했어요. 최근엔 심리학 관련 유튜브 채널 운영에 도전해 보고 싶다는 생각도 들고요."

코칭 해설

수진은 이제 자신의 '다른 가능성'을 말하기 시작한다. 이 말은 단지 아이디어가 아니라, **자기 정체성의 재해석**이다.

코치의 개입 예시

"그런 아이디어는 수진 씨에게 어떤 의미가 있나요? 지금 말하는 당신의 이야기가, 예전과는 조금 다른 결이라고 느껴지네요."

수퍼비전 포인트

- 이때 말해진 새로운 해석은 여전히 **불안정하고 섬세하다**.
- 코치는 이를 단순히 칭찬하기보다는, **의미화하고 언어화**해주는 데 집중해야 한다.

5. 5단계: 변화 실행(Performing Change)

"어제, 작은 블로그를 하나 열었어요. 심리 관련 책을 읽고 제가 느낀 걸 정리해 보려고요. 그냥 해 보고 싶어서요."

코칭 해설

수진은 드디어 **자신의 새로운 이야기**를 행동으로 옮기기 시작했다. 중요한 것은 이 행동이 성과가 아니라, **의미의 실현**이라는 점이다.

코치의 개입 예시

"그 시작이 수진 씨에게 어떤 기분이 드나요? 이 변화가 앞으로 어떤 이야기로 이어지길 바라고 계신가요?"

수퍼비전 포인트

- 코치는 행동 그 자체보다, **행동과 자기 해석의 연결성**을 탐색해야 한다.
- 변화가 우연이 아닌 **정체성의 실현**으로 기억되도록 도와야 한다.

요약: 변화는 말에서 시작되어, 말로 유지된다

IM 모델은 고객이 '변화하고 있다'는 것을 **코치가 더 먼저 알아채기 위한 지도**다. 그것은 통찰을 '느낀다'에서 멈추지 않고, **말한다 → 이해한다 → 움직인다 → 기억한다**는 내러티브의 완성 구조로 이어지게 한다. 코치는 변화의 명령자가 아니라, 변화의 문장을 붙잡아 주는 조력자다.

6.5 IM 모델 적용을 위한 실천 가이드

- 작고 섬세한 전환의 흐름을 읽고, 키우고, 확장하는 기술

"그런데요, 요즘은 좀 달라요."

이 짧은 문장 하나에 고객의 변화가 숨어 있다. IM 모델은 바로 이 '다름'의 조짐을 알아차리고, 그 다름이 '새로운 정체성의 이야기'로 자라날 수 있도록 코치가 동행하게 해주는 렌즈이다. 하지만 현실에서 이 모델을 적용하는 것은 생각보다 쉽지 않다. 왜냐하면 이 변화는 대부분 작고, 흔들리고, 잠깐 나타났다가 사라지기 때문이다. 그래서 이 절에서는 코치가 실제 실천 속에서 IM 모델을 적용할 수 있도록 **4가지 핵심 가이드라인**과 **적용 체크리스트**를 정리해 본다.

첫 번째, 내러티브의 구조를 읽는 귀를 길러라

고객의 이야기를 들을 때, 그 말이 단지 '사실'인지, 아니면 '해석'인지, '새로운 가능성'인지 구분할 수 있어야 한다. IM 모델의 각 단계에 따라 언어의 결이 다르다.

단계	언어의 특징	해석 키워드
행동	반복, 습관, 익숙함	"늘 그랬어요.", "어쩔 수 없죠."
성찰	의문, 모호함, 감정	"이게 맞는지 모르겠어요.", "자꾸 마음이 이상해요."
저항	감정적 분출, 반항, 좌절	"왜 꼭 이래야 하나요?", "싫어요, 이제 그만하고 싶어요."
재개념화	새로운 해석, 가능성의 말	"그게 전부는 아닌 것 같아요.", "다르게 해 볼 수도 있겠죠?"
변화실행	실천, 시도, 실험	"한번 해 봤어요.", "작게라도 시작했어요."

실천 팁: 고객이 어떤 문장을 말할 때, 그 말이 '몇 단계의 언어인지'를 스스로 매핑해 보는 연습을 반복하라.

두 번째, 전환의 순간을 붙잡고 말로 키워라

IM 모델의 전환은 종종 매우 작게 나타난다.

"사실은… 그냥 제가 너무 예민한 걸 수도 있겠지만요."
"근데 이상하게, 이번엔 좀 다르게 느껴졌어요."
"처음엔 두려웠는데, 막상 해 보니 별거 아니더라고요."

이러한 순간은 '그냥 지나가면 사라질' 수 있지만, 코치가 붙잡아주면 **새로운 서사의 씨앗**이 된다.

추천 개입 질문

- "방금 하신 말이 조금 특별하게 들려요. 왜 그렇게 느껴지셨을까요?"
- "그게 예전의 당신과 다른 점이라면, 어떤 이야기가 시작된 걸까요?"
- "그 말, 조금 더 말해보면 어떤 내용으로 이어질까요?"

실천 팁: IM 모델의 핵심은 '전환의 말'을 **놓치지 않는 민감성**이다. '달라졌다'는 단서를 느끼면, 그것을 코칭의 중심에 올려놓아라.

세 번째, 변화의 흐름을 구조로 기억하라

IM 모델의 다섯 단계는 **직선적이기보다 순환적**이며, 고객은 여러 단계를 오가기도 한다. 하지만 각 단계는 명확한 구조적 특징을 가지고 있다. 코치는 고객의 변화가 어디쯤에 있는지를 파악하고, 그에 맞는 질문과 피드백을 제공해야 한다.

단계	코치의 개입 전략
행동	감정적 부조화에 주목하고, '이게 어떤 느낌인가요?'라고 물어보기
성찰	내면 대화와 자기 해석을 탐색하는 열린 질문 활용
저항	감정을 수용하면서, 숨겨진 욕구와 가치 찾기
재개념화	새로운 해석을 언어화하고, 의미화하기
변화실행	행동을 구체화하고, 작게라도 실행을 시작하게 돕기

실천 팁: 고객의 말과 태도, 표정, 반복 표현 등을 통해 **현재 위치한 단계**를 판단하고 그 단계에 적합한 개입을 설계하는 **'IM 위치 지도'를 습관화하라**.

네 번째, 질문보다 먼저 경청하라

IM 모델은 질문보다 먼저 **경청의 기술**을 요구한다. 경청이란 고객의 말이 아니라, 말의 밑에 흐르는 **'심리적 움직임'을 듣는 감각**이다. "말을 잘하는 코치는 많지만, 고객의 '변화하는 순간'을 들을 수 있는 귀는 훈련된 사람만이 가진다."

- 고객이 갑자기 목소리를 낮출 때
- 말끝을 흐리거나, 눈을 피할 때
- 감정의 결이 달라질 때
- 한 단어를 반복할 때

이러한 신호들이 모두 **IM의 전환 지점**이다.

실천 팁: '내가 무슨 질문을 해야 할까?'보다 '지금 고객이 말하고 있는 건, 어떤 서사의 흔들림일까?'를 먼저 떠올려라.

코칭 실천 체크리스트: IM 모델 적용을 위한 자기 점검

체크 항목	점검 질문
내가 고객의 말에서 반복되는 행동 패턴을 들을 수 있는가?	"이 말은 익숙한가? 새로운가?"
고객이 말한 감정과 그 맥락을 정확히 파악했는가?	"이 감정은 어떤 이야기에서 나왔을까?"
저항의 순간을 감정으로만 보지 않고 의미로 해석하고 있는가?	"이 불만 속에 어떤 주체성이 있는가?"
새로운 해석이 등장했을 때, 그것을 언어화하고 확장하고 있는가?	"지금 나온 이 해석은 어떤 서사의 전환인가?"
고객이 변화된 행동을 시도할 때, 그 의미를 붙잡아 주는가?	"그 행동은 어떤 자기 이야기를 실현하고 있는가?"

마무리: 변화는 흐름이다. 코치는 그 흐름의 동반자다

IM 모델은 **변화를 만들어내는 기술이 아니라, 변화를 발견하고, 이어주는 감각**이다. 코치가 이 모델을 자신의 코칭 실천 속에 통합한다면, 고객의 작은 말과 행동이 하나의 이야기로 연결되며, 변화의 흐름을 드러낼 수 있다. IM 모델을 활용하는 코치는 **문제 해결자가 아니라, 고객의 정체성과 삶의 전환을 함께 직조하는 이야기의 동반자**이다.

■ 내 프랙티스를 위한 시사점

1. 행동의 미세한 흔들림에 주목하라

IM 모델은 극적인 변화보다는, 기존의 문제적 내러티브에서 벗어나려는 미묘한 시도나 표현-즉 '혁신적 순간(Innovative Moment)'-을 포착하는 데서 시작된다. 고객의 말 속에 나타나는 '익숙하지 않은 말투', '의외의 표현', '잠깐 멈춤'과 같은 미세한 변화들을 민감하게 감지하고 그 의미를 탐색해야 한다. 이는 코치의 '내러티브 청취력'을 요구하는 부분이다.

2. 내면의 전환은 선형이 아닌 순환이다

IM 모델의 변화 단계는 행동-성찰-저항-재개념화-실행이라는 순서를 따르지만, 실제 변화는 이 단계를 순차적으로만 통과하는 것이 아니라 순환적이고 역동적으로 반복된다. 따라서 고객이 '저항' 단계에서 멈추거나 다시 '성찰' 단계로 돌아가는 상황을 정상적인 변화의 일부로 받아들이고, 조급함보다는 '지속적 동행'의 자세로 개입해야 한다.

3. '재개념화'는 내러티브 변화의 핵심 전환점이다

재개념화는 고객이 기존의 정체성 서사에서 벗어나 새로운 의미를 조직하는 단계이다. 이때 코치는 고객이 기존 신념의 전제를 자각하고, 더 넓은 시야로 자기 내러티브를 다시 써 갈 수 있도록 도와야 한다. 따라서 단순히 목표 달성에 머무르지 않고, 고객의 '자기 인식의 지형' 자체가 확장되도록 깊이 있는 대화를 유도해야 한다.

4. 변화는 '말의 힘'에서 시작된다

IM 모델은 단순한 행동수정 모델이 아니라, 언어를 통해 자기내러티브를 재구성해가는 '내러티브 전환 모델'이다. 고객이 처음으로 "나는 다르게 선택할 수 있어요"라고 말했을 때, 이 한 문장 안에는 새로운 존재 방식이 잉태되어 있다. 코치는 이 언어의 변화를 단지 말이 아닌, '존재의 선언'으로 존중하며 확장해주어야 한다.

5. IM 모델은 코칭 개입의 루브릭이 될 수 있다

IM 모델은 각 단계별로 고객의 변화를 관찰하고, 그에 맞는 개입을 설계하는 실천적 프레임을 제공한다. 따라서 '지금 이 고객은 어떤 변화 단계에 머물고 있는가?', '이 단계를 지나기 위해 어떤 질문이 필요한가?'를 끊임없이 자문하면서, 변화의 맥락에 맞는 정합적 개입을 설계할 수 있다. 이는 '감에 의존한 개입'에서 '이론에 근거한 실천'으로 코치의 수준을 한 단계 끌어올릴 수 있게 한다.

| 참고문헌 |

- Gonçalves, M. M., Matos, M., & Santos, A. (2009). Narrative therapy and the nature of "innovative moments" in the construction of change. *International Journal of Clinical and Health Psychology*, 9(2), 299-311.
- Neimeyer, R. A. (2006). Constructing a personal niche in the narrative landscape. In L. Angus & J. McLeod(Eds.), *The Handbook of Narrative and Psychotherapy*(pp. 367-382). Sage.
- Matos, M., Santos, A., Gonçalves, M. M., & Martins, C. (2009). *The narrative construction of self in psychotherapy: Innovative moments, ambivalence, and change*. Psychotherapy Research, 19(4-5), 466-474.

7장 CCI: 삶의 이야기를 진로의 기회로 바꾸는 인터뷰

7장 CCI - 삶의 이야기를 진로의 기회로 바꾸는 인터뷰
"모든 사람은 자기만의 '이야기 언어'로 진로를 말한다."

진로구성 인터뷰(Career Construction Interview:CCI)는 개인의 삶 속에서 진로의 단서를 찾아내는 내러티브 인터뷰다.
이 장에서는 6가지 핵심 질문을 통해 삶의 주제, 가치, 역할모델을 탐색하고, 이를 내담자의 새로운 진로서사로 재구성하는 과정을 소개한다.

학습 포인트

- CCI 6문항의 철학과 구조
- 삶의 주제-가치-행동의 연결
- IM 분석과의 통합

성찰 질문

"내 삶에서 반복적으로 등장하는 이야기의 주제는 무엇인가?"

7.1 CCI란 무엇인가: 삶을 설계하는 이야기 대화[19)]

"코치님, 저한테 맞는 직업이 뭘까요?"

그 질문 앞에서 나는 잠시 멈춘다. 맞는 직업이라…. 마치 정해진 퍼즐 조각을 맞추듯 나에게 꼭 맞는 무언가가 있다는 믿음. 그러나 요즘 시대는 더 이상 그렇게 단순하지 않다. 기술은 빠르게 바뀌고, 직업의 수명은 짧아졌으며, 사람들의 삶은 점점 더 복잡해졌다. 그래서 나는 이렇게 되묻는다.

"혹시, 지금까지 살아온 이야기 중에서 가장 기억에 남는 장면이 있나요?"

놀라는 표정을 짓는 고객을 보며 나는 미소 짓는다. 바로 여기가 출발점이다. **진로구성인터뷰(Career Construction Interview**, 이하 **CCI)**는 이렇게 시작된다.

진로는 하나의 이야기다

진로는 단순한 선택이 아니다. '나는 누구이며, 어떤 삶을 살고 싶은가'를 스스로에게 묻는 작업이다. **진로는 정답이 아니라 이야기이다**. 내 삶에서 반복되어 온 주제, 마음을 두드렸던 사건, 기억 속에 선명히 남은 사람들-이 모든 것들이 '나'라는 사람을 말해 준다.

진로심리학자인 마크 사빅카스(Savickas, 2011)는 이를 '**진로 구성 이론(Career**

19) 본서에서 사용한 6가지 핵심 질문은 Savickas(2015)의 Career Construction Interview(CCI) 를 기반으로 하였다. 그러나 저자는 지난 2년간 대학생을 대상으로 5~6회기 구조의 코칭 프로그램을 개발하고, 한국 문화와 교육 맥락에 적합한 워크북과 분석 절차를 구성하여 실제 현장에 적용하였다. 이 프로그램의 효과성은 실험연구를 통해 검증되었으며, 그 결과는 「대학생 진로역량 개발을 위한 라이프디자인 진로코칭 효과성 연구」(한국산학기술학회논문지, 26(9), 754-762, 2025)에 게재되었다. 따라서 본 장은 Life Design Counseling Manual의 단순 해설이 아니라, CCI를 코칭의 언어로 재해석하여 진로전환과 실행 중심으로 확장한 한국형 코칭 실천 모델이라 할 수 있다.
(참조: Savickas, M. L.(2015). Life design counseling manual. Rootstown, OH: Author.)

Construction Theory)'으로 설명한다. 그는 이렇게 말한다.

"진로는 자기 삶의 이야기를 구성하는 방식이며, 사람들은 이를 통해 삶에 의미를 부여한다." - Savickas, 2005

그러니까 우리는 직업을 '고르는' 존재가 아니라, 삶을 스스로 '조직하고 구성해가는' 이야기꾼(storyteller)인 셈이다.

CCI는 삶을 다시 말해 보는 대화다

CCI는 여섯 가지 질문으로 구성된 짧은 인터뷰다. 그러나 그 안에는 놀라울 만큼 깊은 자기 이해가 담긴다. 사람들은 질문에 대답하면서 자연스럽게 '자기 이야기의 패턴'을 발견하고, 그 이야기 속에서 진로의 단서를 찾아낸다.

"어릴 때 어떤 장면이 기억나나요?"
"가장 감명 깊게 본 영화나 소설은 무엇인가요?"
"당신이 자주 떠올리는 격언은 어떤 건가요?"

이 질문들이 단순한 '흥미 알아보기'라고 생각하면 오산이다. 이 질문들은 무의식에 자리 잡은 '삶의 주제(life theme)'를 끌어내는 질문이다. 그리고 그 주제를 통해 우리는 자신의 방향성을 재구성할 수 있다. 나는 이 대화를 '삶을 다시 말해보는 시간'이라고 부른다. 그 시간 속에서 사람들은 이렇게 말한다.

"아… 그래서 제가 지금 이 길에 서 있었던 거군요."
"이제야 제 선택들이 이해돼요."

"앞으로 어떻게 가야 할지도 조금은 보이네요."

이것이 바로 CCI의 힘이다.

왜 CCI가 필요한가?

검사 도구가 '당신은 어떤 사람인가'를 점수로 말해 준다면, CCI는 '당신은 어떤 삶을 살아왔는가'를 이야기로 들려달라고 요청한다.

구분	검사 기반 진로상담	CCI(내러티브 접근)
자료 수집	심리검사, 흥미/성격 유형	삶의 이야기, 상징적 기억
코치 역할	결과 해석자, 조언자	공동 해석자, 의미 탐색자
목표	적합한 직업 추천	삶의 방향 재구성
접근 방식	객관적 진단 → 정보 제공	주관적 의미 → 이야기 통합

이 차이는 단순한 방법론의 차이가 아니다. **사람을 바라보는 관점의 차이**다. CCI는 사람을 미완성의 존재로 보고, 그의 이야기 안에 '자기 설계의 가능성'을 발견한다.

라이프디자인의 철학과 CCI

라이프디자인코칭은 세 가지 철학 위에 세워져 있다: **주도성**, **유연성**, **통합성**.

- 과거의 타인이 아닌, **현재의 자기 자신으로 삶의 방향을 주도**하게 하며,
- CCI는 고객이 자신을 다시 말하면서 **유연하게 자신을 재해석**하도록 돕고,
- 흩어진 경험들을 한 편의 이야기로 **통합**할 수 있도록 한다.

어떤 고객은 인터뷰를 마친 뒤 이렇게 말했다.

"이걸 하니까 내 삶이 하나로 정리된 느낌이에요."

아직도 나는 그 말이 잊혀지지 않는다. CCI는 바로 그런 도구다—흩어진 삶의 이야기를 하나로 엮어 주는 대화.

7.2 CCI의 6가지 질문과 의미
- 단편적 기억에서 삶의 주제를 끌어내다

"질문이 딱 여섯 개예요. 그걸로 제가 뭔가를 알 수 있을까요?"

많은 고객들이 CCI를 처음 접할 때 이렇게 말하곤 한다. 그러나 대화를 시작하고 나면, 그들은 곧 놀라움에 빠진다. 단지 여섯 개의 질문이지만, 그것은 단순한 '질문'이 아니라 **삶을 여는 열쇠**이기 때문이다.

내가 당신에게 어떻게 유용할까요?

"저는요… 자신감을 좀 찾고 싶어요."

CCI의 첫 질문은 의외로 단순하다.

"내가 당신에게 어떻게 유용할까요?"

하지만 이 짧은 질문 속에서 고객이 지금 이 순간 가장 절실하게 바라는 욕구를 드러낸다.

목적

- 초기 관계 형성: 코치-고객 관계를 수평적 · 협력적으로 설정한다.
- 고객의 욕구 탐색: 고객이 지금 당장 해결하고 싶은 핵심 과제를 드러낸다.
- 기대 조율: 코치에게 바라는 역할은 곧 고객이 되고 싶은 자기상의 그림자다.

진행 방법

- 첫 세션 도입부에서 편안한 분위기 속에 자연스럽게 제시한다.
- 고객이 "코치에게 바라는 것"을 솔직하게 표현할 수 있도록 경청한다.
- 답변 속에 담긴 **핵심 키워드**를 포착해 재진술한다.
  (예: "자신감을 얻고 싶으시군요", "방향을 명확히 하고 싶으시군요").

주요 질문

- "제가 당신에게 어떤 방식으로 유용할 수 있기를 바라시나요?"
- "이 시간을 통해 무엇을 얻고 싶으세요?"
- "코칭이 끝난 뒤, 어떤 변화가 있으면 좋겠습니까?"

결과물

- 코칭 목표가 명료해진다.

- 고객이 가장 중요하게 여기는 변화 영역(예: 자신감, 명확한 방향, 실행력) 확인한다.
- 코치-고객 간 협력적 관계를 설정한다.

코칭적 시사점

이 질문은 단순한 관계 형성 이상의 의미가 있다. 고객이 코치에게 바라는 바는, 사실은 자신이 되고 싶은 모습의 반영이기도 하다. 예를 들어, "자신감을 주세요."라는 요청은 결국 "나는 자신감 있는 내가 되고 싶다."는 자기 선언이다. 즉, 첫 질문에서부터 이미 **정체성 단서**가 드러나는 것이다. 시빅카스(Savickas, 2011)는 이 과정을 "고객이 자기 이야기의 주도권을 잡는 첫걸음"이라고 보았다.

코치는 단순한 조언자가 아니라, 고객의 내러티브를 공동으로 탐색하는 동행자다.

여기서 중요한 것은 '도움(help)'이라는 단어를 사용하지 않는다는 점이다. Savickas는 말한다. 도움보다는 '유용한(useful)'이라는 단어를 사용할 것을 권장한다. 그 이유는 '도움'이라는 말이 코치를 문제 해결자나 전문가로 위치시키는 반면, '유용함'은 고객이 자신의 삶을 주체적으로 탐색하고 의미를 구성해 가는 과정에서 코치가 하나의 자원(resource)으로 기능한다는 의미를 담고 있기 때문이다.

즉, 코치는 고객을 이끄는 사람이 아니라, 고객이 스스로의 이야기를 만들어 가는 여정에 유용하게 작용하는 동반자로 존재해야 한다는 것을 강조한다.

당신이 존경하는 역할모델은 누구입니까?

"저는 나이팅게일을 존경해요. 자기 삶을 희생하면서까지 환자를 돌보는 모습이 늘 감동이었어요."

역할모델에 대한 질문은 단순히 "좋아하는 사람"을 묻는 것이 아니다. 그 인물은 고객이 되고 싶은 이상적 자기상(ideal self)이 투영되며, 삶의 가치와 방향을 드러내는 거울이다.

목적

- 고객의 이상적 자기상(ideal self)과 가치 지향 탐색
- 진로 정체성 형성에 중요한 핵심 주제(예: 도전, 창조, 헌신) 도출
- 삶에서 무엇을 의미 있게 여기는지 확인

진행 방법

- 존경하는 인물 2~3명을 제시하도록 한다.
- 각 인물의 구체적인 특성과 성품을 묘사하게 한다.
- 특히 인물의 **어떤 행동 · 가치 · 태도**가 마음을 울렸는지 질문한다.
- 반복적으로 등장하는 형용사와 은유를 기록한다.

주요 질문

- "당신이 존경하는 인물은 누구입니까?"
- "그분의 어떤 점을 가장 닮고 싶으신가요?"
- "그 닮고 싶은 모습이 지금의 당신 삶과 앞으로의 길에 어떤 영향을 주고 있나요?"

결과물

- 고객의 정체성을 규정하는 핵심 가치(예: 창조, 성실, 돌봄, 정의)

- 삶에서 반복되는 주제와 자기 의미 체계 발견
- 진로 선택 및 미래 행동을 이끄는 방향성 확보

코칭적 시사점

역할모델 질문은 자기개념(self-concept)과 **정체성 탐색**에 직접 연결된다. 히긴스(Higgins, 1987)의 자기불일치 이론에 따르면, 사람들은 실제 자기(actual self)와 이상적 자기(ideal self)의 간극을 줄이려는 동기를 가진다. 역할모델은 바로 그 이상적 자기의 모습을 대리적으로 보여 준다. 슈퍼(Super, 1990)의 발달이론에서도, 역할모델은 청소년과 청년의 직업적 자기개념을 형성하는 데 중요한 지표다. 고객이 존경하는 인물의 가치와 태도는, 그의 진로정체성과 깊은 관련이 있다.

예를 들어, "창조적 개척자"를 존경하는 고객은 안정된 조직보다 혁신적 환경에서 더 큰 만족을 얻을 가능성이 크다. 반대로 '타인을 헌신적으로 돕는 인물'을 존경하는 고객이라면, 타인에게 기여하고 의미를 나누는 일에서 자신다운 가치를 발견하며, 그만큼 일에 대한 몰입도와 삶의 만족감도 높아질 수 있다. 따라서 이 질문은 단순한 취향 묻기가 아니라, 고객의 진로 방향성을 밝히는 강력한 단서가 된다.

당신이 즐겨보는 TV 프로그램이나 잡지는 무엇입니까?

"저는 여행 다큐멘터리를 자주 봐요. 새로운 풍경과 사람들을 만나는 장면이 참 좋아요."

고객이 즐겨보는 TV 프로그램이나 잡지는 단순한 취향이 아니다. 그 안에는 그가 선호하는 **환경**, 반복적으로 끌리는 **활동 양식**, 그리고 자신이 되고 싶어 하는 **역할 기대**가 은연중에 투영되어 있다.

따라서 이 질문은 고객이 어떤 공간과 활동 속에서 가장 에너지를 얻으며, 또 어떤 사회적 상호작용 방식을 바람직하게 여기는지 드러내는 중요한 창이 된다.

목적

- 고객이 **편안함과 흥미를 느끼는 직업환경**을 파악한다.
- 반복적으로 끌리는 **활동 유형**과 **사회적 역할**을 탐색한다.
- 진로 선택에서 중요한 **상호작용 방식**과 **가치 지향**을 확인한다.

진행 방법

- 즐겨보는 매체를 한두 가지 구체적으로 묻는다.
- 어떤 부분이 특히 매력적인지, 왜 반복적으로 선택하게 되는지 탐색한다.
- 프로그램이나 잡지의 **주제, 인물, 분위기, 상징**에 주목한다.
- 단순 취향 차원이 아니라 **자기 투영(self-projection)의 과정**임을 염두에 두고 탐색한다.

주요 질문

- "가장 즐겨보는 TV 프로그램이나 잡지는 무엇인가요?"
- "그 안에서 어떤 장면이나 요소가 가장 마음에 드셨나요?"
- "그 장면을 볼 때 어떤 감정이 일어나나요?"
- "그 프로그램/잡지 속 환경이나 역할이 지금 삶이나 진로와 어떤 관련이 있다고 느끼시나요?"

결과물

- 선호하는 활동 환경
  - 예: 탐험, 배움, 경쟁, 창조, 관계 중심 등
- 자기가 되고 싶어 하는 역할
  - 예: 탐험가, 해결자, 보호자, 창조자, 해설자 등
- 진로 의사결정 시 고려할 **일·환경 매칭 요소**
  - 예: 안정성 vs 변화, 실내 vs 현장, 개인 vs 협업, 반복 vs 창조

코칭적 시사점

고객이 즐겨보는 매체는 일상의 무의식적 선택이다. 그 속에는 자기 정체성과 욕구가 투영되어 있다. 예를 들어, 여행 다큐멘터리를 즐겨보는 고객은 낯선 환경에서 배우고 탐험하는 과정을 선호한다. 따라서 안정적이고 반복적인 직무보다는, 새로운 배움과 변화를 수용하는 직업 환경에서 만족감을 느낄 가능성이 크다.

반두라(Bandura, 2001)의 사회인지 이론은 사람들이 **관찰 학습과 모델링**을 통해 자기 역할을 학습한다고 설명한다. 특정 프로그램이나 잡지를 반복적으로 선택한다는 것은, 그 속에 담긴 환경과 역할이 고객의 심리적 자원으로 내면화되고 있음을 의미한다.

사빅카스(Savickas, 2011) 역시 CCI에서 이 질문을 "선호하는 환경과 활동을 어떻게 상상하는지를 확인하는 창"이라고 강조한다. 따라서 코치는 고객의 대답을 통해 선호하는 근무장소, 함께 일하고 싶은 사람, 자신이 기여하고 싶은 분야, 그리고 발휘하고 싶은 역량을 드러낼 수 있도록 도와야 한다.

당신이 좋아하는 소설이나 이야기는 무엇입니까?

"저는 《어린 왕자》를 좋아해요. 겉으로 보이는 것보다 본질을 보려는 태도가 제 마음에 와닿았거든요."

고객이 좋아하는 이야기는 단순한 취향의 문제가 아니다. 그 이야기 속에는 고객이 동일시하는 인물, 그리고 무의식적으로 추구하는 삶의 주제가 담겨 있다.

목적

- 고객이 동일시하는 인물과 이야기 속 갈등을 통해 진로전환의 단서 탐색
- 이야기 속 장벽 극복의 서사를 통해 자신의 진로문제 해결 전략을 모색
- 고객이 이야기의 주인공을 통해 자신의 전환 서사를 재구성하도록 도움

진행 방법

- 마음에 남은 소설, 영화, 이야기 한 편을 떠올리게 한다.
- 어떤 인물이나 장면이 가장 인상 깊었는지 묻는다.
- 그 인물의 선택이나 변화가 왜 마음에 와닿았는지 탐색한다.
- 이야기 속 갈등과 전환 과정을 자신의 삶과 연결해 본다.
- 그 과정에서 현재 진로에서 필요한 변화의 단서를 찾는다.

주요 질문

- "가장 마음에 남거나 좋아하는 소설, 영화, 이야기는 무엇인가요?"

- “그 이야기에서 특별히 기억에 남는 인물이나 장면은 어떤 것이었나요?”
- “그 인물의 선택이나 변화가 당신에게 어떤 울림을 주었나요?”
- “그 인물과 당신 사이에는 어떤 닮은 점이나 공감되는 부분이 있나요?”
- “그 이야기가 지금 당신의 삶이나 진로 상황과는 어떤 관련이 있다고 느끼시나요?”
- “이 이야기 속 주인공처럼, 당신이 맞이하고 있는 변화나 전환의 순간은 어떤 것인가요?”

결과물

- 고객의 삶을 관통하는 반복 주제(예: 성장, 극복, 정의, 탐험 등)
- 이야기 속 갈등 인식과 해결 방식에서 드러나는 내적 패턴
- 자신과 세계를 해석하는 내러티브 관점(예: 희생 · 성취 · 도전 등)
- 진로 상황에서의 문제 인식 및 전환 전략에 대한 단서

코칭적 시사점

고객이 선택한 이야기는 그 자체로 메타포(은유)다. 맥아담스(McAdams, 1993)의 내러티브 정체성 이론에 따르면, 사람들은 자신을 설명하기 위해 특정 이야기 구조를 차용한다. 좋아하는 소설이나 이야기는 단순한 오락이 아니라, 자기 정체성을 재구성하는 틀로 기능한다.

예를 들어, 『어린 왕자』를 좋아하는 고객은 관계 속에서 본질과 의미를 찾으려는 경향이 강하다. 반면, 영웅 서사를 좋아하는 고객은 고난을 극복하고 성취하는 패턴을 자신의 삶에 투영할 수 있다.

사비카스(Savickas, 2011)는 이 질문을 통해 고객의 삶의 주제와 가치의 핵심을 탐색했지만, 라이프디자인 진로코칭에서는 이를 한 걸음 더 확장하여 진로전환의 단서로

본다.

코치는 고객이 주인공의 선택과 변화의 과정을 통해 자신의 장벽을 인식하고, 그 장벽 극복 서사 속에서 새로운 진로전환의 전략을 발견하도록 돕는다.

즉, 좋아하는 이야기는 고객이 자기 전환(self-transformation)의 가능성을 발견하는 창이 된다.

당신이 자주 떠올리는 격언은 무엇입니까?

"늘 마음속에 새기는 말이 있어요. '포기하지 말라.' 이 말이 없었으면 저는 벌써 멈췄을 거예요."

고객이 반복적으로 떠올리는 격언이나 좌우명은 단순한 말이 아니다. 그것은 위기의 순간에 자신을 붙잡아 주는 내적 자기충고(self-advice)이며, 삶을 살아가는 핵심 전략을 드러낸다.

목적

- 고객이 스스로를 격려하고 이끄는 **내적 자원** 확인
- 위기 상황에서 반복적으로 작동하는 자기지침 탐색
- 가치관과 삶의 태도 파악

진행 방법

- "좋아하는 말"을 묻는 수준에서 멈추지 않고, 그 말을 **언제, 어떤 상황에서** 가장 자주 떠올렸는지 구체적으로 묻는다.

- 단순한 문구 자체보다, 그 말이 주는 정서적 울림과 행동 촉진 효과를 탐색한다.
- 다른 격언과 비교하거나 반복되는 주제를 기록한다.

주요 질문

- "평소 자주 떠올리거나 힘이 되는 말은 무엇입니까?"
- "그 말을 특히 자주 되새겼던 상황은 언제였나요?"
- "그 말이 지금의 삶이나 진로와 어떤 관련이 있다고 느끼나요?"
- "그 격언이 없다면 당신의 삶은 어떻게 달라졌을까요?"

결과물

- 고객의 핵심 자기충고(예: 포기하지 말라, 천천히 가도 된다, 기회는 준비된 자에게 온다)
- 위기 극복 방식 및 삶의 태도
- 진로 전환기에서 활용 가능한 내적 회복탄력성 단서

코칭적 시사점

좌우명이나 격언은 무의식의 언어로 표현된 **내적 내러티브 요약문**이다. 즉, 고객이 삶을 살아내면서 스스로에게 남긴 "짧은 교훈"이다. 마이컨바움(Meichenbaum, 1977)의 자기지시 훈련(self-instruction training) 연구는 사람들이 자기 언어를 통해 행동을 조절한다고 설명한다. 따라서 격언은 단순한 말이 아니라, 삶의 위기에서 자기 조절과 회복을 가능하게 하는 심리적 도구다.

사비카스(Savickas, 2011)는 이 질문을 통해 "고객이 자기 삶을 어떤 원리와 태도로 이끌어가는지를 확인할 수 있다"고 강조한다. 따라서 이 질문은 고객의 회복탄력성과 미래 행동 전략을 발견하는 데 중요한 열쇠다.

당신의 초기 기억은 무엇입니까?

"어릴 적에 학교에 처음 들어갔을 때가 기억나요. 친구가 없어서 불안했지만, 시간이 지나면서 적응했어요."

사람의 가장 오래된 기억은 단순한 장면이 아니다. 그 속에는 무의식적으로 형성된 삶의 주제(life theme)가 담겨 있다. 사비카스(Savickas, 2011)는 초기 기억이 개인의 정체성을 해석하는 핵심 상징이라고 강조한다.

목적

- 고객이 무의식적으로 지닌 **삶의 주제** 탐색
- 어린 시절 경험이 현재의 정체성과 진로 선택에 어떻게 연결되는지 이해
- 장기적인 **내러티브 패턴** 발견

진행 방법

- "어린 시절 가장 오래된 기억"을 떠올리도록 요청한다.
- 장면을 시간 · 장소 · 인물 · 감정까지 구체적으로 묘사하도록 한다.
- 이야기 속 반복되는 감정, 상징, 메시지를 기록한다.
- 긍정적 기억 · 부정적 기억 모두 의미 있는 단서로 다룬다.

주요 질문

- "어릴 때 기억나는 장면 세 가지를 떠올려 보세요. 어떤 장면이 가장 선명하게 남아 있나요?"
- "그 장면에서 어떤 감정이나 느낌이 들었나요?"
- "그 기억들 속에 공통된 감정이나 메시지가 있다면 무엇일까요?"
- "그 경험이 지금의 나에게 어떤 영향을 주었다고 생각하나요?"
- "그 장면이 지금의 삶이나 진로와 어떤 관련이 있다고 느끼시나요?"

결과물

- 삶의 근본적 주제(예: 적응, 도전, 보호, 성취, 소속감)
- 현재 정체성과 행동 패턴을 설명하는 내러티브 구조
- 미래 진로 방향성에 활용 가능한 심리적 자원

코칭적 시사점

초기 기억은 고객의 **정체성 핵심 패턴**을 드러내는 창이다. 프로이트(Freud, 1915)는 무의식의 초기 경험이 성격 형성에 중요한 흔적을 남긴다고 했고, 아들러(Adler, 1937)는 초기 기억이 라이프 스타일(life style)을 보여주는 상징이라고 보았다.

사비카스(Savickas, 2011) 역시 CCI에서 초기 기억을 통해 고객이 삶을 어떻게 구성하고 해석하는지를 파악할 수 있다고 강조한다. 예를 들어, 전학 경험을 떠올린 고객은 "낯선 환경 속 적응"이라는 주제를 반복적으로 살아왔음을 보여 준다. 이 주제는 진로 전환기에도 강력한 자원으로 작동할 수 있다.

CCI 대화 사례와 분석

앞에서 우리는 CCI의 여섯 가지 질문이 지닌 의미와 목적을 살펴보았다.

이제부터는 실제 코칭 장면을 통해 이 질문들이 어떻게 활용되는지 구체적으로 확인해 보려 한다. CCI는 단순한 질의응답이 아니라, **고객이 자기 이야기를 다시 말하고, 그 이야기에서 의미를 재발견하는 과정**이다.

따라서 대화 속에서 드러나는 단어, 은유, 반복되는 패턴을 섬세하게 포착하는 것이 중요하다. 이 절에서는 가상의 내담자 수진(25세, 대학 졸업 예정자)을 설정하여, 여섯 가지 질문에 답하는 과정을 따라 간다.

각 질문마다 실제 대화 사례를 제시하고, 그 대답을 입장진술문(position statement)[20]으로 정리한 뒤, 내러티브 분석과 코칭 포인트, 그리고 코치를 위한 수퍼비전 포인트를 함께 제시한다.

이를 통해 CCI의 질문들이 어떻게 **하나의 삶의 주제로 수렴**하는지, 그리고 코치가 어떤 태도로 이야기를 듣고 개입해야 하는지를 보다 실감 나게 이해할 수 있을 것이다.

내가 당신에게 어떻게 유용할까요?

1. 대화 사례(Narrative Dialogue)

코치: “제가 당신에게 어떤 점에서 유용하기를 바라시나요?”

수진: “솔직히, 제가 뭘 좋아하는지도 모르겠어요. 졸업은 다가오는데, 취업 준비는 막막하고요.”

코치: “앞으로의 방향에 대한 불안이 크군요.”

수진: “네. 부모님은 안정적인 직업을 원하시는데, 저는 그게 맞는지 잘 모르겠어요. 그런데 또 제가 원하는 게 뭔지도 잘 모르겠고요.”

20) 입장진술문(position statement)이란 개인이 특정 사안에 대해 자신의 가치와 관점을 명확히 선언하는 글로, 정체성을 분명히 하고 선택의 기준을 세워 일관된 행동 방향을 갖도록 하기 위해 작성된다.

코치: "부모님의 기대와 당신의 욕구 사이에서 혼란스러운 상태군요."

수진: "맞아요. 그래서 사실은 누군가 제게 답을 좀 주면 좋겠다고 생각했어요. '이 길로 가라'고요."

코치: "답을 얻고 싶어 하시지만, 동시에 스스로의 방향을 찾고 싶은 마음도 있는 것 같군요."

수진: (잠시 생각하다가) "네, 맞아요. 결국 제가 선택해야 한다는 건 아는데, 자신이 없어요."

2. 입장 진술문(Position Statement)

"저는 불안 속에서 누군가가 답을 주길 바라지만, 결국 제 힘으로 선택해야 한다는 것도 알고 있습니다."

3. 내러티브 분석

- **주제 구조**
  - 반복 키워드: *불안, 답, 부모님의 기대, 혼란, 선택*
  - 내러티브 주제: "외부 권위에 의존하고 싶지만, 자기결정이 필요하다는 내적 갈등"
- **행위자 구조**
  - 자기(Self): 흔들리는 주체, 불안하지만 주도권을 회복해야 하는 존재
  - 타인(Other): 부모 = 압력/기대, 코치 = 답을 주는 조력자(위험: 의존적 해석)
  - 요구 전환: 코치 = 답을 주는 사람이 아니라, "자기 답을 찾도록 함께 걷는 동행자"
- **시간 구조**
  - 과거: 늘 부모님이 방향을 제시해 왔음
  - 현재: 불안, 답 없음, 혼란
  - 미래: "누군가 답을 주어야 한다."는 의존적 패턴 → "스스로 선택한다."는 전환 필요

4. 코칭 포인트(Coaching Point)

- **목표**: 수진이 외부 권위에 의존하는 패턴을 인식하고, 자기결정(self-determination)의 자원을 회복하도록 돕는다.
- **개입 질문 예시**
  - "만약 제가 답을 주지 않는다면, 수진 씨는 어떤 방식으로 답을 찾으실 수 있을까요?"
  - "부모님의 기대와 수진 씨의 바람 사이에서, 무엇이 진짜 '당신의 목소리'라고 느껴지나요?"
  - "지금 이 순간에도 스스로 이미 선택한 것이 있다면, 무엇일까요?"

5. 수퍼비전 포인트

- **경청 포인트**: "답을 달라"는 요청은 실제로는 **자기결정 능력의 회피**신호일 수 있다.
- **코치의 위험**: 코치가 전문가적 권위에 기대어 '답을 주는 역할'을 해버리면, 고객의 의존적 패턴을 강화할 수 있다.
- **지도 포인트**
  - 코치는 고객이 자기 목소리를 찾도록 **거울 역할**을 해야 한다.
  - "답을 주는 코치"가 아니라 "자기 답을 발견하게 하는 동반자"라는 관점을 지속적으로 점검해야 한다. 그러나 고객이 방향을 전혀 잡지 못하거나 탐색의 틀이 전무한 경우, 티칭(teaching)을 통해 일방적 지식 전달이 아니라 탐색을 위한 '인지적 구조 제공'으로 활용될 수 있다. 즉, 코치는 고객이 스스로 사고하고 선택할 수 있도록 돕는 '인지적 촉진자(cognitive facilitator)'의 역할을 수행할 필요가 있다.

존경하는 역할모델은 누구입니까?

1. 대화 사례

코치: "수진 씨가 존경하는 인물은 누구인가요?"

수진: "저는 김연아 선수를 존경해요. 항상 흔들리지 않고 묵묵히 자기 길을 가는 모습이 멋있어요."

코치: "꾸준함과 자기 길을 지켜가는 태도가 인상 깊으셨군요."

수진: "네. 저도 무언가에 집중하면 끝까지 해내고 싶어요. 하지만 현실에선 자꾸 비교하다가 지치곤 해요."

코치: "자신의 길을 걷고 싶지만, 동시에 타인의 시선과 비교 속에서 흔들리는 것 같군요."

수진: "맞아요. 김연아 선수는 늘 평가받는 무대에 서면서도 자기답게 했잖아요. 저도 그런 자신감을 갖고 싶어요."

코치: "그분에게서 본 모습이 사실은 수진 씨가 되고 싶은 자기상일 수 있겠네요."

수진: (고개를 끄덕이며) "네. 저도 누가 뭐라 하든 제 길을 걸어가고 싶어요."

2. 입장진술문

"저는 타인의 시선에 흔들리지만, 결국은 제 길을 묵묵히 걸어가고 싶은 사람입니다."

3. 내러티브 분석

- **주제 구조**
  - 반복 키워드: 꾸준함, 자기 길, 흔들림, 비교, 자신감
  - 주제: "비교에 흔들리지만, 자기 길을 지켜내고 싶은 내적 열망"
- **행위자 구조**
  - 자기(Self): 불안과 비교 속에 흔들리는 존재
  - 타인(Other): 경쟁자 · 평가자 → 위협의 대상
  - 역할모델: "흔들림 없이 자기 길을 가는 이상적 자기상(ideal self)"
- **시간 구조**
  - 과거: 늘 비교하고 흔들렸음

- 현재: 여전히 타인의 시선을 의식함
- 미래: 역할모델처럼 자기 길을 걸어가고 싶은 열망
- 구조: "불안 → 비교 → 열망 → 자기상 추구"

4. 코칭 포인트(Coaching Point)

- **목표**: 고객이 존경하는 인물에게 투영한 가치를 자기 이야기로 전환하도록 돕는다.
- **개입 질문 예시**
  - "김연아 선수의 모습 중에서 지금 수진 씨와 닮은 점은 무엇인가요?"
  - "그분이 보여 준 태도 중에서, 앞으로 당신이 꼭 닮고 싶은 부분은 무엇인가요?"
  - "당신이 무대(혹은 직업 세계)에 선다면, 어떤 모습으로 평가받고 싶으신가요?"
- **적용 방향**: 존경 인물을 단순한 역할모델로 보는 것을 넘어, 그 안에서 **자기 가치와 정체성 단서**를 발견하게 한다.

5. 수퍼비전 포인트(Supervision Point)

- **경청 포인트**: 존경 인물은 고객의 이상적 자기를 비유적으로 보여준다. 단순한 "좋아하는 이유"가 아니라, **자기가 되고 싶은 모습**을 담고 있음을 청취해야 한다.
- **코치의 위험**: 코치가 존경 인물을 곧바로 "따라 하라"는 조언으로 연결할 경우,
- 고객은 자기만의 내러티브를 놓칠 수 있다.
- **지도 포인트**: 코치는 존경 인물 속에 숨어 있는 고객의 가치(꾸준함, 자기 길, 자신감)를 분리해내고, 그것을 고객의 삶과 진로 설계에 연결해야 한다.

즐겨보는 TV 프로그램이나 잡지는 무엇입니까?

1. 대화 사례

코치: "수진 씨가 즐겨보는 TV 프로그램이나 잡지는 무엇인가요?"

수진: "저는 〈걸어서 세계 속으로〉 같은 여행 다큐멘터리를 자주 봐요. 새로운 나라를 탐험하고, 현지 사람들과 대화하는 장면이 좋거든요."

코치: "새로운 환경과 사람을 만나는 장면이 특히 마음을 끄는군요."

수진: "네. 안정된 것도 필요하지만, 저는 늘 똑같은 일상을 반복하는 게 답답해요. 다큐를 보면 '저런 삶도 있구나' 하고 숨통이 트여요."

코치: "낯선 환경에서 배우고 탐험하는 모습이 수진 씨의 마음에 울림을 주는 거네요."

수진: "맞아요. 사실 저도 언젠가는 해외에 나가서 새로운 경험을 하고 싶어요. 다른 사람들의 이야기를 듣고, 그걸 글이나 영상으로 전하는 것도 해보고 싶고요."

2. 입장진술문

"저는 반복되는 일상보다, 낯선 환경에서 배우고 탐험하며 이야기를 나누는 삶을 원합니다."

3. 내러티브 분석

- **주제 구조**
  - 반복 키워드: 새로운 환경, 탐험, 대화, 배우기, 전하기
  - 삶의 주제: "새로움 속에서 배우고, 관계와 이야기를 통해 의미를 나누고 싶은 자기"
- **행위자 구조**
  - 자기(Self): 답답한 일상에서 벗어나고 싶어 하는 탐험자
  - 타인(Other): 낯선 현지인 → 두려움이 아니라 배움과 연결의 대상
  - 선호 환경: 안정성보다는 변화와 확장이 가능한 맥락
- **시간 구조**
  - 과거: 단조로운 일상에 답답함 경험
  - 현재: 여행 다큐를 보며 대리 경험
  - 미래: 해외 체험과 이야기 전달이라는 희망

- 구조: “답답함 → 대리 경험 → 탐험의 욕구 → 의미 전달의 소망”

4. 코칭 포인트

- **목표**: 고객이 반복적으로 끌리는 환경 · 역할 속에서 자신의 진로 가치와 선호 활동 양식을 발견하도록 돕는다.
- **개입 질문 예시**
  - “여행 다큐에서 가장 마음에 와 닿은 장면은 무엇이었나요?”
  - “그 장면에서 수진 씨는 어떤 역할을 하고 싶다고 느끼셨나요?”
  - “그런 환경이 실제 삶과 진로에서 구현된다면, 어떤 모습일까요?”
- **적용 방향**: 안정 vs 변화, 개인 vs 사회적 상호작용, 반복 vs 창조 같은 **환경 매칭 요인**을 명료화시켜, 고객의 진로 선택 기준을 구체화한다.

5. 수퍼비전 포인트(Supervision Point)

- **경청 포인트**: 고객이 말하는 “즐겨보는 프로그램/잡지”는 단순한 취향이 아니라 **무의식적 자기 투영**이다.
- **코치의 위험**: “여행이 좋으니 여행 관련 직업을 추천해야겠다”라는 **직업 매칭식 해석**에 머물면 안 된다.
- **지도 포인트**
  - 고객이 선호하는 프로그램 속에 담긴 **환경 · 활동 · 역할 · 가치**를 분리해내야 한다.
  - 이를 통해 고객이 “내가 어떤 환경에서 살아날 수 있는지”를 스스로 자각하게 만드는 것이 중요하다.

자주 떠올리는 격언은 무엇입니까?

1. 대화 사례

코치: "수진 씨가 평소에 자주 떠올리거나 힘이 되는 말씀이 있나요?"

수진: "네, 저는 '끝까지 포기하지 말라.'는 말을 자주 떠올려요."

코치: "그 말이 특별히 마음에 남는 이유가 있나요?"

수진: "중고등학교 때 공부도 잘 안 되고 대회에서도 자주 떨어졌는데, 그럴 때마다 속으로 이 말을 반복했어요. 그러면 다시 해보자는 용기가 조금 났어요."

코치: "좌절의 순간마다 그 격언이 힘을 주었군요."

수진: "네. 요즘 취업 준비가 힘들 때도 그 말을 떠올려요. 결국 버티면 언젠가 기회가 올 거라고 믿고 싶어요."

코치: "그 말이 단순한 문구가 아니라, 당신 삶의 태도를 상징하는 메시지군요."

수진: (고개를 끄덕이며) "맞아요. 그냥 누가 한 말이 아니라, 제 안에서 스스로 다짐하는 말 같아요."

2. 입장진술문

"저는 좌절 속에서도 끝까지 버티며 다시 일어서는 사람이고 싶습니다."

3. 내러티브 분석

- **주제 구조**
  - 반복 키워드: 포기하지 말라, 버티기, 다시 시도, 용기
  - 삶의 주제: "좌절 속에서도 끈기와 인내로 성장하는 자기"
- **행위자 구조**
  - 자기(Self): 넘어지지만 다시 일어서는 존재
  - 타인(Other): 도전 과제를 던져주는 환경/사회 → 장애물이자 성장의 무대

- 격언: 자기충고(self-advice) → 자기 정체성을 지탱해주는 내적 목소리

• **시간 구조**

- 과거: 반복된 실패와 좌절
- 현재: 취업 준비 과정의 불안과 지침
- 미래: "끝까지 버티면 해낼 수 있다"는 희망
- 구조: "실패 → 다짐 → 재도전 → 성취의 기대"

4. 코칭 포인트(Coaching Point)

• **목표**: 격언을 단순한 문구가 아닌 **자기 정체성을 강화하는 자기 언어**로 재해석하도록 돕는다.

• **개입 질문 예시**

- "이 말을 떠올릴 때 수진 씨 안에서 어떤 힘이 생기나요?"
- "이 격언이 당신에게 단순한 문구가 아니라, 자기 다짐이라고 느껴질 때가 언제인가요?"
- "앞으로 새로운 도전에 직면했을 때, 이 말을 어떻게 활용하고 싶으신가요?"

• **적용 방향**: 격언을 **현재와 미래의 행동 지침**으로 연결하여, 진로 전환기에서 자기 주도성을 회복하는 자원이 되도록 한다.

5. 수퍼비전 포인트

• **경청 포인트**: 격언은 고객의 내적 자기 이미지와 삶의 주제를 은유적으로 담고 있다.

• **코치의 위험**: "좋은 말이네요" 하고 가볍게 넘어가면, 격언이 지닌 심층적 자기충고 기능을 놓친다.

• **지도 포인트**

- 격언이 단순히 외부에서 빌려온 문구인지, 내면화된 자기 목소리인지 구분한다.
- 코치는 격언 속에서 드러나는 삶의 태도(끈기, 도전, 회복)를 명확히 포착해, 고

객이 자기 정체성으로 통합할 수 있도록 지원해야 한다.

초기 기억은 무엇입니까?

1. 대화 사례

코치: "어릴 적, 3~5세 무렵 가장 오래된 기억을 세 가지 정도 말씀해 주시겠어요?"

첫 번째 기억

수진: "유치원에서 소풍을 갔는데, 친구들이 다 같이 뛰어노는 걸 저는 멀리서 지켜만 봤어요. 아무도 저를 불러주지 않아서 혼자였거든요. 그때 정말 외롭고 속상했어요."

코치: "혼자 남겨진 외로움과 소외감이 강하게 남아 있군요."

두 번째 기억

수진: "어느 날 놀이터에서 제가 먼저 다른 아이에게 '같이 놀자'라고 말했어요. 너무 떨렸는데, 그 아이가 웃으면서 받아줘서 정말 기뻤어요."

코치: "두려움 속에서도 먼저 다가간 용기가 전환점이 되었군요."

세 번째 기억

수진: "초등학교 운동회에서 계주 마지막 주자로 뽑혔어요. 처음에는 긴장했는데, 결승선을 통과했을 때 친구들이 환호해 줬어요. 그 순간 '나도 사람들과 함께 성취할 수 있구나' 하고 느꼈죠."

코치: "관계 속에서 힘을 얻고, 성취로 이어진 경험이군요."

2. 입장진술문(Position Statement)

"저는 외로움 속에서도 용기를 내어 다가가고, 결국 사람들과 함께 성취하는 사람입니다."

3. 내러티브 분석

- **주제 구조**
  - 반복 키워드: 외로움, 다가감, 함께, 성취
  - 삶의 주제: "두려움과 고립을 넘어, 타인과 연결해 성취하는 자기"
- **행위자 구조**
  - 자기(Self): 두려움이 있지만 행동으로 극복하는 존재
  - 타인(Other): 처음에는 배제와 위협의 존재 → 점차 관계와 지지를 주는 동반자
  - 사건: 고립 → 용기 → 성취라는 성장 패턴
- **시간 구조**
  - 과거: 혼자 남겨진 소외
  - 현재: 낯선 환경 속에서도 먼저 다가가려는 습관
  - 미래: 관계 속 성취를 반복하며 자기 정체성을 확립하려는 기대
  - 흐름: **고통(소외) → 변화(용기) → 극복(관계 속 성취)**
- **통합적 의미**
  - 초기 기억 세 가지는 사실 개별 장면이 아니라, 한 편의 "성장 내러티브"를 구성한다.
  - 수진의 삶에서 반복되는 주제는 "두려움을 극복하고 타인과 연결함으로써 성장한다"이다.

4. 코칭 포인트

- **목표**: 초기 기억을 통해 고객의 **삶의 패턴**을 인식하고, 이를 진로와 미래 설계의 자원으로 전환한다.
- **개입 질문 예시**
  - "세 가지 기억이 서로 어떤 흐름으로 연결된다고 느끼시나요?"
  - "이 기억들이 지금의 수진 씨에게 어떤 메시지를 주나요?"
  - "앞으로 새로운 도전을 맞이할 때, 이 기억이 어떤 힘이 될 수 있을까요?"
- **적용 방향**: 초기 기억을 단순 과거 사건이 아니라 **자기 정체성의 은유**로 이해하게 돕는다.

5. 수퍼비전 포인트

- **경청 포인트**: 초기 기억은 "사실"보다 "부여된 의미"가 중요하다.
- **코치의 위험**: 심리분석적 해석(예: 부모와의 관계, 무의식적 결핍)을 강조하면 고객이 위축될 수 있다.
- **지도 포인트**
  - 코치는 기억이 보여주는 **삶의 반복 패턴**을 읽어내야 한다.
  - "소외 속에서 용기를 내고, 결국 성취한다"는 내러티브를 현재와 미래에 연결해 주는 것이 핵심이다.

삶의 초상화 작성(Life Portrait)

1. 대화 종합

수진의 이야기를 여섯 가지 질문을 통해 얻은 스토리를 모아 보면, 각각의 조각들이 사실은 하나의 일관된 서사로 이어져 있음을 알 수 있다.

- **도입**: 불안 속에서 답을 찾고 싶지만, 결국 자기 힘으로 선택해야 함을 알고 있음.
- **역할모델**: 비교 속에서도 자기 길을 묵묵히 지켜내는 이상적 자기상을 동경함.
- **TV/잡지**: 안정보다 변화를, 반복보다 탐험과 배움을 추구하는 자기상을 드러냄.
- **소설/이야기**: 겉치레보다 본질, 피상적 관계보다 진정성 있는 연결을 원함.
- **격언**: 좌절 속에서도 포기하지 않고 다시 일어서려는 끈기와 자기 다짐을 내면화함.
- **초기 기억**: 소외 속에서 용기를 내어 다가가고, 결국 타인과 함께 성취하는 삶의 패턴이 반복됨.

2. 삶의 초상화 도출

"저는 불안과 비교 속에서도 자기 길을 찾고자 하는 사람입니다. 낯선 환경에서도 용기를 내어 다가가며, 진정성 있는 관계를 통해 배우고 성장합니다. 좌절의 순간에도 포기하지 않고 다시 일어서며, 결국 타인과 함께 의미 있는 성취를 만들어내는 존재입니다."

이것이 바로 CCI의 여섯 가지 질문을 모아 작성한 **수진의 삶의 초상화**이다. 각 질문은 서로 다른 측면을 건드렸지만, 전체를 종합하면 "관계와 진정성, 도전과 성장, 자기결정"이라는 핵심 주제가 선명하게 드러난다.

3. 내러티브 분석

- **정체성의 일관성(시간 차원)**
  - 과거: 소외와 두려움 속에서도 용기를 내어 다가감
  - 현재: 불안과 비교 속에서도 자기 길을 찾으려는 노력
  - 미래: 타인과 함께 성취하고 의미를 나누는 자기상
- **의미 통합(공간 차원)**
  - 부모의 기대 vs 자기 욕구 → "자기 목소리"를 찾는 긴장
  - 안정 vs 변화 → 탐험과 배움으로 해소

- 겉치레 vs 본질 → 진정성 있는 관계 추구

- **자기 의미화(메타 차원)**
  - 반복되는 주제를 스스로 하나의 내러티브로 묶어내며, 자기 삶을 "끊어진 조각"이 아닌 "연결된 이야기"로 재구성

4. 코칭 포인트

- 삶의 초상화는 단순한 요약이 아니라, 고객이 자기 이야기를 "하나의 각본"으로 경험하는 순간을 만들어 준다.
- 코치는 이 각본이 고객의 진로 선택과 미래 설계의 나침반 역할을 하도록 돕는다.
- **개입 질문 예시**
  - "이 삶의 초상화를 읽을 때, 어떤 느낌이 드나요?"
  - "앞으로의 진로 선택에서 이 문장이 어떤 기준이 될 수 있을까요?"
  - "이 문장이 삶의 어려움 속에서 당신을 어떻게 지탱해 줄 수 있을까요?"

5. 수퍼비전 포인트

- **경청 포인트**: 코치는 고객의 이야기를 "정리해 주는 사람"이 아니라, "함께 새로운 의미를 만들어내는 공동저자"임을 기억해야 한다.
- **위험 요소**: 코치가 삶의 초상화를 대신 써주고 "이게 당신의 주제다"라고 단정하면, 고객의 자기 주도성을 빼앗긴다.
- **지도 포인트**:
  - 고객이 자신의 말로 최종 삶의 초상화를 표현하도록 유도해야 한다.
  - 코치는 그 과정을 촉진하는 안내자 역할에 머물러야 한다.

6. CCI의 코칭적 시사점 및 확장적 활용

CCI의 여섯 가지 질문은 단순히 흩어진 대답이 아니라, **하나의 자기 내러티브**로 이어

진다. 이때 삶의 초상화는 "검사 결과표"가 아닌, **고객이 스스로 발견한 자기 문장**이다. 그 문장은 진로 선택의 방향, 삶의 태도의 근거, 미래를 여는 의미의 지도가 된다.

Savickas(2011)는 CCI를 통해 개인이 자신의 삶의 주제(life theme)와 직업적 정체성을 발견하도록 돕는 것을 목표로 했다. 그는 인터뷰를 "내담자의 이야기 속에서 의미를 재구성하는 과정"으로 보았으며, 진로결정의 근본 목적은 '자신의 이야기를 다시 쓰는 것(re-authoring one's story)'에 있다고 강조했다.

그러나 라이프디자인 진로코칭에서는 이 과정을 한 걸음 더 확장한다. 이 접근에서는 CCI를 단순한 '자기이해 도구'가 아니라, 고객이 발견한 의미를 사회적 맥락 속에서 '표현하고 구체화하는 실천 도구'로 활용한다.

즉, CCI를 통해 도출된 인생초상화(Life Portrait)는 자기소개서, 인터뷰 스피치, 진로 포트폴리오 등 자기표현(self-articulation)의 기초자료로 전환될 수 있다.

이 확장은 단순한 실용적 응용이 아니라, 구성주의적 관점에서 볼 때 매우 중요한 함의를 갖는다. 사람은 '자기를 이해하는 것(understanding oneself)'만큼이나 '자신을 이야기로 표현하는 것(expressing oneself through narrative)'을 통해 자기 정체성을 강화할 수 있다.

따라서 라이프디자인 진로코칭은 '이해-의미화-표현-실천'의 4단 구조를 갖춘 통합적 내러티브 실천모델로 발전시킬 수 있다.

앞에서 코칭 대화 모델의 주인공인 수진씨의 사례로 자기소개서 작성해 보자

예시 CCI 기반 자기소개서: 수진의 이야기

1. 성장 배경-"혼자였지만, 용기를 냈던 아이"
어릴 적 저는 친구들 틈에 잘 끼지 못하는 아이였습니다. 유치원 소풍날, 혼자 놀던 기억이 아직도 선명합니다. 하지만 그 외로움 속에서 저는 스스로 다가가는 용기를 배웠습니다. "같이 놀자." 한마디가 두려웠지만, 그 한 걸음이 제 세상을 바꾸었습니다. 그때의 경험은 제가 어떤 상황에서도 먼저 다가가고, 관계를 통해 성장하려는 성향의 뿌리가 되었습니다.

2. 나의 가치관-"흔들리지만, 자기 길을 걷는 사람"
저는 늘 타인의 시선을 의식하면서도, 결국 제 길을 묵묵히 걸어가고 싶었습니다. 김연아 선수를 존경하는 이유도 그 때문입니다. 평가와 비교 속에서도 자신을 잃지 않고 자기 방식을 지켜 내는 모습은, 제가 되고 싶은 자기상이기도 합니다. 그래서 저 역시 주어진 길이 아니라 나만의 길을 스스로 만들어 가려는 삶을 추구합니다.

3. 삶의 태도-"새로움을 두려워하지 않는 탐험자"
저는 안정된 일상보다는 배우고 성장할 수 있는 변화를 선호합니다.
〈걸어서 세계 속으로〉 같은 다큐를 보며 낯선 환경 속에서 배우는 사람들의 모습을 동경했습니다. 그 경험은 저에게 '배움은 변화 속에서 온다.'는 믿음을 심어 주었습니다. 그래서 대학에서도 새로운 프로젝트와 사람을 두려워하지 않고 도전했습니다.

4. 나를 이끈 말-"포기하지 않으면, 결국 성장한다"
저는 "끝까지 포기하지 말라."는 말을 삶의 다짐으로 삼고 있습니다. 공부나 대회에서 실패를 경험할 때마다 이 말을 떠올리며 다시 일어섰습니다. 이 말은 단순한 격언이 아니라, 저 자신에게 건네는 약속이 되었습니다. 좌절은 제게 실패가 아니라 성장의 전조라는 것을 배웠습니다.

5. 지금의 나-"관계 속에서 배우고, 함께 성장하는 사람"
돌아보면 제 삶은 외로움에서 용기로, 비교에서 자기 확신으로, 두려움에서 성장으로 이어진 여정이었습니다.
저는 진정성 있는 관계를 통해 배우고, 타인과 함께 의미 있는 성취를 만들어가는 사람입니다.

앞으로도 낯선 변화 앞에서 두려워하기보다, 배우고 나누며 성장하는 삶을 살아가고 싶습니다.

□ 코칭 활용 포인트
코치는 고객이 CCI 답변을 단순히 '정보'로 나열하지 않고, 이야기 구조로 엮어낼 수 있도록 돕는다. "나는 어떤 경험을 했는가?"보다 "그 경험을 통해 나는 어떤 사람인가?"를 중심으로 쓴다. 삶의 주제(Life Theme)가 각 단락에 자연스럽게 흐르도록 지도한다.

7.3 수진 사례의 IM 단계 분석

앞선 7.3절에서는 CCI 여섯 가지 질문을 통해 수진의 진로 관련 내러티브를 탐색하였다. 이제 그 내용을 IM(Innovative Moments) 모델의 관점에서 살펴보면, 고객이 문제적 내러티브에서 새로운 성장 내러티브로 이동하는 변화를 더 구체적으로 이해할 수 있다. IM 모델은 내러티브 전환의 미세한 단서를 포착하는 도구로서, 고객이 어떻게 '생각-감정-행동'의 수준에서 새로운 가능성을 시도하고, 그것을 자기 이야기로 통합해 가는지를 단계적으로 보여준다. 아래는 수진의 사례를 IM 모델의 다섯 단계에 따라 분석한 결과이다.

1. 행동(Behavioral IM)

- **사례 장면**: 존경 인물(김연아)을 언급하며 "저도 꾸준히 자기 길을 가고 싶다"고 표현.
- **분석**: 고객이 기존 문제적 내러티브(불안 · 비교 속에서 흔들림)와는 다른 *작은 행동적 전환*을 언급한다.
- **의미**: 이상적 자기상에 투영된 행동을 말로 꺼내며, 잠재적 자원을 드러냄.

2. 성찰(Reflection IM)

- **사례 장면**: 좋아하는 TV 프로그램 질문에서 여행 다큐를 보며 *"반복되는 일상은 답답하다… 저는 낯선 환경에서 배우고 싶다"*.
- **분석**: 단순 행동 언급을 넘어, **자신이 원하는 환경과 가치**를 인식하고 설명한다.
- **의미**: 기존 삶의 틀(안정, 부모의 기대)과 다른 새로운 방향성을 자기 목소리로 해석하기 시작.

3. 저항(Resistance IM)

- **사례 장면**: 첫 질문에서 *"부모님의 기대와 제 욕구 사이에서 혼란스럽다. 누군가 답을 주면 좋겠다"*.
- **분석**: 변화 욕구가 있지만 동시에 외부 권위에 의존하려는 기존 패턴이 강하게 작동.
- **의미**: 내러티브 전환에 대한 불안과 저항이 드러남. IM 모델에서 말하는 "과거 내러티브의 힘"이 여전히 고객을 붙잡고 있음.

4. 재개념화(Reconceptualization IM)

- **사례 장면**: 초기 기억 세 개를 이야기하면서,
- *"저는 외로움 속에서도 용기를 내어 다가가고, 결국 사람들과 함께 성취하는 사람입니다."*(입장진술문)
- **분석**: 과거 경험을 단순 사건이 아니라 **현재·미래를 비추는 은유적 자기 정의**로 재구성.
- **의미**: 자기 내러티브의 패턴(소외 → 용기 → 성취)을 인식하고, 문제적 내러티브(불안·의존)를 대체할 수 있는 새로운 이야기 틀을 만들어냄.

5. 변화 실행(Performing IM)

- **사례 장면**: 삶의 초상화에서 "저는 불안과 비교 속에서도 자기 길을 찾고자 하는

사람… 관계와 진정성을 통해 성장하는 사람"이라는 자기 정의를 만들어냄.

- **분석**: 자기 서사를 한 문장으로 정리하며, 새로운 정체성 내러티브를 **실제 삶의 방향 지침**으로 실행 가능한 수준으로 끌어올림.
- **의미**: 과거-현재-미래의 단편이 하나의 삶의 초상화(Life Portrait)로 통합되면서, **실제 변화 실행의 서사적 토대**가 마련됨.

6. 종합

수진의 CCI 사례는 IM 모델의 관점에서 보면, 문제적 내러티브에서 성장 내러티브로 전환되는 과정을 다음과 같이 단계적으로 보여 준다:

- **행동**: "저도 꾸준히 자기 길을 가고 싶다."
- **성찰**: "반복되는 일상보다 낯선 환경에서 배우고 싶다."
- **저항**: "부모님의 기대와 제 욕구 사이에서 혼란스럽다. 누가 답을 주면 좋겠다."
- **재개념화**: "저는 외로움 속에서도 용기를 내어 다가가고, 결국 함께 성취하는 사람입니다."
- **변화 실행**: "저는 불안 속에서도 자기 길을 찾고, 진정성 있는 관계를 통해 성장하는 사람입니다."

즉, IM 모델은 CCI 과정을 통해 고객의 **문제적 내러티브 → 새로운 성장 내러티브**로 이동하는 과정을 단계적으로 보여주는 분석 틀이라고 할 수 있다.

■ 내 프랙티스를 위한 시사점

1. 질문은 출발점이지, 답이 아니다

- CCI의 여섯 가지 질문은 '정답을 찾기 위한 질문'이 아니라, 고객이 자기 이야기를 꺼내고 자기 목소리를 발견하도록 돕는 **출발점**이다.
- 따라서 코치는 질문 자체보다 **대화 속에서 흘러나오는 단어와 은유, 반복 패턴**을 주의 깊게 들어야 한다.

2. 입장진술문으로 정리하면 고객의 목소리가 선명해진다

- 각 질문의 대답을 코치가 간단한 문장으로 정리해 주면, 고객은 자기 이야기를 **하나의 자기 선언**으로 다시 듣게 된다.
- 이는 자기정체성을 재구성하는 데 강력한 힘을 발휘한다.

3. 해석보다 동행이 중요하다

- 코치가 서둘러 해석하거나 직업적 조언을 제공하면, 고객은 다시 외부 권위에 의존하게 된다.
- 코치는 **공동 저자(co-author)**로서 고객과 함께 의미를 만들어 가야 한다.

4. 패턴을 발견하는 눈을 길러야 한다

- 존경하는 인물, 좋아하는 이야기, 초기 기억 등은 서로 다른 질문처럼 보이지만, 고객의 삶을 관통하는 **공통된 주제**를 드러낸다.
- 코치는 사례 속에서 "불안하지만 자기 길을 찾고자 하는 패턴", "관계 속에서 성장

하는 패턴"과 같이 **서사적 반복**을 포착해야 한다.

5. 수퍼비전은 코치 자신의 내러티브를 점검하는 기회다

- 코치는 종종 '답을 주는 전문가' 역할로 끌려가려는 유혹을 받는다.
- 수퍼비전에서는 "내가 고객의 이야기를 대신 써 주고 있지 않은가?", "내가 공동 저자로서 함께 걷고 있는가?"를 성찰해야 한다.

| 참고문헌 |

- Adler, A. (1937). *Understanding human nature*. New York, NY: Greenberg.
- Brott, P. E. (2004). Constructing career meaning: Narrative strategies for career counselors. *Journal of Career Development, 30*(3), 179-187.
- Bruce, M., & Schweitzer, R. D. (2006). The development and validation of the Career Construction Interview. *Journal of Vocational Behavior, 69*(3), 331-349.
- Hartung, P. J. (2011). Barrier or benefit? Emotion in life-design career counseling. *Journal of Vocational Behavior, 79*(2), 296-299.
- Hartung, P. J., & Vess, L. A. (2016). Critical moments in career construction counseling. In P. J. Hartung, M. L. Savickas, & W. B. Walsh(Eds.), **APA handbook of career intervention, Volume 1: Foundations**(pp. 215-228). Washington, DC: American Psychological Association.
- Maree, J. G. (2013). *Career construction with a twist: Helping individuals reach self-defined career goals and personal growth. South African Journal of Psychology, 43*(2), 184-198.
- Maree, J. G. (2021). *Innovating counseling for self- and career construction*. Cham: Springer.
- Meichenbaum, D. (1977). *Cognitive-behavior modification: An integrative approach*. New York, NY: Plenum Press.
- Rehfuss, M. C. (2014). The narrative paradigm and career construction theory. *Journal of Vocational Behavior, 85*(2), 172-179.
- Savickas, M. L. (2005). *The theory and practice of career construction*. In S. D. Brown & R. W. Lent(Eds.), **Career development and counseling: Putting theory and research to work**(pp. 42-70). Hoboken, NJ: John Wiley & Sons.
- Savickas, M. L. (2005). *The theory and practice of career construction*. In S. D. Brown & R. W. Lent(Eds.), **Career development and counseling: Putting theory and research to work**(pp. 42-70). Hoboken, NJ: John Wiley & Sons.
- Savickas, M. L. (2011). *Career counseling*. Washington, DC: American Psychological Association.
- Savickas, M. L. (2011). *Career counseling*. Washington, DC: American Psychological Association.
- Savickas, M. L. (2015). Career counseling paradigms: Guiding, developing, and designing. In P. J. Hartung, M. L. Savickas, & W. B. Walsh(Eds.), *APA handbook of career intervention: Vol. 1. Foundations*(pp. 129-143). Washington, DC: American Psychological Association.

Ⅲ부

코칭의 실천과 통합

PART Ⅲ. 코칭의 실천과 통합

핵심 메시지

"이야기가 바뀌면, 삶이 바뀐다. 코칭은 그 전환의 순간을 함께 살아내는 예술이다."

이 부는 코치의 내적 성찰과 존재적 태도에서 출발해, 4C · IM · CCI 모델이 실제 현장에서 어떻게 통합적으로 작동하는지를 보여준다.

그리고 마지막으로 삶의 주제가 직업적 실천으로 확장되는 과정을 LTVM(Life Theme-Vocation Matrix)을 통해 탐구한다.

그 여정의 끝에서, 코칭은 한 사람의 이야기가 다시 피어나는 '회복의 서사'가 된다.

학습 질문

- 코칭의 본질은 '기술'이 아닌 '존재'라는 말은 무엇을 의미하는가?
- 코치는 어떤 내적 수련과 성찰을 통해 성장하는가?
- 4C, IM, CCI 모델은 실제 사례 속에서 어떻게 연결되는가?
- 삶의 주제는 어떻게 직업적 실천으로 구체화되는가?

핵심 키워드

코칭 역량 · 존재적 태도 · 통합 사례 · 의미 기반 진로결정 · LTVM

포함 장

8장 내러티브코칭 역량-코칭의 힘, 질문과 경청을 넘어

9장 하나의 이야기, 삶의 전환-통합 코칭 적용 사례

10장 직업선택, 삶의 이야기를 완성하는 과정

인용문

"A meaningful life is not found, it is authored." - Mark Savickas

성찰 질문

"나는 코칭을 배우는 사람인가, 아니면 코칭을 '살아내는' 사람인가?"

"내 고객의 이야기가 바뀔 때, 나의 이야기도 함께 변하고 있는가?"

8장 내러티브코칭 역량-코칭의 힘, 질문과 경청을 넘어

8장 내러티브 코칭 역량-코칭의 힘, 질문과 경청을 넘어
“코칭은 기술이 아니라, 존재의 깊이에 관한 일이다.”

이 장은 코치의 내적 성장과 존재적 태도에 초점을 맞춘다.
감성적 경청, 전환을 여는 질문, 그리고 자기성찰을 통해 코치는 단순한 대화자에서 의미의 동반자로 성장한다.
코칭의 본질은 스킬이 아니라 ‘인간에 대한 존중’이며, 그 존재적 깊이가 코칭의 변화를 이끈다.

학습 포인트

- 질문과 경청의 심리학
- 코치의 자기수련과 성찰
- 존재 중심 코칭의 윤리

인용문
“기술은 배울 수 있지만, 존재는 살아내야 한다.” - 저자

8.1 코칭의 스킬을 넘어서기 위한 철학적 기반
- 감성, 지성, 이성의 통합: 코칭은 어떻게 철학이 되는가

"내용 없는 사고는 공허하고, 개념 없는 직관은 맹목적이다." - 임마누엘 칸트, 《순수 이성비판》

"코치님, 질문 스킬은 많이 배웠는데, 왜 저는 고객의 변화가 잘 안 보일까요?" 한 코칭 수업에서 초급 코치가 조심스럽게 물었다. 그의 질문은 단지 '기술의 미비'에서 비롯된 것이 아니었다. 그는 이미 GROW 모델, 강력한 질문의 구성요소, 코칭 계약의 절차까지도 성실히 익힌 학습자였다.

그렇다면, 무엇이 빠져 있었던 것일까?

코칭은 스킬인가, 통찰인가?

많은 사람들이 코칭을 처음 배울 때, 스킬 중심의 학습으로 출발한다. 효과적인 질문법, 공감적 경청, 목표 설정과 실행 전략 수립 등. 물론 이런 기술은 코칭의 기본 뼈대다. 하지만 코칭이 단지 대화기술의 조합이라면, 왜 어떤 코치는 고객의 삶을 근본적으로 바꾸지만, 어떤 코치는 아무리 열심히 해도 말의 표면을 맴돌까? 바로 그 지점에서 철학은 코칭을 다시 묻는다.

"나는 무엇을 보고 있는가?"
"나는 무엇을 듣고 있는가?"
"나는 고객의 이야기를 어떻게 해석하고 있는가?"

이 질문들은 칸트가 말한 인간 인식의 세 차원, 곧 감성(Sinnlichkeit), 지성(Verstand),

이성(Vernunft)의 틀 안에서 새롭게 이해될 수 있다.

감성: 고객을 느끼는 힘

칸트에 따르면, 감성은 세계를 직관(intuition)하고, 즉각적으로 **느끼는 작용**이다. 코칭에서 감성은 고객의 말뿐 아니라, 그 말 뒤에 있는 정서, 억양, 망설임, 고요함을 **경청하는 감수성**이다.

예를 들어, 고객이 "요즘은 그냥 아무것도 하기 싫어요"라고 말할 때, 이 단순한 표현 뒤에 숨은 **지친 마음, 무의미함, 혹은 깊은 통찰 직전의 침묵**을 감지할 수 있는가? 감성은 '무엇을 말했는가?'보다는, '어떻게 말하고 있는가?'를 듣는 귀다.

지성: 삶의 이야기를 이해하는 틀

감성으로 들어온 정보는 **지성**에 의해 범주화되고 분석된다. 코치에게 지성이란 고객의 이야기를 구조화하는 능력이다. 반복되는 테마, 삶의 주제, 전환의 단서, 방어기제, 성격패턴 등을 **내러티브 프레임 안에서 이해**하는 힘이다. 사빅카스(Savickas)의 진로구성이론, 맥아담스(McAdams)의 성격 3층 구조, IM 모델 등은 코칭에서 작동하는 지성의 근거들이다.

지성 없는 코치는 고객의 말을 표면적으로만 따라 간다. 그러나 지성을 갖춘 코치는 **이야기의 구조**, 즉 "이 말이 고객의 삶에서 어떤 자리인가?"를 파악할 수 있다. 지성은 듣는 것을 구조화하고, 구조를 의미로 바꾸는 사고의 틀이다.

이성: 해석을 통합하고, 방향을 설계하는 힘

감성과 지성이 작동한 이후, 코칭에서 **이성**은 그 정보를 통합하여 **종합적인 판단과**

변화 설계를 가능하게 한다. 고객이 "언제나 뒤처진 기분이 들어요."라고 말했을 때, 코치는 고객의 그 말의 감정이 과거의 어떤 경험과 연결되는지를 살펴보고, 현재에 어떤 의미를 지니는지를 함께 탐색해야 한다.

그리고 이를 바탕으로, 고객이 어떤 삶을 원하는지, 어떤 진로 방향으로 나아갈지를 함께 이야기로 구성해 나가야 한다. 이것이 이성의 힘이다. 이성은 고객의 경험과 통찰을 일시적 깨달음으로 끝나게 하지 않고, **통합된 내러티브와 실천 전략으로 엮어내는 내면의 설계자**다. 이성은 이야기 조각들을 연결하고, 새로운 삶의 설계도를 그리는 추론의 힘이다.

감성-지성-이성, 코칭 역량의 내적 통합

칸트는 "감성 없는 개념은 맹목적이고, 개념 없는 감성은 공허하다"고 말했다. 여기에 코칭을 하나 더 덧붙이자면, **이성 없는 코칭은 변화가 없는 해석**이 된다.

라이프디자인 진로코칭은 이 세 작용을 모두 통합할 수 있는 코칭이다. 고객의 이야기를 있는 그대로 **느끼고(감성)**, **이론과 모델로 이해하고(지성)**, 이를 삶의 설계로 **전환하는(이성)**과정. 결국, 코칭의 깊이는 기술이 아니라 세계를 보는 관점에서 비롯된다. 이것이 바로 라이프디자인 진로코치가 길러야 할 핵심 인식 역량이다.

인식 차원	코칭에서의 역할	구체적 역량
감성	고객의 정서를 수용하고 감지	정서적 공감, 비언어 경청, 정서 읽기
지성	이야기를 이해하고 해석	내러티브 분석, 구조화, 패턴 인식
이성	의미를 통합하고 방향을 설계	통찰 생성, 재서사화, 진로설계

코치는 기술자가 아니라, 해석자이며, 동반자이며, 설계자다. 코칭은 질문의 기술이 아니라, **존재의 이해력**이다.

8.2 경청은 감성과 통찰의 만남이다
- 듣는다는 것은 '존재'를 초대하는 일이다

"그냥… 누군가가 제 이야기를 처음부터 끝까지 들어준 건, 처음이었어요." - 코칭을 마친 고객의 말

코칭의 시작은 언제나 **듣는 것**에서 출발한다. 하지만 여기서 말하는 '듣기'란 단순한 청각적 활동이 아니다. 그가 누구이며, 어떤 삶을 살아왔고, 어디쯤 와 있는지를 '느끼는 것'이다. 진짜 경청은 **말보다 사람을 듣는 일**이다. 그렇다면, 코치는 무엇을 들어야 하는가? 그리고 어떻게 들어야 하는가?

경청은 감성의 문을 여는 일이다

코칭에서 경청이란, 말의 내용을 이해하는 일이 아니라, 그 말이 머금은 온도와 숨결을 느끼는 일이다. 고객은 늘 '사실'을 말하지 않는다. 대신 **느낌, 주저함, 숨김, 우회, 반복, 침묵**으로 자기 삶의 조각을 전달한다. 코치가 여기에 감응하지 못하면, 고객은 말을 이어가기를 멈춘다. 칸트의 표현을 빌리면,

"감성 없는 개념은 공허하다."

즉, 고객의 말 뒤에 있는 **정서의 결**을 읽지 못하면, 아무리 뛰어난 해석이나 전략도 **공허한 분석**에 그치고 만다. 경청의 첫걸음은 고객의 마음이 머무는 자리를 함께 '느끼는' 것이다. **감성은 코칭의 시작 조건**이다.

경청은 해석의 문을 여는 일이다

하지만 감성만으로는 충분하지 않다. 고객이 들려주는 이야기를 **정서적으로 수용**하는 것에서 멈춘다면, 그것은 위로일 뿐 **전환을 이끄는 경청은 아니다.** 코치는 다음과 같은 것을 들어야 한다.

- 지금 고객은 어떤 **삶의 주제**를 반복하고 있는지,
- 어떤 **내러티브 구조**를 따라 말하고 있는지,
- 그 이야기는 어떤 **정체성과 가치**를 반영하고 있는지를.

이것이 칸트가 말한 **지성의 역할**이다. 감성으로 들어온 것을 **범주화하고, 의미화하고, 패턴을 인식하는**힘. 코치는 이야기를 분석하는 분석가가 아니라, 이야기를 **조직하는 내러티브 해석자**다.

경청은 전환의 문을 여는 일이다

감성으로 느끼고, 지성으로 이해한 내용을 **하나의 통찰로 통합하고, 미래 방향으로 연결하는 힘**, 이것이 **이성의 역할**이다. 고객이 "그냥 아무도 나를 알아주지 않는 것 같아요"라고 말할 때, 코치는 단순히 '외로움'을 듣는 것이 아니라, "어떤 관계망 속에서, 어떤 인정 욕구가 충족되지 않았고, 그것이 현재 어떤 삶의 방식으로 이어지고 있는가"를 파악하며, 그 이야기의 끝에 **다른 버전의 삶**을 함께 그려나가야 한다. 이것이 경청을 통한 **내러티브의 전환**이며, 코치가 발휘해야 할 **이성적 통합의 힘**이다.

실제 코칭 장면에서의 경청

사례: 고객 '지훈'의 말

"저는 늘 사람들이 원하는 대로 행동했어요. 그래야 사랑받을 수 있을 것 같아서요."

표면적으로는 **순응적인 태도**처럼 보이지만, 코치는 이 말을 다음과 같이 다층적으로 들어야 한다:

- **감성**: 말할 때의 억양, 눈빛, 입꼬리 떨림에서 감정의 결을 느낀다. "두려움", "슬픔", "분노"의 흔적이 있는가?
- **지성**: 말의 구조에서 반복되는 내러티브를 인식한다. "사랑받기 위해 내 욕구를 억누르는 사람"이라는 패턴.
- **이성**: 그 이야기의 전환 가능성을 찾는다. "사랑받기 위해 그렇게 해왔지만, 이제는 다른 방식도 가능하지 않을까?"라는 **새로운 내러티브를 위한 문장**을 준비한다.

코칭 역량으로서의 경청, 그 구조

인식 작용	경청에서의 기능	코칭 질문 예시
감성	고객의 정서와 분위기 감지	"그 말 하실 때 어떤 느낌이 드셨나요?"
지성	이야기의 구조와 패턴 이해	"이런 상황이 반복된 적이 있었나요?"
이성	이야기의 의미화와 전환 연결	"만약 지금과 다른 방식으로 이 이야기를 다시 쓴다면, 어떤 결말이 떠오르나요?"

마무리: 듣는다는 것은 존재를 인정하는 일이다

진짜 코치는 고객이 **무엇을 말했는지**보다, **왜 그렇게 말하고 있는지**를 듣는다. 그 말이 어디서 시작되었고, 어디로 향하고 싶은지를 함께 감지한다. 경청은 기술이 아니다. **존재를 향한 철학적 태도**다. 그리고 우리는 그 존재가 **다시 자기 삶을 써나갈 수 있도록**, 침묵 너머의 목소리까지도 함께 들어야 한다.

8.3 질문은 전환의 언어다

- 고객의 이야기를 다시 쓰도록 초대하는 한 문장

"코치님이 해 주신 그 한 마디 질문 때문에, 며칠 동안 계속 생각이 맴돌았어요. '그 말이 생각보다 오래 남더라고요.'"

이것이 질문이 가진 힘이다. 그저 묻는 행위였을 뿐인데, 고객의 **사고방식이 바뀌고, 감정의 흐름이 바뀌고, 삶을 해석하는 관점**이 바뀌었다. 코칭에서 질문은 단지 정보를 확인하기 위한 도구가 아니다. **질문은 전환의 언어이며, 삶의 문장을 다시 쓰게 만드는 리듬이다.**

질문은 감성의 문을 연다

- 말의 '앞'에 있는 감정을 두드리는 질문

코칭에서 질문은 논리를 시작하는 것이 아니라, **감정을 열어주는 자극**이다. 질문이 정제되어 있을수록 고객은 자신의 마음 깊은 곳으로 내려갈 수 있다. 진정한 질문은 "당신이 말하지 못했던 그 마음"을 **안전하게 열어도 된다는 허락**을 건넨다.

"그 말을 하실 때, 마음 한편에 어떤 느낌이 들었나요?"
"이 이야기 안에 숨겨진 감정은 무엇인가요?"

이런 질문은 고객이 자기 자신의 **감성적 층위**를 마주하게 한다. 질문이 **감성의 문을 열지 못하면**, 그 어떤 전략도 고객 안에서 살아 움직이지 않는다.

질문은 지성의 구조를 조직한다
- 사고의 틀을 흔들고, 인식을 재구성하는 질문

질문은 고객의 내면에서 일종의 **질서를 재편성하도록** 유도한다. 감정이 머무는 자리에서 던진 질문은, 삶의 흐름을 인식 가능한 조각들로 나누고, 그 조각들을 새롭게 조합하여 의미를 다시 빚어낸다.

"이 상황이 반복된 적이 있다면, 어떤 공통점이 있었나요?"
"그때 당신 안에서 작동하던 신념은 무엇이었을까요?"

이런 질문은 **스토리 안의 구조를 해체**하고, 고객이 기존의 해석에서 빠져나올 수 있도록 **인지적 거리를 만들어 준다**. 질문은 단지 호기심이 아니라, **새로운 맥락을 구성하는 도구**다. 지성은 그 도구를 통해 '과거를 다른 방식으로 다시 말하는' 힘을 발휘한다.

질문은 이성의 흐름을 이끈다
- 삶의 서사를 새롭게 통합하는 질문

좋은 질문은 생각을 멈추게 하지 않고, **생각을 더 깊게 움직이게 한다.** 질문을 받는 순간, 고객은 자기 삶의 방향을 다시 설정하기 시작한다. 질문은 정답을 요구하지 않는다. 대신, **새로운 해석과 선택을 요청**한다.

"그 경험이 지금의 당신에게 말해 주는 것이 있다면, 어떤 메시지일까요?"

"당신이 바라는 변화의 방향은 어떤 모습인가요?"
"만약 지금과 다른 결말을 써본다면, 어떤 이야기가 될 수 있을까요?"

이런 질문은 삶의 단편을 **하나의 이야기로 엮어내는 힘**을 가진다. 그리고 그 이야기는 고객 스스로가 쓸 수 있는, **'삶의 저자(author)'로서의 첫 문장**이 된다.

질문의 세 가지 수준

질문은 정보 확인이 아니라, **의미를 이동시키는 층위의 언어**다.

인식 차원	질문의 작용	질문 예시
감성	감정을 열고, 마음을 안전하게 표현하게 함	"그 상황에서 당신은 어떤 감정이 들었나요?"
지성	패턴과 구조를 인식하게 함	"비슷한 경험이 또 있었나요?" "그때와 지금의 공통점은 뭘까요?"
이성	삶의 서사를 재해석하고 통합하게 함	"당신이 진짜로 원하는 삶의 방향은 어떤 모습인가요?"

질문은 기술이 아니라 태도다

많은 코치들이 "좋은 질문이란 무엇인가요?"라고 묻는다. 그러나 진짜 중요한 질문은 **고객에게 던지는 문장**이 아니라, 코치가 **자기 자신에게 먼저 던지는 질문**이다.

"나는 고객의 말을 바꾸려 하는가, 아니면 이야기를 경청하고 있는가?"
"나는 고객이 자신의 서사를 다시 쓸 수 있도록 충분히 기다릴 수 있는가?"
"이 질문이 고객을 움직이게 하는가, 멈추게 하는가?"

질문은 단지 문장이 아니라, **존재를 움직이는 미세한 자극**이다. 질문은 말의 기술이 아니라, **고객의 존재를 변화 가능한 상태로 이끄는 코치의 태도**다.

마무리: 질문은 삶의 줄거리와 줄거리를 바꾸는 일

코치가 한 문장을 던진다. 그 한 문장에 고객은 며칠을 머문다. 그리고 그 질문의 여운 속에서, 고객은 자기 삶의 문장을 다시 쓴다. 이것이 질문의 본질이다. **질문은 말이 아니라, 전환의 시작점이다.** 질문은 고객의 내러티브에 새로운 문장을 삽입하는 시도이며, 그 문장이 고객의 삶을 다시 흐르게 만든다.

8.4 질문과 경청을 넘어서

- 코치의 해석과 재구성 역량

"질문은 고객의 말을 여는 열쇠가 아니라, 고객의 내면 이야기를 다시 짓는 도구가 되어야 한다."

많은 코치들이 코칭 교육에서 가장 먼저 배우는 기술은 '질문'과 '경청'이다. 이것들은 코칭의 핵심 도구임이 분명하다. 하지만 라이프디자인 진로코칭이나 내러티브 코칭에서 고객의 깊은 변화를 이끌기에는 이 두 가지 기술만으로는 충분하지 않다. 왜일까? 그 이유는 간단하다. **사람의 삶은 단순한 정보나 행동 이전에, '이야기'로 구성되어 있기 때문**이다.

코칭은 대화가 아니라 '이야기의 전환'이다

라이프디자인 진로코칭의 목표는 단순히 고객이 목표를 세우고 실행하게 만드는 것이 아니다. 진짜 목적은 고객이 자신의 삶을 구성해 온 오래된 이야기, 그 안에 갇힌 역할과 의미를 새롭게 해석하고, 더 풍부하고 유연한 삶의 이야기를 재구성(re-authoring)하도록 돕는 것이다.

사빅카스(Savickas, 2015)는 라이프디자인 상담을 "고객이 자신의 삶을 다시 재저작할 수 있도록 돕는 대화"라고 정의했다. 이런 접근에서 코치는 단순한 질문자가 아니라, 스토리의 공동 저자(co-author)가 되어야 한다.

단순한 질문과 강력한 질문의 차이

고객이 "저는 늘 뭔가 부족한 사람 같아요."라고 말했을 때, 일반 코칭에서는 이렇게 질문할 수 있다.

"어떤 부분에서 부족하다고 느끼시나요?"
"그 부족함을 극복하기 위해 어떤 계획을 세울 수 있을까요?"

그러나 내러티브 코칭에서는 이렇게 질문한다.

"그 '부족한 사람'이라는 느낌은 언제부터 생긴 걸까요?"
"그 이야기에서, 당신은 어떤 역할을 하고 있나요?"
"예전에 이 이야기와는 다른 방식으로 살았던 적은 없었나요?"

이것은 단순한 질문 기술이 아니라, **해석하고, 재구성하고, 연결하는 힘**이다.

질문 이전에 필요한 것: 고객의 삶을 이해하는 '이론적 감각'

강력한 질문은 단지 문장의 기교가 아니다. 그것은 **이론적 앎과 실천적 통찰**이 만나는 지점에서 탄생한다. 예를 들어, "당신은 누구인가요?"라는 질문도, 정체성 이론에 기반할 때 완전히 다른 효과를 발휘한다.

- 에릭슨(Erikson, 1959)은 정체성을 시간의 흐름 속에서 자기 이야기를 통합하는 심리사회적 작업으로 보았다.
  → "당신의 삶을 영화로 만든다면, 어떤 제목을 붙이고 싶나요?"
- 마르시아(Marcia, 1966)는 정체성의 상태를 네 가지 지위로 구분했다.
  → "그 선택은 스스로 내린 결정이었나요, 아니면 타인의 기대였나요?"
- 사비카스(Savickas, 2005)는 정체성을 이야기의 구조로 보았다.
  → "당신이 가장 끌렸던 이야기 속 주인공은 어떤 사람이었나요?"

이처럼, **같은 질문이라도 '왜, 어떻게' 묻느냐에 따라 그 무게와 파급력이 달라진다.**

코치의 새로운 역량: 해석과 재구성

라이프디자인 진로코칭에서 요구되는 핵심 역량은 다음과 같다:

역량	설명	예시 질문
내러티브 구조 분석	고객 이야기의 패턴, 반복, 전환점을 파악	"이런 느낌을 처음 느낀 건 언제인가요?"
정체성 역할 탐색	이야기 속에서 고객이 수행하는 정체성 역할 인식	"이 이야기에서 당신은 어떤 인물로 살아오셨나요?"
대안 이야기 구축	기존 이야기와 다른 자기 내러티브의 가능성 제시	"그 역할이 아닌 다른 모습으로 행동한 적은 없나요?"
의미 연결	서로 다른 삶의 장면들을 연결하여 통찰 도출	"이 경험과 이전 경험 사이의 공통된 흐름이 있다면?"

이러한 역량은 단순히 고객의 말을 따라가는 기술이 아니라, **고객의 말 속에 숨은 이야기의 구조를 읽는 안목**에서 비롯된다.

강력한 질문은 코치의 '존재 방식'에서 나온다

좋은 질문을 외우는 것이 코칭이 아니다. **좋은 질문을 떠올릴 수 있는 존재로 서는 것**, 그것이 코칭이다.

- 고객의 세계관을 존중하고,
- 고객의 감정의 결을 따라가며,
- 고객의 삶 전체를 하나의 이야기로 이해하려는 노력이 쌓일 때,
- 질문은 단순한 기술을 넘어, **관계 그 자체가 된다.**

마무리: 질문, 해석, 존재의 삼중주

라이프디자인 진로코칭에서 코치는 단지 질문하는 사람이 아니다. 코치는 **삶의 내러티브를 함께 읽고, 함께 다시 쓰는 동반자**다. 고객이 말한 "부족한 사람"이라는 이야기에서, 우리는 '사실'을 듣는 것이 아니라 '의미'를 듣고, '반복'을 감지하며, '전환의 가능성'을 여는 것이다. 그리고 그 순간, 질문은 이렇게 변한다.

"당신은 어떤 이야기를 살아왔고, 지금, 어떤 이야기를 새롭게 쓰고 싶으신가요?"

8.5 라이프디자인 코치에게 요구되는 핵심 스킬
- 기술을 넘어선 해석과 통합의 태도

"좋은 코치는 질문을 잘하는 사람이 아니라, 고객의 삶을 함께 다시 써내려갈 수 있는 사람이다."

라이프디자인 진로코칭은 단순한 목표 설정이나 행동 계획 중심의 코칭과는 궤를 달리한다. 이 코칭은 고객의 **삶의 이야기**를 중심에 둔다. 그리고 그 이야기를 탐색하고, 해석하고, 전환하며, 실천까지 연결짓는 섬세하고 통합적인 대화 과정이다.

그렇기에 여기에서의 **핵심 스킬**은 단순한 질문 기술이 아니다. **코치의 사고방식, 감정 감각, 해석 능력, 그리고 관계적 태도가 결합된 내면의 역량**이다.

기술이 아닌 '태도로서의 스킬'

라이프디자인 진로코칭에서 스킬은 '도구'이지만, 그 도구는 **정체성과 의미의 전환을 촉진하는 방식으로 사용되어야 한다**. 내러티브적 접근을 기반으로 한 코칭은 다음과 같은 스킬을 요구한다.

핵심 스킬 네 가지

스킬	설명	코칭 효과
내러티브 분석력	고객의 말 속에서 삶의 테마, 반복되는 표현, 정체성의 단서를 감지하는 능력	고객의 문제를 이야기 맥락 안에서 통합적으로 이해하게 됨
의미 재구성	기존 이야기를 재해석하거나, 새로운 각도 에서 통찰을 제안하는 능력	고정된 내러티브를 성장의 이야기로 전환 가능
통합적 정체성 촉진	다양한 경험과 역할을 하나의 자기 서사로 엮는 능력	'나는 누구인가'에 대한 감각을 회복하도록 도움
실행계획 수립	내러티브 기반 통찰을 구체적 실천으로 연결시키는 능력	인사이트를 행동으로 연결하여 자기효능감 강화

이 네 가지는 순차적이거나 독립된 것이 아니다. 고객의 이야기 흐름 안에서 **반복적으로, 유기적으로 작용하는 내적 엔진**에 가깝다.

사례 1: 대학생 '수진'의 이야기-정체성 재구성과 실행전환

1. 배경

- 나이: 24세 / 전공: 산업디자인
- 고민: 적성에 맞지 않는 전공, 혼란스러운 진로, 스펙 쌓기에 지친 상태
- 말: "누가 하라고 해서 그냥 해온 것 같아요. 근데 도대체 나는 뭘 좋아하는지도 모르겠고, 뭘 해야 하는지도 모르겠어요."

2. 코치의 핵심 스킬 적용 흐름

단계	적용 스킬	구체적 개입 예시
내러티브 탐색	내러티브 분석력	"말씀 중에 '그냥 해 온 것 같다'는 표현이 여러 번 나왔어요. 그 '그냥' 안에는 어떤 이야기가 있을까요?"
의미 재발견	의미 재구성	"누군가의 기대에 따라왔다는 이야기 안에, 수진 님은 어떤 생존 전략을 사용해 온 걸까요? 그 전략은 어떤 힘이었을까요?"
자기 내러티브 통합	통합적 정체성 촉진	"지금까지 해 왔던 디자인 작업 중에서, 본인이 정말 몰입했던 순간이 있다면 떠오르는 게 있나요?" → 긍정적 경험 재소환
실행의 구체화	실행계획 수립	"그 몰입 경험을 살릴 수 있는 탐색 활동을 이번 달 안에 하나 실행해 볼 수 있다면 어떤 게 있을까요?"

3. 코칭 결과

수진은 '내가 주도한 순간'이라는 주제로 자신이 과거 디자인했던 작품을 돌아보며 자기 내러티브를 재해석하였고, 전공 안에서의 새로운 진로 가능성(UX디자인)을 탐색하며 실험적 실행으로 연결하였다.

사례 2: 제2의 인생을 준비하는 고객 '형준'의 이야기-내러티브의 전환과 미래 구상

1. 배경

- 나이: 55세 / 퇴직 후 미래 불확실성 직면
- 말: "30년 일만 하다가 이제 멈췄는데, 정작 나는 아무것도 할 줄 모르는 사람처럼 느껴져요."

2. 코치의 핵심 스킬 적용 흐름

단계	적용 스킬	구체적 개입 예시
과거 해석	내러티브 분석력	"30년이라는 시간이 어떻게 쓰였는지를 돌아볼 때, 어떤 역할을 가장 많이 수행하셨나요? 그 역할은 당신에게 어떤 의미였을까요?"
의미 재구성	의미 재구성	"'할 줄 모른다'는 느낌 속에 숨어 있는 자원이 뭘까요? 그간 형준 님이 해 오신 것 중 타인에게 좋은 영향을 줬던 순간은요?"
정체성 회복	통합적 정체성 촉진	"아버지로서, 조직의 리더로서, 또 한 명의 개인으로서… 각각의 삶을 연결하면 어떤 공통된 테마가 보이나요?"
미래 구상	실행계획 수립	"그 테마를 다음 삶에 반영한다면 어떤 실험이 가능할까요? 3개월 안에 가장 작게 실현할 수 있는 것은?"

3. 코칭 결과 요약

형준은 조직 안에서의 '코칭과 멘토링' 경험을 통해 자신이 타인의 성장을 도운 순간이 인상 깊었음을 인식했다. 이를 바탕으로 은퇴 후 HR 컨설턴트로서의 삶을 계획하게 되었다.

8.6 전환을 이끄는 코치의 존재감

- "당신 앞에 있는 이 사람을, 지금 이 순간에, 어떻게 마주하고 있는가?"

"코치님은 제 이야기를 바꾸지 않고 들어주셨어요. 근데 그게, 오히려 제가 스스로 제 이야기를 바꿀 수 있게 해줬어요."

많은 사람들이 코칭을 배울 때, 가장 먼저 익히는 것은 '스킬'이다. 경청하는 법, 질문하는 법, 피드백하는 법. 하지만 시간이 흐를수록 깨닫게 된다. **진짜 전환은 스킬에서 오는 것이 아니라, 코치 '자신'에게서 온다는 사실을.**

코칭은 존재 대 존재의 만남이다

코칭은 도구나 기법 이전에, **존재와 존재가 마주하는 순간**이다. 고객은 묻고 있다.

"당신은 나를 어떻게 바라보고 있는가?"
"당신은 내 이야기를 어떻게 듣고 있는가?"
"당신 앞에서 나는 안전한가, 아니면 해석되고 있는가?"

고객은 코치의 질문보다, 코치의 태도를 먼저 듣는다. 그 태도는 스킬로 조절할 수 없다. 그것은 오직 코치의 '존재 방식'에서 드러난다.

후설의 '현상학적 환원'과 코칭의 태도

현상학의 창시자 에드문트 후설(Edmund Husserl)은 이렇게 말했다.

"우리는 세계를 있는 그대로 보지 않는다. 우리는 항상 우리 자신의 렌즈를 통해 세상을 해석한다." - Husserl, Logical Investigations, 1900

그는 이를 극복하기 위한 철학적 방법으로 '현상학적 환원(Epoché)'을 제안했다. 즉, **모든 판단에는 괄호 치고**, 순수하게 그 '현상 자체'를 경험하는 태도. 이것은 코칭에서 말하는 '존재의 수용'과 매우 유사하다.

- 고객을 판단하지 않고(suspension of judgment),
- 조언하거나 해석하지 않고,
- 문제로 보기보다 '있는 그대로의 사람'으로 응시할 수 있는 **의식적 중지**의 상태.

후설은 이것을 "본질을 향한 투명한 시선"이라 불렀고, 코칭에서는 이것을 '존재적 경청' 또는 '현존적 수용'이라 부른다.

존재의 힘이 코칭을 바꾼다

어떤 코치 옆에서는 말이 술술 풀린다. 또 어떤 코치 옆에서는 말을 아끼게 된다. 차이는 무엇인가? 그 사람 '옆에' 서 있어도, 그 사람 '안에' 들어와 있지는 않기 때문이다. **존재의 힘은 말이 아니라, 관계 속에서 감지된다.**

좋은 코치는 자기 스스로를 비우고, 고객이 자기 자신과 깊이 연결될 수 있도록 **존재적 공간을 마련한다.** 이것이 **후설의 현상학이 코치에게 주는 가장 큰 통찰**이다. **"당신 자신을 잠시 괄호 치고, 고객을 본질적으로 바라보라."**

존재감은 전환의 자장을 만든다

좋은 코치는 다음과 같은 방식으로 존재한다:

- **느림의 리듬**을 갖는다. 고객보다 한 박자 늦게 말하고, 충분히 기다린다.
- **해석보다 맥락에 주목**한다. "왜 저렇게 말하지?"가 아니라 "무엇이 이 말을 하게 했을까?"
- **자기 확신보다 개방성에 머문다.** 모른다는 데 머무르고, 판단하지 않는다.

이러한 존재는 고객으로 하여금 "내가 있는 이 상태도 괜찮다." "내가 아직 완성되지 않았어도 괜찮다."라는 **존재적 수용의 분위기**를 제공한다. 이것이 바로 **코칭에서 전환이 시작되는 토양**이다.

사례: '존재감'이 만든 변화의 순간

코칭을 막 시작한 한 고객이 이렇게 말했다.

"지금 제가 말하고 있는 이 고민, 사실 어디 가서도 말해본 적 없어요. 그런데 코치님 앞에서는 그냥, 말하게 되네요."

그날 코치는 어떤 특별한 기법도 쓰지 않았다. 그저 자리를 지켰다. 말을 하지도 않고 기다렸고, 해석하지도 않고 그냥 느꼈다. 그 침묵의 공간 안에서, 고객은 처음으로 자기 안의 목소리를 '안전하게' 들을 수 있는 기회를 얻었다. 그 순간, 변화는 조용히 시작되고 있었다.

마무리: 나는 어떤 존재로 그 앞에 서 있는가?

코칭은 내가 아는 것을 전달하는 일이 아니라, **내가 어떤 존재로 그의 앞에 서 있는가**를 끊임없이 묻는 실천이다. 후설의 말처럼, "판단 없는 시선만이, 그 현상의 본질에 도달할 수 있다." 코칭이란 바로 그 판단 없는 시선으로 **'하나의 인간'을 있는 그대로 받아들이는 실존적 선택**이다. 기법은 배울 수 있지만, 존재는 체화되어야 한다(*Being precedes Doing*).

8.7 코치의 자기 수련과 성찰

- 기술을 넘어, 내가 누구로서 그 앞에 서 있는가

"내가 고객 앞에서 어떤 질문을 했는지가 아니라, 나는 누구로서 그 자리에 있었는지가 결국 가장 중요하다."

많은 코치들이 "어떤 질문을 해야 하나요?", "이럴 땐 뭐라고 말해야 하죠?"라고 묻는다. 하지만 코칭이 깊어질수록 그 질문은 이렇게 바뀐다.

"나는 지금 이 사람 앞에서 누구인가?"

코칭은 기술의 문제가 아니라, **존재의 깊이**에 대한 질문이다. 그리고 그 존재의 깊이는 **끊임없는 자기 수련과 성찰**에서 비롯된다.

코치됨이란 무엇인가?

코치가 된다는 것은 단지 기술을 배우는 것이 아니다. 코치가 된다는 것은

- **경청하는 태도**,
- **묻는 감각**,
- **판단하지 않는 의식 상태**,
- 그리고 무엇보다 **타인을 향한 따뜻한 인식의 공간**이 되는 것이다.

그것은 지식이 아니라, 자각의 상태(state of awareness)이다. "나"라는 존재가 얼마나 투명하게 고객에게 열려 있는가, 얼마나 내 해석과 욕망 없이 고객을 그 자체로 마주할 수 있는가.

자기 수련이란 무엇인가?

코치의 자기 수련은 어떤 훈련보다 내적인 과정이다. 이것은 '지식의 축적'이 아니라, '**자기 인식의 정제**'에 가깝다.

① 내 내면의 소음을 줄이는 훈련

- 내 머릿속의 판단, 분석, 조언 욕구를 알아차리고 내려놓는 연습.

② 있는 그대로 바라보는 힘을 기르는 훈련

- 고객을 고치거나 바꾸려는 욕망이 아닌, 그 자체로 바라볼 수 있는 감각을 기르는 연습.

③ 나 자신을 지속적으로 성찰하는 훈련

- "지금 내가 개입하려는 이유는 고객을 위한 것인가, 나의 불안을 달래기 위한 것

인가?"

- "내가 던진 질문은 고객의 삶을 향한 것인가, 내 불안의 회피인가?"

이러한 질문들은 코치로서 우리가 고객을 만나기 전에 **자기 자신과 먼저 만나야 한다는 사실**을 일깨운다.

자기 성찰 없이, 타인에게 개입하지 말라

코치의 개입이 효과적인 이유는 그것이 기술적으로 세련되었기 때문이 아니다. 그 개입이 **'비워진 존재'로부터 나온 언어**이기 때문이다.

"그 말은 나의 지식이 아니라, 나의 존재가 말한 것이다."

이러한 말은 단 한 문장이어도 고객의 삶을 움직인다. 반대로, 자기 성찰 없이 내뱉은 말은 아무리 논리적이어도 고객의 삶에 닿지 않는다. 그것은 '외부의 목소리'일 뿐, **고객의 내러티브와 함께 숨 쉬는 언어**가 아니기 때문이다.

코치의 성장은 자기돌봄으로부터 시작된다

코치는 **늘 타인의 이야기를 듣는 사람**이다. 그래서 자기 자신을 돌보지 않으면, 쉽게 지치고, 무너진다.

- 감정이 마비되거나,
- 고객의 이야기에 몰입하지 못하거나,
- 질문이 기계적으로 변하거나,

- 자신이 '도와야만 한다'는 조급함에 빠지기도 한다.

자기 돌봄은 선택이 아니라, 코치로서의 지속 가능성을 위한 필수 조건이다.

"나는 내가 누구인지 충분히 알아채고 있는가?"

"나는 스스로를 존중하는 방식으로 하루를 살아가고 있는가?"

"나는 나의 삶과 조화를 이루며 타인의 삶에 동행하고 있는가?"

이런 질문이 매 세션 전후에 코치의 내면에서 울려야 한다.

코치의 자기수련 예시

자기수련 방법	목적	대표 질문
마음챙김 성찰	내면의 감정과 반응 알아차림	"지금 내 안에 있는 감정은 무엇인가?"
자기 대화 일지	판단과 조언 욕구 탐색	"내가 이 말을 하고 싶었던 이유는?"
거울 코칭	무의식적 개입 인식	"그 순간, 나는 무엇을 두려워했는가?"
스토리워크	자기 패턴 이해	"내가 늘 반복하는 이야기 패턴은?"
수퍼비전	제3자 시선으로 조율	"이 개입은 나의 불안인가, 고객을 위한 것인가?"

마무리: 나는 어떤 존재로 그 자리에 서고 있는가?

고객은 '완벽한 코치'를 원하지 않는다. 고객이 원하는 것은, **자신의 이야기를 있는 그대로 들어줄 수 있는 사람**, 그 이야기 속에 함께 머물 줄 아는 사람이다. 그리고 그 '함께 있음'은 오직 **수련된 존재**, 성찰을 멈추지 않는 코치만이 줄 수 있는 것이다. 라이프디자인 진로코칭은 단지 질문을 잘하는 사람이 아니라, 고객의 **정체성의 전환을 함께 걸을 수 있는 코치**를 요구한다. 기술을 넘어, **존재로서 코칭하는 삶**을 향해, 오늘도 우리는 조용히 질문해야 한다.

"나는 지금, 누구로서 이 자리에 서 있는가?"

■ 내 프랙티스를 위한 시사점

1. 이야기는 정보가 아니라 '정체성의 언어'다

고객이 말하는 이야기는 단순한 경험의 나열이 아니라, 그 사람의 자기이해와 정체성을 드러내는 언어적 표현이다. 따라서 코치는 말의 내용보다 말하는 '방식'과 그 안에 담긴 세계관, 역할감, 정체성의 조각들을 읽어내야 한다. 코칭은 고객이 자기 삶의 이야기를 새롭게 말해 보는 과정을 통해, 자기 자신을 다시 구성해 가는 실천이다.

2. 코칭은 문제 해결이 아니라 내러티브에 '머무는 것'부터 시작된다

코치가 문제를 해결하려는 조급함으로 접근하면, 고객의 이야기 흐름은 닫혀버린다. 진짜 변화는 코치가 고객의 내러티브에 충분히 머물고, 정답이 아니라 의미를 함께 탐색할 때 열린다. '경청'은 기술이 아니라 태도이며, 이는 고객에게 '내 이야기를 안전하게 꺼낼 수 있는 공간'을 제공한다는 점에서 핵심적인 변화의 토대가 된다.

3. 코치의 감수성은 '언어의 결'을 읽는 힘이다

고객의 말 속에는 의도적으로 선택된 단어, 반복되는 문장 구조, 맥락에서 어긋나는 표현들이 존재한다. 이는 모두 고객의 무의식적 서사 패턴을 반영하는 단서들이다. 내러티브 코치로서의 감수성이란, 이런 언어의 결을 민감하게 포착하고, 그것이 어떤 정체성 혹은 삶의 구조를 암시하는지를 함께 되짚어보는 능력이다.

4. 좋은 질문은 '과거-현재-미래'를 연결한다

내러티브 코칭에서 질문은 단순한 정보 탐색이 아니라 시간의 흐름 속에서 자기서사를 조직하게 하는 도구다. '그때 어떤 감정이었나요?'(과거), '지금 그 일이 당신에게 어떤 의미인가요?'(현재), '앞으로 어떤 방식으로 살아가고 싶나요?'(미래)와 같은 질문은 고객이 자신의 이야기를 시간적으로 통합하도록 돕는다.

5. 내러티브 코칭 역량은 단순한 스킬이 아닌 코치의 '존재 방식'이다

내러티브 코칭 역량은 질문 스킬이나 모델 암기만으로 획득되지 않는다. 그것은 고객의 이야기 앞에서 얼마나 겸허하게 존재할 수 있는가, 그 이야기의 감정과 층위들을 얼마나 존중하는가에 달려 있다. 고객의 변화는 코치의 언어가 아니라, 고객 자신의 언어가 피어나는 공간에서 시작된다는 점을 잊지 말아야 한다.

| 참고문헌 |

- Bachkirova, T., Jackson, P., & Clutterbuck, D. (2010). *Coaching and Mentoring Supervision: Theory and Practice*. Open University Press.
- Drake, D. B. (2015). *Narrative Coaching: Bringing our new stories to life*. CNC Press.

- Drake, D. B. (2015). *Narrative Coaching: Bringing our new stories to life*. CNC Press.

- Erikson, E. H. (1959). *Identity and the life cycle*. New York: International Universities Press.
- Gonçalves, M. M., Matos, M., & Santos, A. (2009). Narrative therapy and the exploration of innovative moments in the construction of change. *Psychotherapy Research, 19*(6), 692-700.
- Grant, A. M. (2017). *The third 'generation' of workplace coaching: Creating a culture of quality conversations*. Coaching: An International Journal of Theory, Research and Practice, 10(1), 37-53.
- Husserl, E. (1900). *Logical Investigations*. (J. N. Findlay, Trans., Vol. I & II). London: Routledge.
- Husserl, E. (1913/1999). *Ideas Pertaining to a Pure Phenomenology and to a Phenomenological Philosophy*. Springer.

- Husserl, E. (1913/1999). *Ideas Pertaining to a Pure Phenomenology and to a Phenomenological Philosophy*. Springer.

- Kant, I. (1781/1998). *Critique of Pure Reason* (P. Guyer & A. Wood, Trans.). Cambridge University Press.
- Kimsey-House, H., Kimsey-House, K., Sandahl, P., & Whitworth, L. (2011). *Co-Active Coaching*. Nicholas Brealey Publishing.
- Kimsey-House, H., Kimsey-House, K., Sandahl, P., & Whitworth, L. (2011). *Co-Active Coaching: Changing Business, Transforming Lives*. Nicholas Brealey Publishing.

- Kimsey-House, H., Kimsey-House, K., Sandahl, P., & Whitworth, L. (2011). *Co-Active Coaching: Changing Business, Transforming Lives*. Nicholas Brealey Publishing.

- Marcia, J. E. (1966). Development and validation of ego identity status. *Journal of Personality and Social Psychology, 3*(5), 551-558.
- McAdams, D. P. (1993). *The stories we live by: Personal myths and the making of the self*. Guilford Press.
- Rogers, C. R. (1951). *Client-centered therapy: Its current practice, implications and theory*.

Boston: Houghton Mifflin.

- Rogers, C. R. (1957). The necessary and sufficient conditions of therapeutic personality change. *Journal of Consulting Psychology, 21*(2), 95-103.
- Rogers, C. R. (1961). *On Becoming a Person: A Therapist's View of Psychotherapy*. Houghton Mifflin.
- Savickas, M. L. (2005). The theory and practice of career construction. In S. D. Brown & R. W. Lent(Eds.), *Career development and counseling: Putting theory and research to work*(pp. 42-70). Hoboken, NJ: John Wiley & Sons.
- Savickas, M. L. (2011). *Career Counseling*. American Psychological Association.
- Schön, D. A. (1983). *The Reflective Practitioner: How Professionals Think in Action*. Basic Books.
- Whitmore, J. (2009). *Coaching for Performance*. Nicholas Brealey Publishing.

9장 하나의 이야기, 삶의 전환-통합 코칭 적용 사례

9장 하나의 이야기, 삶의 전환-통합 코칭 적용 사례
"코칭의 목표는 변화가 아니라, 새로운 이야기의 탄생이다."

이 장은 라이프디자인 진로코칭의 철학 · 모델 · 스킬이 하나의 사례 안에서 어떻게 통합적으로 작동하는지를 보여준다.
대학 졸업을 앞둔 청년부터 퇴직 후 전환기를 맞은 성인까지, 코칭의 실제 장면에서 나타나는 대화, 전환, 내러티브 분석을 살펴본다.

학습 포인트

- 사례 개념화 및 분석
- 4C-IM-CCI의 통합 적용
- 수퍼비전 포인트

성찰 질문

"나는 타인의 이야기를 들으며, 내 안의 어떤 이야기를 다시 발견했는가?"

왜 하나의 이야기를 따라가는가?

진로코칭을 배운다는 것은 단순히 좋은 질문을 익히는 것이 아니다. 그것은 '한 사람의 이야기를 어떻게 들어야 할까?', '그 이야기를 어떻게 함께 재구성할 수 있을까?'를 끊임없이 묻는 실천적 훈련이다.

지금까지 우리는 이 책에서 라이프디자인 진로코칭의 철학(주도성, 유연성, 통합성)을 중심에 두고, 이 철학을 실제로 구현해 낼 수 있는 4C 모델, IM 모델, CCI모델이라는 핵심 도구들을 함께 익혀 왔다. 그러나 그 각각의 모델이 아무리 뛰어난 개념이라 해도, 그것이 '한 사람의 삶' 속에서 어떻게 작동하는지를 보지 않고는 결코 그 진짜 의미를 체화할 수 없다.

이 장에서는 한 명의 고객-태윤(가명)-의 사례를 중심으로, 실제 코칭 현장에서 라이프디자인 진로코칭의 철학과 모델, 도구가 어떻게 하나의 흐름 속에서 통합적으로 적용될 수 있는지를 살펴본다.

이 사례는 단순한 이야기 나눔이 아니다. 고객이 어떻게 자신의 내러티브를 다시 이해하고, 낡은 이야기에서 빠져나와 새로운 정체성과 진로의 가능성을 발견하게 되는지를 실제 코칭 흐름에 따라 조명한다.

태윤은 흔히 말하는 'NEET(니트)족'으로, 청년기의 한복판에서 삶의 방향을 잃고 멈춰 선 상태였다. 그는 스스로를 "망가진 인생"이라 말했고, 사회와 관계를 모두 끊은 채 방에 틀어박혀 지내고 있었다. 그러나 바로 그런 지점에서 우리는 코칭을 시작한다. 코칭은 삶이 정지된 곳에서, 다시 이야기가 흐르도록 돕는 일이다.

이 장은 다음과 같은 순서로 구성되어 있다.

- 먼저 고객의 기본 정보를 정리한 **사례 개요**를 소개하고,
- 이어서 그 고객을 어떻게 이해하고 분석할 수 있을지를 보여주는 **사례 개념화**를

설명한다.

- 이후에는 라이프디자인 진로코칭의 철학(주도성, 유연성, 통합성)이
- 코칭 대화 속에서 실제로 어떻게 적용되는지를 구체적으로 살펴본다.
- 그리고 **4C 모델(대화의 구조)**, **IM 모델(내면 변화의 흐름)**, CCI(내러티브 기반 기반 개입 도구)를 순차적으로 실제 코칭 사례 대화와 함께 설명한다.
- 마지막으로 이 사례에서 우리가 배울 수 있는 수퍼비전 포인트와 실천적 시사점을 정리하고, 독자의 프랙티스에 도움이 될 수 있도록 안내한다.

책상 앞에서 배우는 개념은 중요하다. 그러나 현장에서 고객을 마주했을 때, 그 개념들이 어떻게 말이 되고, 질문이 되고, 흐름이 되고, 변화의 구조가 되는지를 체화하는 것-

그것이 코치로서 성장하는 진짜 시작점이다. 이제, 우리는 그 하나의 사례 속으로 들어가 본다. 이야기가 흐르기 시작하는 곳, 멈춰진 삶이 다시 걷기 시작하는 바로 그 장면으로.

9.1 사례 개요

- NEET[21]의 문제를, 존재의 이야기로 듣는다면

"그냥 다 놓아 버렸어요. 진짜 아무것도 하고 싶지 않았어요."

21) 'NEET(Not in Education, Employment, or Training)'은 원래 영국 노동부에서 교육·고용·훈련 중 어느 것에도 참여하지 않는 청년을 지칭하기 위해 사용한 행정적 용어이다. 그러나 한국 사회에서는 종종 '무기력한 청년' '의욕이 없는 세대'처럼 부정적 의미로 낙인화되어 사용되어 왔다.
본서에서는 이러한 도식적·기능주의적 해석을 지양하고, NEET를 '진로 전환기의 청년', 즉 삶의 방향성과 의미를 새롭게 탐색하고 있는 존재로 재해석한다.
따라서 'NEET족'이라는 표현은 사회가 부여한 범주를 그대로 수용하기 위함이 아니라, 그 범주 속에서 인간이 어떻게 새로운 자기서사를 재구성할 수 있는가를 탐구하기 위한 분석적·서사적 용어로 사용하고자 한다.

태윤(가명)은 28세, 대학 중퇴 후 4년째 무직 상태다. 낮과 밤이 바뀐 생활, 단절된 대인관계, 부모와의 갈등, 반복되는 자기 비하…. “나 같은 애가 뭘 할 수 있겠어요.” 그는 자신을 **‘망가진 사람’**, **‘패배자’**라고 불렀다. 그러나 우리는 안다. 이 말은 단지 현실의 묘사가 아니라, 정체성과 삶의 의미를 포기해버린 한 사람의 ‘문제적 내러티브’라는 것을.

NEET, 단지 무직이 아니다-정체된 내러티브의 증상

NEET(Not in Education, Employment or Training)이라는 단어는 더 이상 통계 속 숫자가 아니다. 2024년 통계청 자료에 따르면, 대한민국 청년 인구의 약 20% 이상이 NEET 상태이며, 이들 중 상당수는 6개월 이상의 장기화된 ‘사회적 탈락감’을 경험하고 있다. 그들은 단순히 ‘놀고 있는 사람’이 아니다. 잠시 삶의 방향을 잃었거나, 자기 이야기를 이어갈 힘을 잃은 사람들이다. 어쩌면 세상과 자신 사이의 거리를 잠시 조정하고 있는 것일지도 모른다. 그런데 문제는, 이들의 ‘심리적 거리두기’가 길어질수록 기존의 진로상담 방식은 더 이상 이들에게 닿지 않는다는 점이다.

- “자기이해검사를 해 봅시다.” → 이미 자기 이야기를 말하지 않게 된 사람에게?
- “이력서를 잘 써 보세요.” → 삶의 단절 앞에 진로계획이 설 자리는 없다.
- “목표를 세우고 구직 활동을 해 보세요.” → 목표는 이야기의 주인이 되어야 세울 수 있는 것이다.

즉, 기존의 진단-처방 중심 상담은 NEET의 내면 구조에 도달하지 못한다.

라이프디자인 진로코칭, 삶을 다시 말할 수 있게 하는 코칭

태윤과 같은 고객에게 필요한 것은 진단이 아니라 **경청**, 솔루션이 아니라 **의미의 회**

복, 계획 수립이 아니라 **삶의 내러티브를 다시 쓰는 여정**이다. 이 장에서 소개할 **라이프디자인 진로코칭**은 진로문제를 '선택의 문제'가 아니라 '정체성의 내러티브적 단절'로 본다.

따라서 코칭은 이렇게 접근한다:

- **진단보다 이야기**: 고객이 지금 살아가고 있는 자기 이야기를 들으며, 멈춰진 내러티브의 구조를 파악한다.
- **문제해결보다 정체성 회복**: "왜 이 문제를 겪고 있는가?"보다는 "이 문제는 당신 이야기에서 어떤 장면인가요?"라고 묻는다.
- **목표 설정보다 내면 탐색**: 변화는 단지 '무엇을 할 것인가'가 아니라, '나는 누구이고 어떤 이야기를 다시 쓰고 싶은가'로부터 시작된다.

태윤과의 코칭 대화에서는, 고객이 반복해서 사용하는 단어, 감정의 리듬, 멈춰진 시점의 기억, 부모와의 관계, 그리고 다시 살아보고 싶은 감정의 단서까지 하나하나를 삶의 주제로서 경청한다.

이 사례의 흐름과 기대 효과

본 장에서 다룰 태윤과의 코칭은 총 6세션에 걸쳐 진행되었으며, 다음과 같은 세 가지 관점에서 통합적으로 적용되었다:

① **4C 모델**: 고객의 삶의 맥락(Context)을 탐색하고, 문제적 내러티브에 도전(Challenge)하며, 새로운 이야기를 시도(Change)하고, 그것을 지속(Continuity)하는 대화 흐름을 적용

② **IM 모델**: 고객의 내면에서 변화가 어떻게 인식되고, 성찰되며, 저항과 재개념화를

거쳐 행동으로 이어지는지를 정밀하게 분석

③ **CCI 도구**: 삶의 주제, 초기 기억, 좌우명, 인상 깊은 인물 등 내러티브 자료를 수집하고, 이를 바탕으로 고객이 자기 삶의 저자로 재구성할 수 있도록 유도

이 코칭의 목표는 단지 태윤의 취업을 돕는 것이 아니다. **삶의 흐름을 되찾고, 자기 내러티브의 저자가 되는 힘을 회복시키는 것**, 그리고 진로는 그 변화의 결과로 자연스럽게 따라오게 만드는 것이다.

이제 우리는 태윤이라는 한 사람의 멈춘 이야기 속으로 들어간다. 그리고 그 안에서, 어떻게 이야기가 다시 흘러가기 시작했는지를 함께 살펴볼 것이다.

9.2 사례 개념화

- 코칭은 이야기 속 지도를 그리는 일이다

"이 사람이 왜 멈추었는지, 어디에서 길을 잃었는지, 지금 어떤 이야기를 살고 있고, 앞으로 어디로 향하고 싶은지를 나는 충분히 알고 있는가?"

한 명의 고객을 온전히 이해한다는 것은, 단지 그의 현재 문제를 파악하는 것이 아니라, 그의 **삶의 전체적인 흐름과 이야기의 구조**를 파악하는 것이다. 바로 이것이 사례 개념화(case formulation)가 필요한 이유다.

사례 개념화란 무엇인가?

사례 개념화란, 고객의 말과 행동, 반복되는 감정과 주제, 현재의 고민과 과거의 기억

을 유기적으로 연결해, 그 사람만의 고유한 삶의 내러티브 구조를 정리하고 이해하는 작업이다(Angus & McLeod, 2004; McAdams, 1993; Neimeyer, 2006).

이는 단순한 '문제 정리'가 아니다. 그 사람이 지금 어떤 이야기를 살고 있는지를 시간의 흐름, 정체성의 층위, 감정의 리듬, 그리고 삶의 주제라는 다층적 관점에서 **입체적으로 이해하고 구조화하는 일**이다.

왜 라이프디자인 진로코칭에서는 사례 개념화가 중요한가?

비즈니스 코칭이나 성과 중심 코칭에서는 '목표 설정-실행-피드백'이라는 직선적 구조만으로도 성과를 낼 수 있다. 그래서 일부 코칭계에서는 "사례개념화는 치료적 접근에서만 필요하다"거나, "코칭은 과거가 아니라 현재와 미래를 다룬다"는 주장도 존재한다.

그러나 라이프디자인 진로코칭은 다르다. 이 코칭은 문제 해결이 아니라 **삶의 이야기 전환을 통한 정체성 회복**을 지향한다. 따라서 고객이 지금 어디에 있는지를 파악하지 않고서는 **의미 있는 변화의 방향을 설정할 수 없다.**

예를 들어, 태윤이 "다 끝난 것 같다"고 말할 때, 이 말은 단순한 좌절이 아니다. 그는 "더 이상 이어질 수 없는 이야기" 속에 갇혀 있고, 그 구조를 전환하기 위해서는 감정, 의미, 과거 경험, 미래 상상까지 모두 하나의 **내러티브적 지도로 재구성해야 한다.** 사례 개념화는 바로 그 지도를 그리는 일이다. 이 지도 없이는 코치의 질문은 맥락을 잃고, 고객의 대답은 떠다니는 단편이 될 수 있다.

태윤의 사례 개념화: 내면의 내러티브 구조를 그려보다

구성 영역	주요 내용	코칭 시사점
진로 이력 및 주요 전환	대학교 중퇴(2학년), 이후 4년간 무직	삶의 단절 시점에서 내러티브가 멈춤
현재 생활 패턴	주야 전도, 무의욕 상태, 사회적 고립	우울 및 무기력의 반복 패턴, 회피적 행동의 고착

정체성 발화	"난 망가진 사람이다", "나 같은 애가 뭘 하겠어요"	문제적 내러티브의 반복 구조와 자아 낙인
주요 정서 및 방어 기제	수치심, 무력감, 비난, 회피	외부 평가에 대한 과민함과 자기비하를 통한 자기보호
삶의 주제 단서	인정 욕구, 단절된 관계, 과거의 소외 기억	'연결'과 '회복'이 핵심 주제로 작동 가능
가능성 언어의 단서	"이러다 정말 끝날까 봐 무서워요", "누가 내 얘기를 좀 들어줬으면 좋겠어요"	성장 내러티브의 씨앗, 관계 회복과 표현 욕구

이러한 사례 개념화는 이후 4C 모델, IM 모델, CCI 도구들을 적용할 때 **정확한 타이밍, 깊이, 언어의 온도**를 조절할 수 있도록 돕는다.

코치에게 주는 시사점

- 사례 개념화는 **계획 수립을 위한 도식**이 아니라, **삶의 맥락을 구조화하고 해석할 수 있도록 돕는 내러티브적 감각 지도**이다.
- 개념화가 잘 된 코치는 고객의 한마디 한마디를 "그 사람이 지금 자기 이야기를 어디에서 말하고 있는가?"라는 관점으로 들을 수 있다.
- 라이프디자인 진로코칭의 핵심은 문제 해결이 아니라 **정체성 회복과 자기 이야기의 재구성**이므로, 사례 개념화는 이 코칭 철학을 실행 가능하게 만드는 '사전 설계'이다.

이제 우리는 이 개념화의 구조를 바탕으로 어떻게 이 고객에게 라이프디자인 코칭 철학(주도성, 유연성, 통합성)을 적용했는지를 살펴보게 될 것이다. 다음 절인 9.**3 코칭 철학의 통합적용**에서는, 이 철학이 단순한 이론이 아니라 어떻게 실천의 원칙으로 작동했는지를 함께 탐색한다.

9.3 라이프디자인 진로코칭 철학의 통합적용

- "삶의 방향을 바꾸는 건, 선택이 아니라 자신을 다시 말하는 데서 시작된다."

진로는 단순히 직업을 선택하는 문제가 아니다. 그것은 자기 존재를 어떻게 살아갈 것인가에 대한 실존적 탐색이자, 정체성의 실천이다. NEET족 청년 '태윤'과의 코칭 과정은 이를 가장 생생하게 보여 주는 사례다. 그는 "내가 무너졌다"고 표현하며 자신의 삶을 실패로 정의하고 있었다.

그러나 라이프디자인 진로코칭은 이 실패의 이야기를 '변화 전의 이야기'로 바라본다. 이 관점은 바로 코칭의 철학에서 출발한다.

주도성의 회복-내러티브 소유권을 되찾는 여정

태윤은 초기에 모든 선택을 외부의 기준이나 타인의 기대에 맞춰 설명했다. "부모가 대학을 가라 해서 갔고, 안 맞아서 중퇴했어요." 그의 이야기는 타인의 대본에 따라 흘러가고 있었고, 그는 자신의 삶에서 주인공이 아닌 조연이었다.

라이프디자인 진로코칭의 첫 번째 철학인 주도성(proactive)은 단지 목표를 세우는 힘이 아니라, 자신의 이야기를 자신이 다시 쓸 수 있는 힘을 회복시키는 데 있다(Savickas, 2011; McAdams, 1993; Drake, 2015). 이를 위해 코치는 다음과 같은 개입을 시도했다:

- 반복되는 언어에 주목하고, "이건 누구의 이야기인가요?"라는 질문을 던짐.
- 현재의 정체성을 과거 사건과 분리하고, 새로운 자기 해석을 가능하게 하는 말의 공간을 마련함.
- "어떤 삶을 살고 싶으신가요?"보다 먼저, "당신이 지금까지 어떤 이야기를 따라 살

아왔는지"를 함께 되짚음.

이를 통해 태윤은 점차 자신의 삶을 '타인의 기대'가 아닌 '나의 목소리'로 재해석하기 시작했고, "나는 바꿀 수 있다."는 가능성의 언어를 말하기 시작했다.

유연성의 회복-정체된 이야기에서 탈출하기

태윤의 언어는 매우 닫혀 있었다. "나는 안 될 놈이다", "어차피 실패할 거다." 변화의 여지는 없고, 이미 결론 내린 말들이었다. 그는 실패한 경험을 삶 전체로 확장하고 있었으며, 시간은 고정되어 있었다. 즉, **과거의 한 장면이 현재와 미래를 점령한 상태**였다. 라이프디자인 진로코칭 철학의 두 번째 축인 **유연성(flexibility)은 고정된 이야기 구조에 균열을 내고, 삶의 흐름이 다시 유동성을 갖도록 회복시키는 것**이다(Gonçalves et al., 2009; White & Epston, 1990; Savickas, 2011; Drake, 2015). 코치는 다음과 같은 전략을 적용했다:

- 문제적 내러티브의 반복 구조를 메타포로 들려주며, "이 이야기 말고, 다른 버전도 가능하지 않을까요?"라는 상상력을 자극.
- 미세한 감정 언어, 변화 욕구를 붙잡고, 그것을 확장시키는 탐색적 질문 사용.
- 시간의 재배열을 통해, "지금은 새로운 장면이 시작되는 지점일 수 있다"는 가능성을 내러티브적 맥락으로 제시.

태윤은 처음에는 "나는 끝났다."고 말했지만, 후반부에는 "뭔가를 다시 해 보고 싶다.", "편집 같은 건 재미있을 것 같다."는 말로 자신에게 새로운 문을 열기 시작했다. 이것이 바로 유연성의 회복이다.

통합성의 회복-분절된 경험을 하나의 이야기로 연결하기

태윤은 대학 중퇴, 방 안 생활, 부모와의 갈등, 미래에 대한 무기력을 각각 '분절된 실패'로 느끼고 있었다. 그러나 정체성은 단편적인 경험의 집합이 아니라, 그 경험들 사이의 **의미 있는 연결**에서 비롯된다. 통합성(integration)은 바로 이 분절된 경험들을 하나의 내러티브로 엮고, 정체성의 중심축을 회복하게 돕는 철학이다(McAdams, 1993; McLean 등, 2007; Ricoeur, 1992; Drake, 2015). 코치는 이를 위해 다음과 같은 질문을 던졌다:

- "대학을 중퇴한 그 시점에서, 무엇을 가장 잃었다고 느끼셨나요?"
- "게임할 때 주로 어떤 감정이 떠오르나요? 혹시 잘 드러내지 못하는 감정도 있나요?"
- "이 모든 경험이 하나의 이야기로 이어질 수 있다면, 어떤 제목을 붙이고 싶으세요?"

이러한 작업을 통해 태윤은 과거의 단절이 단순한 실패가 아니라, **새로운 이야기를 쓰기 위한 전환점이었다는 감각**을 회복했다. 그는 더 이상 "망가진 인생"이 아니라, "이제부터 나만의 이야기를 다시 쓰고 싶은 사람"으로 스스로를 정의하기 시작했다.

철학은 기술보다 먼저다

코칭은 기법이 아니다. 그것은 사람을 바라보는 관점이며, 그 관점은 철학에서 출발한다. 태윤이의 사례에서 보듯, **주도성은 삶의 주인됨의 회복**, **유연성은 시간 구조의 회복**, **통합성은 의미 구조의 회복**이다.

라이프디자인 진로코칭은 사람을 정체성의 이야기로 이해하고, 그 이야기를 함께 다시 써가는 작업이다. 그리고 코치는 그 이야기의 공동 저자(co-author)로서, 삶의 다음 장이 쓰일 수 있도록 '말의 공간'을 열어주는 존재다. 이 철학이 없다면, 어떤 코칭 모델도 효과적으로 작동하기 어려울 것이다.

9.4 4C 모델 적용 사례

- "대화는 흐름이다. 그 흐름 속에서 사람은 자신을 다시 발견한다."

라이프디자인 진로코칭에서 4C 모델은 내러티브 기반 코칭 대화를 시간적 흐름에 따라 구조화한 실천 모델이다. 즉, 고객의 이야기를 단순한 정보가 아니라, 변화의 **흐름**으로 이해하고, 그 흐름을 단계별로 이끌어가는 대화 전략이다. 태윤과의 코칭 과정은 4C 모델이 어떻게 작동하는지를 명확하게 보여준다.

1단계: Context-멈춘 이야기의 맥락을 함께 조망하기

1. 코칭 대화

코치: "요즘 하루를 어떻게 보내고 계세요?"

태윤: "그냥… 자고, 게임하고요. 사람도 안 만나고… 몇 년째 이런 것 같아요."

코치: "이런 생활을 하게 된 계기가 있을까요?"

태윤: "대학을 그만두고 나서부터요. 그때부터 그냥 멈춰버린 느낌이에요."

2. 전환 신호

- 감정의 명명: "그때부터 멈췄다"
- 시간의 구조화: 과거 사건(대학 중퇴)을 중심으로 현재를 설명하기 시작
- 맥락적 인식의 시작: 반복된 상태가 단절된 이야기임을 자각

3. 코칭 개입 전략

- 감정과 경험을 연결해 주는 탐색적 질문
- 사건 → 이야기로 전환되도록 시간 구조를 탐색
- 내러티브 기반 "그때 이후 어떤 흐름이 이어졌는가?" 질문 사용

2단계: Challenge-문제적 내러티브와 마주보기

1. 코칭 대화

코치: "태윤 씨는 자신을 '망가졌다'고 표현하셨는데, 어떤 의미인가요?"

태윤: "그냥… 나는 실패자예요. 남들은 다 앞서가는데, 난 계속 제자리죠."

코치: "그런 말이 들릴 때면, 마음속에서는 어떤 목소리가 들리세요?"

태윤: "'너는 안 될 놈이다', '다시 시작해도 안 된다.' 이런 말이요."

2. 전환 신호

- 문제적 내러티브의 언어화: "나는 안 될 놈이다"
- 자기 규정의 고착, 감정-정체성의 동일화[22)]
- 반복되는 판단의 언어를 외재화할 가능성의 틈

3. 코칭 개입 전략

- 자기비판을 외재화[23)]하여 '내러티브'로 조명
- 제한적 믿음에 질문을 던지는 메타 인식[24)] 유도
- "이 이야기가 당신을 어떻게 움직이게 만들었나요?" 질문 삽입

---

22) 동일화(identification)란, 특정 감정이나 역할, 경험을 자기 정체성의 일부로 받아들이는 심리적 과정이다. 예를 들어 "나는 실패자야"라는 감정이 반복되며 그것이 곧 '나'라고 믿게 되는 상태를 의미한다. 이는 자신을 한 가지 감정이나 역할에 고정시키는 정체성의 협소화를 초래할 수 있다McAdams(1993).

23) 외재화(externalization)란, 개인이 자기 내면의 문제나 감정을 '자기 자신'의 일부로 고착시키는 대신, 그것을 하나의 이야기, 생각, 감정 등 '외부의 대상'으로 분리하여 바라보는 대화 기법이다. 이를 통해 고객은 반복되는 자기 비난이나 제한적 사고를 자신과 분리된 내러티브로 인식하게 되어, 변화의 가능성을 모색할 수 있게 된다(White & Epston, 1990).

24) 메타인식(metacognition)은 '생각에 대한 생각', 즉 자신의 사고 과정, 감정, 신념, 판단 등을 한 걸음 떨어져서 성찰하고 조망하는 인식 능력을 말한다. 코칭에서는 고객이 자신의 제한적 믿음이나 감정 반응을 자동화된 것이 아닌 '하나의 선택 가능한 해석'으로 인식할 수 있도록 돕는 데 핵심적으로 활용된다(Flavell, 1979).

3단계: Change-새로운 해석과 가능성의 언어 만들기

1. 코칭 대화

코치: "그런 생각이 드는 와중에도 코칭을 신청하신 이유는 무엇이었을까요?"

태윤: "…. 무서웠어요. 이렇게 계속 가다가는 진짜 끝일까 봐."

코치: "그 안에는 무언가 바꾸고 싶다는 마음도 함께 있었던 걸까요?"

태윤: "네…. 뭘 할 수 있을지는 모르겠지만, 이렇게는 더 못 살 것 같아요."

2. 전환 신호

- 감정의 인식 → 행동 욕구의 언어로 전환
- "이대로는 안 된다."는 저항 + 변화 가능성의 언어
- 자신이 말한 '부정성' 바깥에서 자신을 보기 시작

3. 코칭 개입 전략

- 작지만 새로운 정체성 표현을 붙잡고 확장
- 의미화 질문: "지금의 이 말은 어떤 새로운 이야기로 연결될 수 있을까요?"
- IM 모델과 연계하여 '재개념화' 흐름을 강화

4단계: Continuity-새로 말한 정체성을 실천으로 연결하기

1. 코칭 대화

코치: "아까, 영상 편집을 배워 보고 싶다고 하셨죠. 어떤 콘텐츠를 만들고 싶으세요?"

태윤: "게임 리뷰 같은 거요. 제가 직접 해 본 게임을 소개하는 영상 같은 거요."

코치: "그럼, 이번 주에는 그 영상의 기획안을 하나 써 보시는 건 어떨까요?"

태윤: "…. 네. 해 볼게요. 사실 오랜만에 뭔가 하고 싶다는 생각이 드네요."

2. 전환 신호

- 실행 언어의 출현: "해 볼게요.", "하고 싶다."
- 자기 이야기를 실천의 플롯으로 옮기는 첫 발화
- 정체성의 전환을 행동과 연결하려는 시도

3. 코칭 개입 전략

- 실행을 지지하는 작은 실행 목표 설정
- 실행 기반의 자기 피드백 설계
- "그 행동 안에 담긴 당신다움은 무엇인가요?" 질문으로 정체성 통합 유도

4C 모델의 핵심 통찰 요약

단계	핵심 변화	신호 언어	코치 전략
Context	이야기의 구조 인식	"그때부터 멈췄어요."	맥락 탐색, 시간 구조화
Challenge	문제적 내러티브 외재화	"난 실패자예요."	제한적 믿음 탐색, 질문 확장
Change	가능성의 언어 등장	"바꾸고 싶어요."	새로운 말 붙잡기, 정체성 확장
Continuity	행동으로의 전환	"영상 만들고 싶어요."	실행 설계, 정체성-실천 통합

결론적으로 태윤의 사례는 4C 모델이 단순한 대화 단계가 아니라, 고객의 **내러티브 흐름을 재구조화하는 대화의 실천 도구**임을 보여준다. 특히 이 모델은 문제 진단이나 정보 제공이 아니라, **고객의 말 속에서 '다른 이야기'를 발견하고, 그것이 삶의 구조로 연결되도록 돕는 대화 기술**이라는 점에서 기존 진로상담이나 GROW대화 모델과의 뚜렷한 차별성을 갖는다.

다음 절에서는 이 4C 모델 속에서 **심리적 전환**이 어떻게 일어나는지를 설명하는 IM 모델 적용 사례로 이어진다.

9.5 IM 모델 적용 사례

- "변화는 어느 날 갑자기 일어나지 않는다. 그것은 말의 흐름 속에서 서서히 움직인다."

IM(Innovative Moments) 모델은 **개인이 기존 정체성의 이야기에서 벗어나 새로운 이야기로 전환되는 내면의 심리 구조를 설명하는 모델**이다(Gonçalves 등, 2011). IM 모델은 고객의 변화 과정을 다음의 다섯 단계로 설명한다:

① 행동(Action)

② 성찰(Reflection)

③ 저항(Protest)

④ 재개념화(Reconceptualization)

⑤ 변화 실행(Performing Change)

이 모델은 단순히 변화의 결과를 관찰하는 것이 아니라, 변화가 어떻게 언어적으로 출현하고 확장되어 가는지를 코칭 현장에서 해석할 수 있도록 돕는 **'내면의 변화 지도'**다. 아래는 태윤과의 코칭 장면을 통해 IM 모델의 각 단계를 해석한 사례이다.

1단계: 행동(Action)

- 익숙한 이야기 속 자동 반복 행동

1. 코칭 대화

태윤: "요즘은 그냥 게임하고 자고… 시간만 때워요. 이게 몇 년째예요."

코치: "그렇게 지낸 날들이 꽤 되었군요."

태윤: "네. 그냥… 무기력하게 흘러가는 거죠."

2. 해석

- 태윤은 '멈춰진 삶'이라는 반복적 내러티브 속에 머물러 있다.
- 행동의 자동성과 감정 마비가 동반된 이야기 구조는 내면 정체성의 정지 상태를 보여 준다.
- 자신의 이야기를 '바꿀 수 없는 현실'로 받아들이는 고착된 정체성 패턴이 특징이다.

3. 수퍼비전 포인트

- 코치는 이 시점에서 성급한 행동 유도를 자제하고, 현재의 행동에 담긴 감정과 내러티브를 공감적으로 경청해야 한다.
- 행동 반복이 '회피'인지, '보호'인지에 대해 중립적으로 탐색해야 한다.

2단계: 성찰(Reflection)

- 감정과 동기를 인식하고 조망하기

1. 코칭 대화

태윤: "사실은요… 이렇게 계속 살아도 되는 건가 싶어요."

코치: "그 생각이 드는 순간이 언제였을까요?"

태윤: "며칠 전엔 진짜 무서웠어요. 계속 이렇게 가다가는, 정말 아무 일도 안 생기고 끝날까 봐."

2. 해석

- 태윤은 자신의 현재 상태를 객관적으로 바라보고 의미화하려는 시도를 시작했다.
- 무기력과 두려움이 단순 감정이 아니라, 삶의 방향성 상실과 연결되어 있음을 인식했다.
- 감정과 삶의 구조 간의 연결 인식은 변화의 내면적 준비를 보여주는 중요한 징후다.

3. 수퍼비전 포인트

- 코치는 '두려움'을 단지 약점이 아니라 전환의 감정적 자산으로 조명해야 한다.
- "그 감정이 어떤 의미를 말하고 있나요?"처럼 감정-의미 연결 질문이 유효하다.

3단계: 저항(Protest)

- 기존 정체성 내러티브에 대한 심리적 불일치 표현

1. 코칭 대화

태윤: "솔직히, 계속 이렇게 살고 싶진 않아요. 이건 내가 원하는 삶이 아니에요."

코치: "어떤 삶을 원하지 않는다고 말하신 걸까요?"

태윤: "하루 종일 숨고, 도망치고… 나 자신을 싫어하면서 사는 거요."

2. 해석

- 자기 이야기에 대해 내면적 저항이 나타나는 시점이다.
- "이건 나답지 않다"는 표현은 기존 내러티브에 대한 부정과 심리적 거리 두기의 신호다.
- 저항은 내러티브 전환의 문턱으로, 변화의 진입점이자 새로운 언어의 싹이다.

3. 수퍼비전 포인트

- 저항의 언어는 방어가 아니라 '자기 회복의 시도'로 간주해야 한다.
- 이 시점에서는 역할, 가치, 삶의 의미에 대한 질문을 통해 자기 정체성 탐색을 유도한다.

4단계: 재개념화(Reconceptualization)
- 이야기를 다르게 말하고, 자기 정체성을 새롭게 정의하기

1. 코칭 대화

태윤: "사실 제가 게임을 정말 좋아하거든요. 그냥 도피가 아니라, 그 안에서 뭔가 창의적인 걸 만들고 싶다는 생각도 해요."

코치: "그런 생각을 하게 된 데에는 어떤 계기가 있었던 걸까요?"

태윤: "그냥… 누가 내 이야기를 들어준 게 처음이었어요. 저도 뭔가 표현하고 싶은 사람이란 걸 알게 된 느낌이에요."

2. 해석

- 기존 내러티브에서 벗어나 새로운 자기 이미지를 언어화하고 있다.
- 게임이라는 '도피의 수단'이 '창조의 도구'로 재해석되며 정체성의 재구성이 시작된다.
- 자기 해석의 틀 전환은 고객 내면에서의 주도성 회복을 동반한다.

3. 수퍼비전 포인트

- 코치는 "이건 또 다른 이야기네요"처럼 고객의 언어를 새로운 내러티브로 '명명'하는 언어적 지지자로 작동한다.
- 재개념화 단계에서는 고객의 감정-가치-행동 간 연결을 정체성 언어로 엮는 질문이 필요하다.

5단계: 변화 실행(Performing Change)

- 새로운 정체성을 행동으로 살아내기

1. 코칭 대화

태윤: "이번 주에 짧은 영상 편집 하나 해 봤어요. 재미도 있었고… 오랜만에 뭔가 해냈다는 기분이 들었어요."

코치: "그 작업을 하면서 느낀 '나다움'은 어떤 거였나요?"

태윤: "음… 뭔가 표현할 수 있다는 거요. 이제는 조금, 내가 뭔가 할 수 있다는 생각이 들어요."

2. 해석

- 새로운 정체성을 '행동'으로 실천하기 시작한 단계.
- 단지 성과가 아닌, 자기 존재감과 연결된 실천이 이루어진다.
- 정체성이 '가능성'에서 '현실'로 살아나는 시점이다.

3. 수퍼비전 포인트

- 코치는 결과의 평가보다 행동이 자기 정체성과 어떻게 연결되는지, 그 의미의 통합에 초점을 둔다
- 질문은 "이 행동이 당신 안의 어떤 변화를 보여 주고 있나요?"처럼 자기 이해를 확장하도록 설계해야 한다.

IM 모델 적용 요약표

단계	내러티브 상태	전환 언어	코칭 전략
행동	자동 반복, 의미 없음	"그냥 그렇게 살아요."	감정 탐색, 내러티브 구조화
성찰	자기 인식, 불안	"이래도 되나 싶어요."	감정 명명, 삶의 의미화
저항	정체성 거부	"이건 내가 아니에요."	정체성 질문, 저항 수용
재개념화	정체성 전환 시도	"사실은 표현하고 싶었어요."	가치-감정 연결, 재명명
실행	행동과 정체성 통합	"해냈다는 느낌이에요."	실천 계획, 자기 피드백 강화

결론적으로 IM 모델은 단순히 말의 구조를 해석하는 모델이 아니다. 그것은 사람이 자신의 내면 이야기를 어떻게 새롭게 해석하고, 그 해석을 통해 삶을 다시 살아가기 시작하는지를 구조적으로 보여 주는 '변화의 내면 지도'다. 태윤의 사례는 이러한 변화의 흐름이 어떻게 발화되고, 확장되고, 실천으로 연결되는지를 잘 보여 주는 임상적 모델이 된다.

다음 절에서는 이러한 흐름을 어떻게 CCI(Coaching Construction Interview)를 통해 더 깊고 구조적으로 이끌 수 있는지를 살펴본다.

9.6 진로구성인터뷰 모델 적용 사례

"질문은 진단이 아니라, 삶을 재구성하는 촉매다."

진로구성인터뷰(CCI)는 고객의 삶의 주제를 탐색하여 진로를 정체성의 실현으로 전환하기 위한 내러티브 중심 도구이다(Savickas, 2011). 이 절에서는 태윤(가명, 28세)의 사례를 통해 CCI 질문 각각이 실제 코칭에서 어떻게 적용되고, 내면의 삶의 주제를 어떻게 드러내며, 진로로 연결될 수 있는지를 정리한다.

존경하는 인물 질문

1. 기능

- 자기 정체성의 중심 가치 탐색
- 되고 싶은 사람, 지향하는 인간상 확인
- 정체성 명료화와 삶의 방향 설정

2. 대화사례

코치: 어릴 적이나 성장기 시절, 인상 깊게 존경했던 인물이 있으신가요?

태윤: 중학교 담임 선생님이요. 과묵했지만 늘 저를 관찰해 주고 있다는 느낌이 있었어요. 그분은 말없이 저를 인정해 주는 분이었어요.

3. 해석

- **중심가치:** 수용, 침묵 속의 지지, 비판 없는 관계
- **정체성 단서:** '관찰자형 기여자', 직접 나서기보다는 존재 자체로 의미를 주고 싶다는 자기상
- **내적 역할 욕망:** "나도 그렇게 조용히, 누군가를 지지해 주는 존재이고 싶다."

4. 코칭 전략

- "그 선생님이 태윤 씨에게 주었던 방식으로, 태윤 씨도 누군가에게 의미 있는 사람이 되고 싶다는 생각, 들어보신 적 있으세요?"

  → 고객이 자신이 되고 싶은 사람의 이미지를 언어화함으로써 **정체성 회복**을 유도함.

선호 TV프로그램, 웹사이트 질문

1. 기능

- 관심 있는 사회적 주제, 해결하고 싶은 문제, 일하고 싶은 사람/장소에 대한 직업 환경 단서 탐색
- 진로 선호 유형과 현실 맥락 연결

2. 대화사례

코치: 자주 시청하거나 즐겨보는 유튜브 채널, TV 프로그램, 웹사이트가 있다면 어떤 건가요?

태윤: 저는 잔잔한 다큐멘터리나 브이로그가 좋아요. 일상을 기록하는 느낌? 누군가의 조용한 삶을 들여다보는 게 위로가 돼요.

3. 해석

- **직업환경 단서:** 시끄러운 경쟁이 아닌 감정적 연결과 따뜻한 관계 중심 환경 선호
- **사회적 이슈:** 단절, 외로움, 자기 표현의 회복
- **선호 직무 유형:** 감정 기반 콘텐츠, 브이로그, 심리적 지지 관련 활동

4. 코칭 전략

- "그런 영상들을 보면서 느끼셨던 감정을 만약 누군가에게 주는 쪽이라면, 어떤 방식이 어울릴까요?"

  → 고객의 **미래 직업 환경**을 상상하게 하여, 선호 진로의 사회적 맥락을 직업화한다.

선호 이야기/소설 질문

1. 기능

- 고객이 삶의 전환기에서 선택하고 싶은 플롯(갈등-극복-성장)을 탐색
- 진로 전환에 필요한 내적 변화 전략, 회복 전략 도출
- 장벽 극복 플롯 이해

2. 대화사례

코치: 기억에 남는 영화, 소설, 게임이 있다면요?

태윤: 〈라이프 이즈 스트레인지〉요. 주인공이 과거로 돌아가 친구의 삶을 바꾸는 게임인데요. 작은 선택 하나가 인생을 바꾸는 구조가 참 인상 깊었어요.

3. 해석

- **플롯 구조:** 과거 실수 → 선택 → 회복 → 미래 재설계
- **투사된 감정:** 회복되지 않은 자기 실패를 돌이킬 수 있다는 희망
- **장벽 극복 전략:** 선택을 다시 할 수 있다는 상상과 주도성

4. 코칭 전략

- "그 이야기에서 주인공이 선택을 다시 할 수 있었잖아요. 혹시 태윤 씨도 그렇게 삶을 다시 이야기하고 싶은 지점이 있으셨나요?"
  → 고객이 **회피한 장면**을 전환의 기회로 바라보도록 유도하여, **자기효능감**회복을 촉진한다.

좌우명 질문

1. 기능

- 반복되는 내면 신념 및 극복 전략 발견
- 장벽을 넘어가는 내적 회복 방향성 제시
- 삶의 해석 방식 확인

2. 대화사례

코치: 기억에 남는 문장이나 자주 떠오르는 좌우명이 있다면요?

태윤: "모든 일에는 이유가 있다."라는 말요.

3. 해석

- **삶의 해석 구조:** 현재 고통도 이유 있는 사건으로 받아들이고자 하는 회복적 의미화
- **극복 전략:** 고통을 외부화하지 않고 내러티브화하여 자기 서사로 흡수
- **코칭 단서:** 이 말이 어떤 순간에 작동했는가를 묻는 것이 중요

4. 코칭 전략

- "그 문장이 위로가 되었던 경험이 있다면, 어떤 순간이었을까요?"
  → 좌우명이 '정서적 회복 장치'로 작동한 사례를 떠올리게 하여 **정서적 회복 전략을 진로 방향으로 연결**

초기 기억 질문

1. 기능

- 자기관(Self-view), 타인관(Other-view), 세계관(Worldview) 탐색

- 현재 당면 이슈의 심리적 기원 해석
- 회복되지 않은 상처의 재구성과 관점 전환

2. 대화사례

코치: 가장 오래 전에 기억나는 어린 시절 장면이 있다면 어떤 건가요?

태윤: 유치원 발표회 때 대사를 잊어버렸어요. 애들이 웃었고, 너무 창피했어요. 그 이후로는 사람들 앞에 나서는 게 너무 두려워요.

3. 해석

- **자기관:** 나는 실수를 하면 사랑받지 못한다.
- **타인관:** 타인은 나를 조롱할 수 있다.
- **세계관:** 세상은 나를 받아주지 않는다.
- **코칭 핵심:** 자기 표현을 억제해 온 심리적 내러티브의 시발점.

4. 코칭 전략

- "그때의 아이에게 지금의 태윤 씨가 말을 해줄 수 있다면 뭐라고 해주고 싶으세요?"
  → 감정의 재구성 → 정체성 전환 → 자기표현 재개 → 진로 행동 확장

마무리 요약: 질문별 기능과 진로 연결 포인트

질문 영역	기능	해석 핵심	코칭 전략
존경 인물	정체성 명료화	되고 싶은 자기상	가치와 역할 연결
TV/웹사이트	직무 환경/선호 진로/직업 탐색	선호하는 활동/진로/직업 유형	직무 환경 명료화
이야기/소설	장벽 극복 전략	회복적 플롯 구조	변화 시나리오 상상
좌우명	방향성, 자기회복 신념	고통의 의미화	회복전략-진로 연결
초기 기억	자기관 · 타인관 · 세계관 해석	억압된 감정 구조	상처 재해석 → 자기서사 전환

이와 같이 CCI의 각 질문은 단순한 정보 수집이 아니라, **정체성 탐색-직업 환경 상상-장벽 극복 전략 구축-심리적 해석 전환**이라는 일관된 흐름을 가진 내러티브 도구이다. 코치는 이 흐름을 따라 고객의 내면에서 이미 존재하는 '자기 이야기의 씨앗'을 발견하고, 그것이 성장 내러티브로 전환되도록 돕는다.

"그 질문들이요…. 그냥 질문이 아니었어요. 제가 어떤 사람이었는지를 처음으로 말해 본 것 같아요. 그 말이 저를 다시 움직이게 했어요." - 태윤, CCI 코칭 6회기 종료 후 회고

9.7 내러티브 분석의 적용: 이야기의 구조를 해석하다

"코칭은 대화를 잘하는 기술이 아니라, 이야기를 제대로 해석하는 감각에서 시작된다."

라이프디자인 진로코칭에서 가장 중요한 것은 고객의 삶을 단편적 사건의 나열로 듣는 것이 아니라, 그 안에 숨어 있는 이야기의 구조를 읽어내는 능력이다. 지금까지 살펴본 태윤의 사례는 겉보기에 단순한 반복과 정체처럼 보이지만, 그 언어 속에는 감정의 흔적, 시간의 흐름, 삶의 주제가 복잡하게 얽혀 있다.

우리가 3장에서 소개한 **내러티브 분석의 세 가지 방식**은 바로 이러한 구조를 해석하고 정체성의 흐름을 재구성하는 데 핵심적인 도구가 된다. 이 절에서는 실제 사례에 이 분석들을 어떻게 적용할 수 있는지를 보여 주고자 한다.

심층 구조 분석: "그 감정 뒤에, 당신의 이야기가 있습니다"

태윤의 주요 발화를 정리하면 다음과 같은 흐름이 보인다:

구조 요소	분석 내용
감정	무기력함, 자기비난, 두려움
반복 경험	도전을 시작하지만 중단되는 경험의 반복
가치	의미 있는 연결, 내면적 영향력
정체성	"나는 실패자다"라는 고착된 자기 동일화
변화 욕구	표현하고 싶다, 의미 있는 콘텐츠를 만들고 싶다

이러한 구조는 고객이 **문제적 내러티브**에 갇혀 있었음을 보여 준다. 그러나 동시에, 그는 여전히 내면에 "누군가의 이야기에 영향을 주고 싶다"는 회복된 가치와 정체성을 가지고 있었다. 심층 구조 분석은 고객의 언어 속에 숨어 있는 내적 내러티브의 패턴을 인식하게 하며, 코치는 이를 통해 변화의 계기를 포착할 수 있다(Gonçalves et al., 2009; McAdams, 1993).

이야기 순서 분석: "당신의 이야기는 어디서 멈춰 있었나요?"

태윤은 대부분의 내러티브를 '과거'에 위치시키고 있었다. 대학 중퇴, 실패한 발표 경험, 반복된 중단… 이 이야기들은 현재를 무력화시키고, 미래를 상상할 수 없게 만들고 있었다.

하지만 CCI 대화가 진행되면서 다음과 같은 이야기 이동이 일어났다:

시간 구조	내러티브 흐름
과거	중퇴, 단절, 실망감, 회피
현재	무기력하지만 변화하고 싶은 욕구
미래	영상 편집, 자기 이야기, 표현의 확장 가능성

이 분석을 통해 코치는 IM 모델의 흐름(성찰 → 저항 → 재개념화)이 **현재 어디서 일어나고 있는지**를 보다 명확하게 포착할 수 있게 된다(Gonçalves et al., 2009).

내러티브 내용 분석: "당신의 이야기는 어떤 요소들로 구성되어 있나요?"

고객의 말을 단지 '이야기'로 듣는 것을 넘어서, 그 구성 요소를 구조화할 필요가 있다. 태윤의 CCI 응답과 그 분석은 다음과 같이 정리될 수 있다:

항목	태윤의 응답 및 해석
경력 배경	대학 중퇴, 무직 기간 4년
전환 사건	중퇴 결정 이후 삶의 단절
정서 반응	무기력, 자기 비난, 사회적 위축
장벽	자기 낙인("망가졌다"), 두려움
가치	내면적 수용, 관계에서의 의미 있는 연결
강점	관찰력, 감수성, 창의적 사고
삶의 주제	이야기의 회복, 누군가의 삶에 영향 주고 싶은 욕망
미래 비전	콘텐츠 편집, 감정 전달, 브이로그 운영

이 분석은 단순히 '이야기 정리'가 아니라, 코치가 고객의 발화를 통해 **진로 방향, 가치, 장벽, 정체성**을 종합적으로 이해하고 **코칭 목표를 조율하는 기준점**이 된다(Savickas, 2011; Drake, 2015).

마무리 성찰: 분석은 해석이 아니라 연결이다

내러티브 분석은 고객을 해석하기 위한 도구가 아니다. 그것은 고객의 말에 숨어 있는 **삶의 연결 구조**를 함께 발견하고, 그것을 새로운 이야기로 전환할 수 있도록 돕기 위한 **코치의 감각**을 훈련하는 과정이다.

태윤의 사례를 통해 우리는 다음을 확인할 수 있다:

- **분석은 코칭의 방향을 구조화한다:** 감정의 흐름, 시간의 위치, 주제의 연결성을 명

확히 하여 코칭 대화를 설계할 수 있다.

- **분석은 정체성의 변화 가능성을 감지한다:** 고객이 자신에 대해 말하는 방식이 바뀌는 지점을 민감하게 인식할 수 있다.
- **분석은 수퍼비전의 기반이 된다:** 코칭 후 과정을 리뷰하고, 개입의 적절성과 깊이를 성찰할 수 있는 기준이 된다.

코치가 고객의 말을 단지 들을 뿐 아니라, **이야기의 구조로 이해하기 시작할 때**, 코칭은 진정한 내러티브 전환의 여정을 시작할 수 있다.

9.8 수퍼비전 및 시사점

"고객의 말은 사건이 아니라, 정체성의 언어다."

태윤과의 코칭 여정은 '무기력하고 실패한 청년'으로 규정되었던 한 개인이, 자신의 이야기를 다시 해석하고, 삶의 방향을 구성해가는 변화의 흐름이었다. 이 사례는 단지 성공적인 변화의 예시가 아니라, 라이프디자인 진로코칭이 작동하는 **이론적 구조와 실천적 태도**를 고스란히 보여 준다.

코치는 '이야기를 재구성하는 파트너'여야 한다

코칭 초반, 태윤은 단순히 취업을 못한 청년이 아니었다. 그는 **정지된 삶의 이야기 속에 붙잡혀 있던 사람**이었다. 따라서 코치는 행동이나 목표를 먼저 다루기보다, "왜 지금 이 이야기에 머물고 있는가?"를 함께 경청하고 해석하는 내러티브적 동반자가 되어야 했다.

수퍼비전 질문: "당신은 고객의 삶을 사건 중심으로 듣고 있는가, 내러티브 흐름으로 듣고 있는가?"

태윤이가 반복적으로 사용한 "망가진 인생", "늦어버린 삶"이라는 말은 **사실**이 아니라 **그가 살아온 해석 구조**였다. 코칭이 시작된 지점은 문제 해결이 아닌, 이야기 해석의 틈이었다.

코칭 철학은 기술이 아니라 태도다

이번 사례에서는 라이프디자인 진로코칭의 핵심 철학인 **주도성, 유연성, 통합성**이 모든 국면에서 실제적으로 작동하였다.

- **주도성:** 고객이 자신의 삶을 '설명'하는 것이 아니라 '다시 써야 할 이야기'로 전환할 수 있도록, 질문을 통해 '자기 결정권'을 회복하도록 했다.
- **유연성:** 고착된 자기 내러티브("나는 안 돼")를 유연하게 바라볼 수 있도록, 은유적 질문과 대안적 시각을 제공했다.
- **통합성:** 단절된 감정, 상처, 관심사를 하나의 흐름으로 엮어내며, 진로 설계가 정체성의 통합 행위로 이어지게 했다.

수퍼비전 포인트: 코치가 코칭 철학을 **언어가 아닌 개입 방식**으로 일관되게 실천하고 있는가?

4C, IM, CCI 모델은 통합적으로 작동한다

이번 사례에서 특히 인상 깊은 점은, 각 모델이 단독으로 기능하는 것이 아니라 서로를 보완하며 **코칭의 흐름을 정교하게 이끌었다는 점**이다.

모델	적용 방식	주요 전환점
4C 모델	코칭 대화의 시간적 구조 제공(맥락-도전-변화-지속성)	문제의 패턴을 구조화하고, 작은 행동으로 연결
IM 모델	고객의 심리적 변화 흐름 추적(행동-성찰-저항-재개념화-실행)	변화의 타이밍을 포착하고, 전환 언어를 식별
CCI 모델	고객의 정체성 · 가치 · 내러티브 구조를 도출하는 질문 도구	진로 선택이 아닌, 삶의 주제를 중심으로 설계 유도

수퍼비전 팁: 코칭은 하나의 모델로 설명되지 않는다. 4C는 대화의 맥락을 열고, IM은 내면의 움직임을 포착하며, CCI는 그 이야기의 자원을 되살린다. 수퍼비전에서는 이 세 흐름이 하나의 살아 있는 구조로 연결되는 훈련이 필요하다.

태도의 핵심은 '해석'이 아니라 '함께 보기'

코칭 초보자들이 흔히 빠지는 오류는, 고객의 말 속에서 무언가를 '해석'해내는 데 몰두하는 것이다. 하지만 내러티브 기반 코칭에서 가장 중요한 것은 **함께 바라보는 태도**다.

- 해석하려 듣기보다, **같이 질문하고 조명하는 태도**
- 설명해 주기보다, **고객이 말하도록 돕는 침묵**
- 분석자가 아닌, **공동 저자의 자리**

수퍼비전 핵심 질문

"당신의 질문은 고객의 이야기를 해석하기 위한 것인가, 아니면 고객이 새로운 언어를 말할 수 있도록 돕기 위한 것인가?"

전환은 '내용'이 아니라 '언어'에서 시작된다

태윤의 변화는 '환경'이나 '정보'가 바뀌어서가 아니었다. 그의 **자기 언어**가 바뀌었기 때문이다.

"계속 이렇게 살아서는 안 될 것 같아요."
"사실은 뭔가 해 보고 싶은 마음이 있어요."
"이번엔 내가 먼저 움직여 보고 싶어요."

이러한 말들은 작고 미세한 언어 변화지만, 그 안에 정체성의 전환이 깃들어 있었다. 이 언어를 코치가 민감하게 포착하고 반영한 것이 변화의 실마리였다.

마무리 성찰

이번 사례를 통해 확인할 수 있었던 것은 단 하나다. **사람은, 이야기를 다시 말할 수 있을 때 변화한다.** 코치의 역할은 그 이야기가 달라지는 순간을 함께 목격하고, 그 흐름을 믿으며 동행하는 것이다.

진로는 '선택'이 아니라, **자기 이야기를 다시 쓰는 행위**라는 점을 이번 코칭은 생생하게 보여 주었다.

■ 내 프랙티스를 위한 시사점
- "이야기를 바꾸는 코칭은, 나의 질문부터 바꿔야 한다."

태윤과의 코칭은 단지 직업 선택을 돕는 작업이 아니었다. 그것은 정체성의 회복, 자기 내러티브의 전환, 감정의 통합, 미래를 향한 실천의 재구성까지를 포함한 깊은 변화의 여정이었다. 이 여정을 성찰하며, 코치로서 다음의 다섯 가지 프랙티스 지점을 점검해 보자.

1. 나는 고객을 '문제'가 아닌 '이야기를 가진 존재'로 보고 있는가?

진로 문제는 종종 행동 계획이나 정보 탐색의 문제로 축소되곤 한다. 하지만 라이프 디자인 진로코칭은 고객이 어떤 삶의 이야기를 살아왔고, 그것이 지금 어떻게 멈춰 있거나 반복되고 있는지를 함께 보는 내러티브 기반 접근이다.

- 점검 질문
  - "지금의 어려움은 당신 인생 여정에서 어느 시점에 있는 걸까요?"
  - "그 이야기가 멈춘 지점이 있었다면, 어디였을까요?"
  - "당신이 살아온 이야기 속에서 지금의 어려움은 어떤 의미를 갖나요?"

2. 나는 고객의 정체성 발달 단계를 인식하고 있는가?

태윤은 행위자(actor)로 살아온 시간을 지나 주체자(agent)로 나아가려는 전환점에 있었다. 코치는 단순히 다음 행동을 묻기 전에, 고객이 삶의 무대에서 어떤 역할 인식을 가지고 있는지를 먼저 경청해야 한다.

• 점검 질문

- "지금의 삶은 누구의 대본을 따라 살아가고 계신가요?"
- "당신의 이야기를 다시 쓰기 시작한다면, 어떤 장면부터 바꾸고 싶으신가요?"

3. 나는 고객의 삶의 주제를 경청하고 진로와 연결시키고 있는가?

태윤의 핵심 감정은 '소외'였고, 핵심 주제는 "누군가와 연결되고 싶다."였다. 이것은 단지 진로의 동기가 아니라, 그가 살아가고 싶은 삶의 방향성이었다.

• 점검 질문

- "고객이 반복적으로 말하는 감정과 장면은 무엇인가?"
- "이 주제가 진로라는 외부 세계와 어떻게 연결될 수 있는가?"

4. 나는 내러티브 분석과 4C/IM/CCI 모델을 통합적으로 실천하고 있는가?

모델은 고객을 '분석'하기 위한 것이 아니라, 고객의 흐름을 이해하고 돕기 위한 '지도'다. 태윤 사례에서 코치는 4C 모델로 대화 흐름을 조직하고, IM 모델로 심리적 전환의 타이밍을 해석했으며, CCI를 통해 내면의 주제를 외화하고 정체성을 재구성했다.

• 점검 질문

- "내가 사용하는 모델은 고객의 흐름을 돕고 있는가, 방해하고 있는가?"
- "모델 중심이 아니라, 고객 중심의 대화 구조를 설계하고 있는가?"

5. 나는 고객이 자기 이야기를 다시 말하도록 돕고 있는가?

진로란 결국 "나는 누구이며, 어떻게 살아가고 싶은가"를 언어로 표현하는 행위다. 그 언어를 새롭게 말하기 시작하는 순간, 변화는 이미 시작된 것이다.

• 점검 질문

- "지금까지의 이야기를 한 문장으로 표현한다면 어떤 말이 나올까요?"
- "그 이야기를 다른 방식으로 말할 수 있다면, 어떤 문장으로 바꿔보고 싶으신가요?"

6. 마무리 성찰

태윤의 변화는 하루아침에 완성된 것이 아니었다. 그러나 그가 "뭔가 바꾸고 싶다"는 말을 스스로 입 밖으로 내는 순간, 이미 내면에서는 새로운 내러티브가 움직이고 있었다. 코치는 그 흐름을 밀어붙이지 않고, 따라가면서, 조용히 조명해주고, 확장해주는 사람이다.

좋은 코칭이란, 고객이 "내가 다시 이야기할 수 있다"는 감각을 회복하게 하는 것이다. 그리고 그 감각을 회복한 고객은, 진로뿐 아니라 자신의 삶 전체를 새롭게 설계할 수 있는 사람이 된다.

| 참고문헌 |

- Drake, D. (2015). *Narrative coaching: Bringing our new stories to life*. CNC Press.
- Gonçalves, M. M., Matos, M., & Santos, A. (2009). Innovative moments and change in narrative therapy. *Psychotherapy Research*, 19(4-5), 527-536. https://doi.org/10.1080/10503300903123183
- Gonçalves, M. M., Mendes, I., Angus, L., Sousa, I., & Ribeiro, A. P. (2011). Tracking innovative moments in psychotherapy: Construction and validation of the Innovative Moments Coding System(IMCS). *Psychotherapy Research*, 21(5), 498-509. https://doi.org/10.1080/10503307.2011.560207
- McAdams, D. P. (1993). *The stories we live by: Personal myths and the making of the self*. William Morrow.
- Savickas, M. L. (2005). The theory and practice of career construction. In S. D. Brown & R. W. Lent(Eds.), *Career development and counseling: Putting theory and research to work*(pp. 42-70). John Wiley & Sons.
- Savickas, M. L. (2011). *Career counseling*. American Psychological Association.
- Savickas, M. L. (2013). Career construction theory and practice. In R. W. Lent & S. D. Brown(Eds.), *Career development and counseling: Putting theory and research to work*(2nd ed., pp. 147-183). John Wiley & Sons.
- Young, R. A., Valach, L., & Collin, A. (2002). *Action theory and the construction of careers*. APA Books.
- Theeboom, T., Beersma, B., & van Vianen, A. E. M. (2014). Does coaching work? A meta-analysis on the effects of coaching on individual-level outcomes in an organizational context. *The Journal of Positive Psychology*, 9(1), 1-18. https://doi.org/10.1080/17439760.2013.837499

10장 직업선택, 삶의 이야기를 완성하는 과정

10장 직업선택, 삶의 이야기를 완성하는 과정
"직업은 생계를 위한 선택이 아니라, 삶의 주제를 실천하는 무대다."

이 장은 LTVM(Life Theme-Vocation Matrix)을 통해 삶의 주제가 어떻게 직업적 실천으로 이어지는지를 탐구한다.
의미-환경-행동의 3단계 구조를 중심으로, 개인은 자신만의 삶의 이야기를 '직업이라는 형태'로 완성해간다.
진로는 인생의 마지막 문장이 아니라, 새로운 장의 시작이다.

학습 포인트

- LTVM의 3단계 구조 (의미-환경-행동)
- CAS × LTVM 통합 코칭
- 의미 기반 진로결정

인용문

"A meaningful life is not found, it is authored." - Mark Savickas

10.1 왜 이제 '삶의 주제'로 직업을 선택해야 하는가?

일자리는 있는데, '나의 일'은 보이지 않는다

오늘날 우리는 역설 속에 살아가고 있다. 채용은 반복되지만, 많은 사람은 "이 일이 나의 삶과 연결되어 있는가?"라는 질문 앞에서 멈춘다. 청년층은 잦은 이직과 재시도를 경험하고, 경력 전환자는 "내가 누구인지"를 다시 묻는다. 은퇴자 역시 제2의 삶을 설계하려 하지만, 막상 어디서부터 시작해야 할지 알기 어렵다. 공통의 신호는 분명하다. **직업을 갖는 것과 '나의 일'을 찾는 것은 다르다.**

이 장의 주장은 단순하다. 이 불일치의 중요한 원인 중 하나가 **'매칭이론'에 과도하게 의존해 온 진로선택 방식**이며, 그 한계를 넘어서는 해법은 '삶의 주제(의미) 기반의 직업선택'이라는 것이다.

매칭 패러다임의 역사와 한계

20세기 중반 이후 진로상담은 사람-환경 적합(person-environment fit)을 과학적으로 추정해 "맞는 직업"을 찾는 **매칭의 심리학** 위에서 발전했다. 대표적으로 홀랜드(Holland)의 RIASEC모형은 흥미유형과 작업환경을 대응시키는 프레임을 제공했고(Holland, 1997), 도위스(Dawis)와 로프퀴스트(Lofquist)의 직업적응이론은 개인의 가치·능력과 환경의 요구·보상이 일치할 때 만족과 성과가 높아진다고 보았다(Dawis & Lofquist, 1984). 이 접근은 **산업사회**에서 매우 유효했다. 직무가 안정적이고 경력경로가 예측 가능했기 때문이다.

그러나 오늘의 현실은 다르다. 경력은 **프로티언(protean)·무경계(boundaryless)**특성을 띠며(Hall, 2004; Arthur & Rousseau, 1996), 한 사람의 생애는 여러 전환을 경험한다. 직무 자체가 빠르게 재정의되고, 일의 의미는 직업 **상황 속에서 재서사화**된다

(Weick, 1995; Ibarra, 2003). 이러한 환경에서 전통적 매칭 패러다임은 세 가지 구조적 한계를 드러낸다.

- **고정된 '적합' 가정의 한계**
  흥미·성격 점수는 상대적으로 안정적 경향을 포착하지만, 실제 직업경험은 맥락·관계·학습에 의해 빠르게 재구성된다. 사람과 일은 '정답 매칭'이 아니라 상호 적응과 의미화의 과정 속에서 변화한다(Weick, 1995; Wrzesniewski & Dutton, 2001).
- **외부 해석 의존의 한계**
  매칭 검사는 해석의 편의를 주지만, 개인이 자신의 경험을 **자기 언어로 해석**하고 **자기 기준**으로 선택하는 주도성을 약화시킬 수 있다. 결국 선택은 "결과를 받아들이는 일"이 되고, **자기(self)와 일의 연결**은 느슨해진다(Bandura, 2001; Deci & Ryan, 2000).
- **변화·전환에 취약**
  매칭은 '한 번의 좋은 선택'을 전제한다. 그러나 전환이 일상인 시대에는 **반복적 탐색-실험-수정**이 핵심이다. **결정보다 검증**이 선행되어야 하고, 실패는 멈춤이 아니라 성장의 자원이 되어야 한다(Savickas, 2013; Weick, 1995).

요약하면, 매칭은 "무엇이 나에게 맞는가?"를 빨리 알려 주지만, "나는 무엇을 위해 일하는가?"를 묻고 답하는 **존재적·내러티브적 작업**에는 충분치 않다. 그 결과, "취업에는 성공했지만 삶의 방향은 여전히 혼란스러운" 현상이 반복된다.

전환: 매칭에서 맥락·의미로

이제 질문을 바꿔야 한다. "어떤 직업이 나에게 맞는가?"가 아니라, **"나는 무엇을 위해, 어떤 환경에서, 어떻게 일하겠는가?"**

우리의 대안은 LTVM(Life Theme-Vocation Mapping)이다. 핵심은 세 단계다.

① **의미(삶의 주제)**: 최근 경험 속 **의미 있었던 순간**을 통해 사건 → 감정 → 가치의 순서로 **삶의 주제**를 언어화한다. 이는 맥아담스(McAdams, 1993)의 **내러티브 정체성**관점과 사비카스(Savickas, 2013)의 **진로구성주의**에 근거한다. "나는 어떤 삶을 살고 싶은가?"가 출발점이다.

② **맥락(선호 직업환경)**: 사람들은 자신의 가치가 가장 잘 드러나는 환경을 찾는다. 일은 '무엇을 하느냐'보다 '어떤 환경에서 하느냐'에 따라 전혀 다른 경험이 된다. 안정과 변화, 내향과 외향의 두 축 속에서 여섯 가지 환경유형(성장형 · 창조형 · 리더형 · 성취형 · 헌신형 · 안정형)을 살펴보며, 나의 가치가 가장 잘 발휘될 수 있는 맥락을 탐색한다(Kristof-Brown et al., 2005; Rosso, Dekas, & Wrzesniewski, 2010).

③ **실행(작은 실험)**: 취업 면담, 잡 세도잉(Job Shadowing), 아르바이트, 핵심 스킬 개발 과제 등 작은 실험을 통해 '결정'보다 '검증'을 먼저 실행한다. 실제 경험 속에서 내가 세운 가정(이 일이 나와 맞을 것이다)을 확인하고, 그 결과를 바탕으로 선택을 조정한다. 실패 역시 잘못이 아니라 배움의 자원이 되어, 자신의 진로 이야기를 더 정교하게 다듬게 된다(Weick, 1995; Wrzesniewski et al., 2013)

이 흐름은 검사결과 → 작업 선택목록이라는 일괄매칭을 **자기 서사 기반의 설계-실험-수정**으로 대체할 때가 되었다고 본다. 직업은 **고르는 것**이 아니라, **살아보며 확증하는 나의 이야기**가 된다.

코치의 역할: 해석자에서 '의미의 동행자'로 이 전환은 코치의 역할도 전환되어야 한다.

- **해석자에서 의미 탐색자로**: 고객의 데이터(검사점수)가 아니라 **경험의 언어**에서

가치를 끌어낸다.

- **권고자에서 설계자로**: '직업목록 추천'이 아니라 **작은 실험 설계**와 평가기준(몰입 · 가치실현 · 환경적합)을 함께 만든다.
- **평가자에서 통합자로**: 진단 점수가 아니라 **행동이 정체성과 어떻게 통합되는지**를 본다("이 선택이 '나'의 이야기를 전진시켰는가?").

이때 진로 에이전시 모델의 5요인(정체성 · 의사결정 · 전환역량 · 장벽극복 · 준비행동)은 LTVM의 **엔진**이 된다. 정체성은 진로방향을, 의사결정은 진로 선택 기준을, 전환역량은 실험을, 장벽극복은 내적 내러티브 전환을, 준비행동은 실행을 촉진한다.

사회적 함의: 왜 이것이 지금, 여기에서 중요한가?

의미를 잃은 노동은 소진을 낳고, **맥락을 잃은 매칭**은 이직을 낳는다. 반대로 **의미-맥락-실행의 정렬**은 몰입 · 웰빙 · 지속가능성을 높이며(Rosso et al., 2010; Steger 등, 2012), 경력의 자율성과 책임을 강화한다(Hall, 2004). 청년에게는 "처음부터 내 가치가 담긴 첫 직업"을, 중 · 장년 전환기에게는 "목록 교체가 아닌 내러티브 재설계"를, 은퇴자에게는 "삶의 후반부를 어떻게 살 것인가"에 대한 실천 가능한 지도(map)를 제공한다.

직업선택은 '나의 삶의 주제'를, '살아나는 환경'에서, '작은 실험'으로 검증해 가며 완성하는 내러티브적 실천이다. 매칭은 도구로 남기되, **이야기는 고객이 쓴다.**

10.2 LTVM 세 단계-의미, 환경, 실행
- 직업선택은 삶의 주제를 실현하는 과정이다

사람들은 "내게 맞는 직업은 무엇일까?"를 묻지만, 그 질문에는 이미 한 가지 가정이 숨어 있다.

'직업은 외부에 존재하고, 나는 거기에 맞춰야 한다.'

하지만 삶은 그렇게 단순하지 않다. 직업은 주어지는 것이 아니라, **살아가며 만들어지는 이야기의 일부**다. 우리가 찾는 것은 '적합한 직업'이 아니라, '내가 살아갈 수 있는 이야기의 무대'이다.

이 새로운 관점을 구체화한 것이 LTVM(Life Theme-Vocation Mapping)이다. LTVM은 직업선택을 단순한 선택행동이 아닌 **의미 창조 과정**으로 본다. 즉, "무엇을 위해 일할 것인가(의미) → 어떤 맥락에서 그 의미를 실현할 것인가(환경) → 어떻게 검증하고 실행할 것인가(실행)"의 세 단계를 통해 개인이 자기 서사를 사회적 현실 속에서 구현하도록 돕는다.

Step 1. 의미-"무엇을 위해 일하는가?"

1. 삶의 주제(Life Theme) 발견하기

진로의 출발점은 '적성'이 아니라 '의미'다. 삶의 주제란, 내가 일과 직업을 통해 반드시 지켜내고 싶은 **가치의 우선순위**이자, 인생서사를 관통하는 **존재적 질문의 핵심어**다. 맥아담스(McAdams, 1993)는 인간을 "이야기를 통해 자신을 구성하는 존재"라고 하였다. 우리는 과거의 사건들을 해석하고 미래를 상상하면서 자기 일관성을 만들어낸다.

그 이야기의 중심에는 언제나 "무엇을 위해 살고자 하는가?"라는 주제가 놓여 있다. 삶의 주제는 단순한 흥미가 아니다.

그것은 감정과 경험 속에서 반복적으로 드러나는 **나다운 삶의 방식**이다. 예컨대 어떤 이는 "사람의 성장"을, 어떤 이는 "새로움의 창조"를, 또 다른 이는 "관계의 회복"을 중요하게 여긴다. 이때 중요한 것은 코치가 '정답'을 제시하는 것이 아니라, **고객이 자신의 언어로 주제를 말하도록 돕는 것**이다.

그 언어가 곧 그의 진로방향이 된다.

코칭 질문 예시

- "최근 1년간 가장 의미 있었던 순간은 언제였나요?"
- "그때 어떤 감정을 느꼈나요? 그 감정 속에는 당신에게 어떤 중요한 의미가 담겨 있었나요?"
- "그 사건이 당신에게 어떤 메시지를 주었나요?"
- "그 경험을 한 '나'는 어떤 사람이었고, 지금의 나와는 어떻게 다른가요?"

이 과정을 통해 도출된 주제는 다음의 다섯 범주로 유형화할 수 있다. 이것은 '검사 결과'가 아니라, **고객의 내러티브 속에서 드러나는 가치의 좌표**이다.

삶의 주제 유형	삶의 질문	주요 가치	코칭 초점
가치 · 의미형	"일은 나의 철학을 실천하는 장(場)인가?"	신념, 진정성, 도덕성	개인의 철학 · 소명 언어화
흥미 · 열정형	"무엇을 할 때 가장 살아 있음을 느끼는가?"	창의, 자유, 몰입	흥미 뒤의 가치 탐색
성취 · 성장형	"나는 어떤 도전을 통해 성장하는가?"	역량, 목표, 발전	성취의 질적 의미 명료화
사회적 기여형	"나의 일이 세상에 어떤 흔적을 남기고 싶은가?"	관계, 봉사, 영향	기여와 자기돌봄의 균형
미래 · 균형형	"나는 어떤 리듬으로 삶과 일을 조화시키는가?"	안정, 지속, 조화	균형의 내적 의미 재정의

수퍼비전 포인트

☞ 코치는 주제를 분류하려 하지 말고, **주제 간 긴장과 조합**을 읽는다. 대부분의 사람은 두세 가지 주제가 공존한다. 핵심은 우선순위와 맥락이다.

Step 2. 환경-"어떤 자리에서 그 의미가 살아나는가?"

삶의 주제가 분명해졌다면, 이제 그 의미가 실제로 **살아 숨 쉴 수 있는 환경의 맥락**을 찾아야 한다. 이는 단순히 "적성에 맞는 직무"를 고르는 것이 아니라, **의미가 작동하는 조건**을 찾는 일이다.

LTVM은 환경을 두 축으로 본다.

- **가로축**: 안정 ↔ 변화
- **세로축**: 내적 성향 ↔ 외적 성향

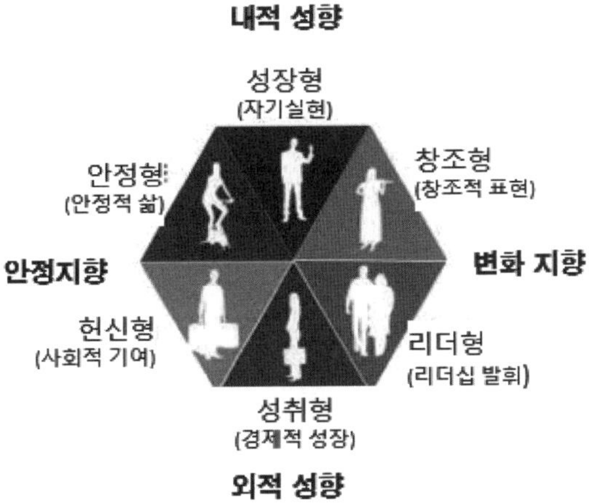

이 네 축의 교차점에서 여섯 가지 의미실현환경 유형이 도출된다.

의미실현 방향	설명(환경 특성)	선호 직업 환경 예시	코칭 초점
성장형	학습과 발전이 지속되는 환경	교육, 연구, 개발, 훈련	지속적 학습 기회 탐색
창조형	자유로운 시도와 창의성이 인정되는 환경	디자인, 기획, 창업	제약 대신 가능성 탐색
리더형	영향력과 방향 제시가 필요한 환경	조직관리, 행정, 정책	리더십과 가치 일치 점검
성취형	명확한 목표와 보상이 있는 환경	영업, 프로젝트, 성과 중심 조직	성과와 의미의 균형 설계
헌신형	타인과 공동체의 관계가 중심인 환경	사회복지, 교육, 돌봄, 공공	타인 돌봄-자기 돌봄 균형
안정형	일상과 리듬이 유지되는 예측 가능한 환경	행정, 사무, 기술지원, 공공	안정=도피가 아닌 전략임을 인식

이때 중요한 것은, 고객이 특정 직업군을 고르는 것이 아니라,

"나의 삶의 주제를 실현할 수 있는 의미실현 방향은 무엇인가?"를 탐색하는 것이다. 이 관점은 홀랜드의 '개인-환경 적합(**P-E Fit**)의 틀을 유지하되, '적합성(fit)'을 가치-맥락 일치(value-context alignment)로 재정의한다.

코칭 질문 예시

- "이 주제를 실현할 수 있는 방향은 안정지향가, 변화지향인가?"
- "당신은 내적 몰입형인가, 외적 영향형인가?"
- "어떤 조직문화에서 당신의 가치가 살아 숨 쉬는가?"

Step 3. 실행-“작게 실험하고, 진짜 나를 검증하라”
- 진로결정은 ‘끝’이 아니라 ‘시작’이다.

LTVM의 마지막 단계는 ‘선택(choice)’이 아니라 ‘실험(experiment)’이다. 와이크(Karl Weick, 1995)은 의미 구성을 단순한 ‘해석(interpretation)’이 아니라, ‘행동을 통해 세계를 만들어 가는 과정’(sensemaking as enactment)으로 설명했다. 사람은 주어진 현실을 수동적으로 이해하는 존재가 아니라, 행동을 통해 현실을 구성(enact)하는 존재다. 즉, 우리는 선택을 통해 의미를 완성하는 것이 아니라, 행동 속에서 의미를 만들어 간다.

이때 실험은 완결된 답을 찾기 위한 검증이 아니라, 살아보며 배우는 탐색적 과정이다. 라이프디자인 진로코칭에서 ‘실험’은 바로 이 행위적 의미 구성의 단계이며, 고객이 자신의 삶의 주제를 실제 환경 속에서 작게 실천해보는 시도이다. 진로 선택 또한 미래를 예측하는 행위가 아니라, 행동 속에서 의미를 시험하고 만들어가는 과정이다.

핵심 원리: 결정(decision)보다 검증(validation)이 먼저다.

즉, ‘선택 후 확신’이 아니라, ‘행동 후 확신’의 순서다. LTVM의 마지막 단계인 실험은 정답을 찾기 위한 선택이 아니라, 자기 의미의 가설을 검증하는 탐색적 행동이다.

코치는 고객이 “이 환경에서, 이 주제가, 실제로 나에게 살아나는가?”라는 가설을 세우고, 이를 작은 실험을 통해 시험해보도록 돕는다.

이때 중요한 것은 결과의 성공이나 실패가 아니라, 그 행동이 남긴 통찰의 경험적 근거이다. 즉, 실험을 통해 느낀 감정, 생각, 배움이 모두 자신을 이해하는 실마리가 된다. 성공은 확신을 주고, 실패는 방향을 준다.

이러한 실험은 네 가지 형태로 나타날 수 있다.

유형	설명	예시 질문 및 활동
정보면담	관심 있는 직업군이나 분야의 실무자 1~2명과 대화하며 실제 맥락을 이해한다.	"이 일에서 가장 보람 있었던 순간은 언제인가요?", "이 일을 통해 어떤 변화를 경험하셨나요?"
잡 쉐도잉	하루 혹은 반나절 동안 해당 직업인을 관찰하거나 보조하며 실제 환경을 체험한다.	"이 환경에서 내 삶의 주제가 살아나는가?", "이 리듬이 나의 에너지와 맞는가?"
파일럿 프로젝트	2~4주간 작은 규모로 새로운 시도를 실험해보며 의미와 적합성을 점검한다.	예: 블로그 운영, 교육 프로그램 기획, 사회공헌 프로젝트 시범 운영 등
핵심 스킬 실습	관심 직업의 핵심 역량 한 가지를 직접 수행해보며 성취 경험을 축적한다.	예: 발표, 디자인, 데이터 분석 등 미니 프로젝트를 통해 자기 적합성을 탐색

코치는 고객이 이러한 실험 경험을 통해 자신의 내적 기준을 점검하도록 돕는다. 구체적으로는 다음 세 가지 평가 기준을 활용할 수 있다.

평가 기준	설명	핵심 질문
몰입감	실험 과정에서 시간 가는 줄 모르고 몰입했는가?	"이 활동 속에서 나는 생생함을 느꼈는가?"
의미 정합성	나의 삶의 주제와 가치가 이 경험 속에서 조화를 이루었는가?	"이 일은 내가 중요하게 여기는 의미와 맞닿아 있는가?"
직업환경 적합성	이 일터의 리듬, 관계, 문화가 나의 에너지와 맞는가?	"이 환경에서 나는 나다움을 유지할 수 있는가?"

코칭의 목적은 이 세 가지 기준을 통해 **고객이 자신의 가설을 해석하도록 돕는 것**이다. 즉, 실험은 '진로결정의 종착점'이 아니라, **의미의 탐색과 확신을 만들어 가는 과정**이다.

와이크(Weick, 1995)가 말했듯, 사람은 이해 후에 행동하는 존재가 아니라 **행동을 통해 이해를 만들어 내는 존재**이기 때문이다.

기존 매칭접근 vs LTVM 접근의 비교

구분	매칭 패러다임	LTVM(삶의 주제 기반)
출발점	흥미 · 적성 · 성격 검사	경험 속 의미 · 가치 탐색
목적	적합 직업 찾기	삶의 주제 실현하기
방식	외부 해석 · 목록 제시	자기 서사 · 작은 실험
결과	정적 선택	내러티브적 검증
코치의 역할	해석자	의미의 동행자

"직업은 적성에 맞추어 고르는 것이 아니라, 내가 중요하게 여기는 삶의 주제를 세상 속에서 검증하며 실현해 가는 여정이다."

10.3 LTVM 코칭 적용-4C 대화 모델로의 통합

- 의미에서 실행으로, 이야기가 진로가 되는 순간

"직업을 선택한다는 것은 결국 어떤 이야기를 살아가기로 선택하는 것이다." LTVM은 그 이야기를 구조화하는 철학이고, 4C 대화 모델은 그것을 **대화로 살아 움직이게 하는 언어적 구조**이다.

즉, LTVM이 '무엇(What)'을 다루고 있다면, 4C 모델은 '어떻게(How)'를 다룬다. 이 두 모델이 만나는 지점에서, **진로코칭은 단순한 조언이 아니라 자기서사의 창조 행위**가 된다.

4C와 LTVM의 통합 구조

4C 단계	핵심 질문	LTVM 대응 단계	코칭 초점
Context	"지금 당신의 이야기는 어디에서 시작되고 있나요?"	의미 탐색 (Life Theme)	삶의 주제, 가치, 의미감 발견
Challenge	"그 의미를 가로막는 내적·외적 장애는 무엇인가요?"	환경 탐색 (Vocation Context)	주제가 억압되거나 살아나는 맥락 식별
Change	"그 주제가 살아나는 선택이나 시도는 무엇일까요?"	실행 설계 (Mapping & Experiment)	작고 구체적인 실행 계획 수립
Continuity	"이 변화가 당신의 이야기 속에서 어떻게 이어지길 바라나요?"	내러티브 통합 (Sense-making)	실험 경험을 자기서사로 통합, 정체성 강화

4C 모델은 내러티브 흐름(과거-현재-미래)을 따라가며, LTVM의 세 축(의미-환경-실행)을 자연스럽게 녹여낸다. 즉, 고객의 이야기를 단순히 '진로계획'이 아니라 "의미의 여정"으로 전환하는 대화의 프레임이다.

Context-"당신의 삶은 어떤 주제를 말하고 있나요?"

모든 코칭의 시작은 이야기다. 고객이 현재의 진로 혼란을 설명하는 말 속에는 이미 **삶의 주제의 단서**가 숨어 있다. 코치는 "문제의 원인"이 아니라 "의미의 패턴"을 듣는다.

대화 예시(대학생 고객 수진)

코치: 요즘 가장 마음에 걸리는 일은 뭐예요?

수진: 전공이 적성에 안 맞는 것 같아요. 뭘 좋아하는지도 모르겠어요.

코치: 그럼에도 불구하고, 지금까지 이 전공을 이어온 이유가 있다면요?

수진: 음… 사람들 앞에서 말하는 건 힘들지만, 누군가의 이야기를 듣는 건 좋아요.

코치: 흥미롭네요. '듣는 사람'으로 있을 때 어떤 느낌이 드나요?

수진: 그 사람이 마음을 열 때, 나도 뭔가 따뜻해지는 느낌이요.

코치: 그럼, '따뜻함'이 당신 이야기의 주제일 수도 있겠네요.

이 단계에서 코치는 "무엇이 문제인가?"가 아니라 "무엇이 여전히 힘을 내고 있는가?", "무엇이 고객 안에서 살아 움직이고 있는가?"를 살핀다.

이것이 LTVM 1단계 **의미 발견**이다.

수퍼비전 포인트

- 주제를 너무 빨리 '명명'하지 않는다.
- 단어보다 맥락을 듣는다.
- 감정의 순간에 의미가 있다.

Challenge-"그 주제가 살아나지 못한 이유는 무엇인가요?"

이 단계는 단순히 문제해결이 아니라, **의미의 부재를 진단하는 과정**이다. 고객의 이야기를 따라가다 보면 "그 고객의 삶의 주제가 억눌린 순간"이 드러난다. 그것은 진로 장벽이 아니라, **내러티브의 단절**이다.

대화 예시(퇴직자 고객 정우)

코치: 퇴직 이후, 가장 어려웠던 건 무엇이었나요?

정우: 하루 종일 할 일이 없다는 게 이렇게 허무한 줄 몰랐어요.

코치: 일할 때는 어땠나요?

정우: 누군가에게 필요하다는 게 좋았죠. 일이 힘들어도 내가 쓸모 있다는 느낌이 있

었어요.

코치: 그 '쓸모 있음'이 사라진 게 지금의 공허감이군요.

정우: 맞아요. 그게 없으니까 내가 없는 것 같아요.

여기서 '쓸모 있음'은 단순한 이익이나 편리함이 아니라, 삶의 주제인 '기여'가 실현되는 순간을 말한다. 정우씨에게 필요한 것은 새로운 직업이 아니라, **자신의 기여가 살아날 수 있는 환경 재설계**다. 이는 LTVM의 2단계(환경 탐색)와 4C의 Challenge 단계가 만나는 지점이다.

코칭 전략

- 고객이 말하는 '부족함의 언어'를 '가능성의 언어'로 바꿔 듣는다.
- 무엇이 잘못되었는가보다, 지금도 살아 있는 강점을 찾는다.
- 진로장벽은 능력의 문제가 아니라, 아직 완성되지 않은 이야기의 빈칸이다.

Change-"의미를 실행으로 바꾸는 작은 실험"

고객이 의미와 맥락을 재발견했다면, 이제 그것을 **작은 행동으로 검증**해야 한다. 이 단계에서 코치는 "의미를 실험으로 바꾸는 설계자"가 된다.

대화 예시(수진의 변화)

수진: '듣는 사람'으로 있는 게 좋지만, 그걸 직업으로 할 수 있을까요?

코치: 가능성을 실험해볼까요?

수진: 어떻게요?

코치: 예를 들어, 또래 상담 프로그램에 참여해 본다면요?

수진: 그건 할 수 있을 것 같아요.

코치: 좋아요. 그 실험이 끝났을 때, 어떤 감정이 일어나는지 기록해 보세요. 그것이 당신의 '진짜 적성 검사'일 거예요.

이때 '행동'은 목적을 이루기 위한 것이기보다는, 내가 찾은 삶의 의미가 실제로 나에게 맞는지를 확인해 보는 실험이다. 결과보다 중요한 것은 "이 환경에서 나의 삶의 주제를 실현할 수 있는가?"이다. 이 단계가 LTVM의 3단계(실행 설계)이며, 4C의 Change 단계와 정확히 맞물린다.

수퍼비전 포인트

- 실행은 '과업(task)'이 아니라 '검증(validation)'이다.
- 실패도 학습을 위한 자원이다.
- '작게, 빨리, 깊게' 실험하라.

Continuity-"당신의 이야기는 이제 어디로 이어지나요?"

마지막 단계는 행동의 결과를 **서사로 통합**하는 과정이다. 고객은 실험의 결과를 통해 자기 이해의 근거를 얻게 되고, 그것을 자신의 이야기로 **통합할 때 변화가 완성된다.**

대화 예시(정우의 변화)

코치: 지난달에 지역 아동센터에서 봉사활동하셨다고 들었어요. 어떠셨나요?

정우: 처음엔 '내가 이런 걸 왜 하나' 싶었는데… 아이들이 이름을 불러주니까 마음이

녹더군요.

코치: 다시 '쓸모 있음'이 살아났군요.

정우: 네, 그런데 이번엔 일 때문이 아니라 사람 때문이었어요.

코치: 바로 그게 변화예요. '기여'의 주제가 이제는 관계 속에서 확장된 것같군요.

이 단계에서 코치는 고객이 **새로운 내러티브 정체성**을 자각하도록 돕는다. 즉, "나는 더 이상 전직 관리자 정우가 아니라, 세대 간 다리를 놓는 연결자이다." 이것이 Continuity 단계이자, 의미기반 직업선택의 완성이다.

코칭 전략

- 고객의 '경험'을 자기 이야기로 표현하도록 돕는다
- 새로운 이야기를 말하게 하고, 그것을 '자기 선언문'으로 남긴다.
- "그 경험이 당신을 어떻게 바꾸었나요?"라는 질문으로 마무리한다.

통합적 시사점-모델은 구조가 아니라 흐름이다

LTVM과 4C는 각각 도구이지만, 코치의 현장에서는 **하나의 흐름으로 융합되어야 한다.**

수퍼비전 팁

- 하나의 모델만 사용하지 말고, 4C(대화 흐름) → IM(내면 흐름) → CCI(내러티브 자원)의 순환 구조로 연결할 필요가 있다. LTVM은 그 모든 흐름의 "의미 구조"로 작동한다.
- 모델은 '지도'이지 '영토'가 아니다. 코치는 언제든 고객의 이야기 흐름에 따라 순

서를 재조정할 수 있어야 한다.

이 접근을 통해 코치는 **"검사 해석자"에서 "이야기 동행자"로 진화**한다. 고객은 결과를 해석받는 사람에서, 자신의 의미를 설계하는 저자(author)로 전환된다.

"직업은 발견되는 것이 아니라, 이야기 속에서 서서히 살아나는 자기다."

10.4 LTVM과 진로 에이전시 모델의 통합 구조

- 의미의 방향과 에이전시의 동력을 잇다

의미와 역량의 단절을 넘어

오늘날 많은 사람들이 "내게 맞는 직업"을 찾지만, 그 질문의 밑바닥에는 "나는 왜, 무엇을 위해 일하는가?"라는 더 근본적인 물음이 자리한다. 그러나 기존 진로상담은 여전히 흥미나 성격유형 등 '무엇을 할 것인가'에 머물러 있다.

이제 진로는 '적합한 일'을 찾는 문제가 아니라, '삶의 의미를 어떻게 실현할 것인가'의 문제다. 사빅카스(Savickas, 2019)는 진로를 "자신의 삶의 이야기를 세상 속에서 살아내는 과정"으로, 기샤르(Guichard, 2009)는 "자기의 서사를 재구성하는 행위적 과정"으로 보았다.

따라서 진로개입은 단순한 매칭(match)이 아니라, 의미를 재구성(re-storying)하는 여정이어야 한다. 이때 LTVM(Life Theme-Vocation Mapping)은 "삶의 의미가 어디에 있는가"를 묻는 지도(map)이고, 진로 에이전시(Career Agency)는 "그 의미를 어떻게 살아낼 것인가"를 실행하는 엔진(engine)이다.

두 모델이 통합될 때, '왜 일하는가'와 '어떻게 일하는가' 사이의 간극이 메워지고, 의미-심리-행동의 순환구조가 완성된다.

LTVM: 삶의 의미를 탐색하는 내러티브 지도

LTVM은 인간이 자신의 삶을 이해하는 방식을 '의미의 구조'로 표현한다. 사람은 단순히 흥미나 적성에 따라 직업을 선택하지 않는다. 우리가 직업을 선택하는 이유는, 그 일을 통해 자신의 삶의 주제(Life Theme)를 실현할 수 있기 때문이다.

삶의 주제란, 한 사람의 생애 경험 속에서 반복적으로 드러나는 가치의 패턴이다. 예를 들어, 어떤 이는 "타인의 성장을 돕는다"라는 주제를 중심으로 살아가고, 다른 이는 "새로운 질서를 만든다"라는 주제로 세상을 바라 본다. 이러한 주제는 의식적이든 무의식적이든 우리의 선택을 이끌어 간다.

LTVM은 이 삶의 주제를 직업 맥락 속에서 재배열하는 세 가지 단계로 구성된다.

① **삶의 주제(life theme)**: 나는 무엇을 위해 살아가고 싶은가?
② **의미실현방향(reaning realization direction)**: 어떤 환경과 방식에서 그 의미를 실현하려는가?
③ **직업 맵핑(Vocation Mapping)**: 그 의미를 구현할 수 있는 실제 일의 장(場)은 무엇인가?

즉, LTVM은 직업을 "생계를 위한 일"이 아니라 "가치를 구현하는 무대"로 본다. 이는 직업선택을 '적합성의 문제'에서 '의미실현의 문제'로 전환시킨다.

의미를 실천하는 심리적 구조: 진로 에이전시 모델

LTVM이 의미의 좌표를 제시한다면, 진로 에이전시 모델은 그 의미를 행동으로 옮길 수 있도록 돕는 **내면적 실행구조**를 설명한다.

이 모델은 다섯 가지 심리적 요인으로 구성된다.

① **진로정체성(Career Identity)** - 자신이 살아가고자 하는 삶의 방향과 일관성을 자각하는 능력

- "나는 누구이며, 어떤 이야기를 세상 속에서 살아가고 있는가?"
- 진로정체성은 삶의 주제와 연결된 '존재의 언어'를 회복하는 단계다.

② **진로의사결정(Career Decision-Making)** - 가치에 기반한 진로선택의 기준을 세우는 능력

- "나는 무엇을 기준으로 선택하는가?"
- 이는 단순히 '선택'의 문제가 아니라 '의미의 판단력'이다.

③ **진로전환역량(Career Transformation Capacity)** - 변화 속에서도 의미를 재해석하고 확장하는 능력

- "예상치 못한 변화 속에서도, 나는 어떻게 내 이야기를 이어갈 수 있을까?"
- 이는 '적응(adaptation)'을 넘어 '전환(transformation)'의 개념을 포함한다.

④ **진로장벽극복(Barrier Overcoming)** - 문제적 내러티브를 재서사화하는 능력

- "나를 가로막는 내면의 이야기들을 어떻게 새롭게 쓸 수 있을까?"
- 사비카스(Savickas, 2013)는 이를 '자기 서사의 재저술(re-authoring)'이라고 표현한다.

⑤ **진로준비행동(Career Preparation Behavior)** - 의미를 행동으로 구체화하고 지속시키는 실천력

- "그 의미를 일상 속에서 어떻게 살아낼 것인가?"

이 다섯 요인은 결국 '내러티브적 자기이해 → 의미기반 결정 → 실행의 지속'으로 이어지는 심리적 변환 과정이다.

즉, 진로 에이전시는 LTVM의 의미구조가 현실 속에서 작동하도록 만드는 **내적 심리적 메커니즘**이다.

통합의 원리: 의미가 행동으로 전환되는 심리적 순환

LTVM과 진로 에이전시 모델은 단순히 나란히 놓인 두 개의 도식이 아니다. 이 둘은 한 사람의 삶 안에서 **의미가 심리적 역량을 거쳐 행동으로 전환되는 내적 순환 메커니즘**을 설명하는, 서로 맞물린 두 층위의 구조다.

LTVM은 '의미의 구조'를, 진로 에이전시는 '의미의 실행'을 보여준다. 전자는 인간의 내면에 잠재된 가치와 주제를 탐색하고, 후자는 그 의미가 실제 환경 속에서 **선택-적응-실행**으로 구현되는 과정을 담당한다.

즉, **LTVM이 삶의 "방향(why)"을 제시한다면, 진로 에이전시는 그 의미를 실행하는 "방법(how)"을 제공한다.**

이 두 모델의 관계를 **심리적 전환 과정**으로 보면 다음과 같다.

① **의미의 발견(Meaning Discovery)**

- 개인은 자신의 경험 속에서 반복적으로 나타나는 감정과 가치의 패턴을 인식한다.
- 예를 들어, "누군가의 성장을 돕는 일에 보람을 느꼈다"는 과거 경험은 '성장과 기여'라는 삶의 주제로 수렴된다. 이 단계가 바로 LTVM의 출발점이며, 진로정체성(Career Identity)의 토대가 된다.

② **의미의 기준화(Meaning Evaluation)**

- 주제가 발견되면, 그것이 실현될 수 있는 환경과 조건이 탐색된다. 여기서 진로 에이전시의 두 번째 요인인 진로의사결정이 작동한다.
- 개인은 자신의 가치가 살아날 수 있는 맥락을 판단하며, 단순한 '선호'가 아니라

'가치-환경의 일치'를 탐색하게 된다.

- 이 단계는 의미가 "나의 선택 기준"으로 내면화되는 과정이다.

③ **의미의 확장(Meaning Transformation)**

- 그러나 삶은 항상 계획대로 흘러가지 않는다. 변화나 실패, 예기치 못한 상황은 새로운 적응과 전환을 요구한다.
- 이때 작동하는 요인이 진로전환역량이다.
- 개인은 변화된 상황 속에서도 자신의 삶의 주제를 재해석하고, 새로운 형태로 의미를 확장할 수 있다. 즉, 의미는 고정된 가치가 아니라 **유동적 구조**로 진화한다.

④ **의미의 회복(Meaning Recovery)**

- 의미의 전환 과정에서 가장 큰 장애는 외부의 장벽보다 내부의 저항이다.
- 두려움, 회피, 자기비난 같은 감정들은 '문제적 내러티브(problem narrative)'를 형성한다.
- 진로 에이전시의 네 번째 요인인 진로장벽극복은 이 내면의 부정적 서사를 새로운 언어로 다시 쓰게 함으로써, 의미의 흐름을 회복시키는 역할을 한다.
- 예를 들어 "나는 실패자야"라는 서사가 "나는 시도하는 사람"이라는 이야기로 전환될 때, 의미는 다시 생명력을 얻는다.

⑤ **의미의 실행(Meaning Enactment)**

- 마지막으로, 회복된 의미는 실제 행동 속에서 검증된다.
- **진로준비행동** 단계에서 개인은 자신의 삶의 주제를 현실 속에서 '살아보는 실험'을 수행한다.
- 행동은 단순한 결과물이 아니라, 의미를 세상 속에 실현하는 하나의 '서사적 장면'이다.
- 이때 의미는 내면의 가치로 머무르지 않고, **행동을 통해 실재하는 서사적 사건**으로 변한다.

이 다섯 단계의 순환은 단방향적 선형 흐름이 아니라, 각 단계가 서로 피드백을 주고 받는 **나선형 구조**를 가진다. 예를 들어, 새로운 경험을 통해 의미를 다시 해석하고, 그 결과로 정체성의 서사가 한층 통합되는 것이다. 이 과정을 서사적 에이전시(narrative agency)라고 부를 수 있다.

즉, 인간은 단순히 자신의 삶의 이야기를 "가지고 있는 존재"가 아니라, 그 이야기를 "다시 써가는 존재"다(Stelter, 2014).

LTVM은 이 이야기에 방향성을 부여하고, 진로 에이전시는 그 이야기를 전개시킬 힘을 제공한다.

결국 두 모델의 통합은 다음과 같은 원리를 따른다.

"의미는 해석을 통해 발견되고, 에이전시를 통해 실현된다."

의미는 내러티브적 통찰을 통해 인식의 구조로 정립되고, 에이전시는 그 구조화된 의미를 일상 속 실천으로 전환하는 힘이다. 이것이 바로 『라이프디자인 진로코칭』의 심장부를 이루는 철학적 순환이다.

LTVM 구성요소	대응 진로 에이전시 요인	통합적 의미
삶의 주제	진로정체성	내러티브 자기이해-'나의 삶의 이야기' 인식
의미 실현 방향	진로의사결정	가치-환경 일치의 판단 기준 설정
환경 탐색 및 실험	진로전환역량	의미의 확장과 학습적 개방성
내적 장벽 인식	진로장벽극복	문제적 내러티브의 재서사화
직업 실천	진로준비행동	의미의 지속적 실행과 피드백

이 구조에서 의미는 단지 '생각'으로 머무르지 않고, 에이전시를 통해 '살아 있는 경험'으로 전환된다. 즉, **LTVM이 의미의 방향을 제시하고, 진로 에이전시가 그 의미를 살아내게 한다.**

구성주의적 통합의 이론적 근거

이 통합은 진로심리학의 세 가지 주요 이론적 맥락을 아우른다.

첫째, 사회인지적 진로이론(SCCT; Lent, Brown, & Hackett, 1994)의 관점에서, 개인은 외적 조건에 수동적으로 반응하는 존재가 아니라 자기효능감과 결과기대, 목표를 통해 자기 주도적 행동을 조직화하는 에이전트(agent)로 이해된다.

둘째, 진로구성이론(Career Construction Theory; Savickas, 2005)은 진로발달을 하나의 서사적 의미 구성 과정으로 본다. 여기서 개인은 과거 경험을 해석하고 미래를 상상함으로써 "나는 누구이며, 어떤 이야기를 살아가고 있는가?"를 끊임없이 재구성한다.

셋째, 자기구성(Self-Construction)이론(Guichard, 2009)은 개인의 정체성을 고정된 성향이 아닌, 사회적 맥락 속에서 끊임없이 의미를 재구성하며 살아가는 자기시스템(selfing system) 으로 본다.

따라서 LTVM(Life Theme-Vocation Mapping)은 이러한 의미 구성의 철학을, 진로에이전시는 의미를 행동으로 전환하는 심리적 구조를 구현한다. 전자는 "무엇이 나를 움직이는가" 를, 후자는 "그 의미를 어떻게 살아내는가" 를 설명한다. 결국 이 두 모델의 통합은 의미(meaning) 와 에이전시(agency) 의 상호작용을 통해, 개인이 자기 삶을 저술하는 저자적 주체(Self-as-Author)로 성장하도록 돕는 구성주의적 진로발달 패러다임을 제시한다.

코칭 적용의 실천적 함의

이 통합 구조는 코칭 현장에서 세 가지 실천적 전환을 요구한다.

① 평가에서 해석으로의 전환

- 검사결과(예: CAS[25])는 단순한 점수가 아니라, 고객이 의미를 재구성할 수 있는 '거울'이다.
- 코치는 그 거울을 통해 고객의 내면 서사를 읽어야 한다.

② 목표에서 내러티브로의 전환
- 코칭의 목적은 '직업 선택'을 넘어, '삶의 이야기를 다시 쓰는 과정(re-authoring)'이 된다.
- LTVM의 주제 탐색은 삶의 이야기 속에서 반복되는 의미의 뿌리, 즉 나를 움직여 온 내면의 패턴을 찾아가는 여정이다.

③ 기법에서 관계로의 전환
- 코치는 단순히 고객의 문제를 해결해 주는 사람이 아니라, 자신의 이야기를 다시 써 내려가도록 곁에서 함께하는 동반자이다.
- 고객의 이야기를 경청하고, 그 안에서 주체적 의미를 다시 발견하도록 돕는 것이 핵심이다.

결론: 의미를 실현하는 진로코칭의 완성

LTVM과 진로 에이전시 모델의 통합은 진로를 "무엇을 하는가"의 문제가 아니라 "어떤 의미로 살아가는가"의 문제로 전환시킨다. LTVM이 '삶의 이유'를 발견하게 한다면, 진로 에이전시는 그 이유를 '삶의 방식'으로 구현하게 한다. 이 두 모델은 함께 작동할 때, 진로를 *정답을 찾는 과정이 아니라 이야기를 실현하는 과정*으로 확장시킨다.

"직업은 의미의 실험장이며, 코칭은 그 의미가 살아나도록 고객의 서사와 동행하는

25) CAS(진로 에이전시 척도:Career Agency Scale)는 본 저자가 개발한 진로에이전시 측정 도구로, 진로정체성, 진로의사결정, 진로전환역량, 진로장벽극복, 진로준비행동의 다섯 요인으로 구성되어 있다.
본 도구는 연구 및 교육 목적에 한해 저자의 요청을 통해 제공받을 수 있다.
(문의: hrdkim@hotmail.com: 글로벌비즈니스코칭연구소)

일이다."

이제 다음 절에서는 이러한 통합 구조가 실제 코칭 장면에서 어떻게 구현되는지를 구체적인 사례를 통해 보여 줄 것이다.

10.5 LTVM × Career Agency 통합 코칭 사례 - 삶의 주제를 행동으로 전환하는 7회기 구조

라이프디자인 진로코칭의 핵심은 '의미의 구조(LTVM)'와 '의미의 실행(Career Agency)'을 통합하는 데 있다. LTVM(Life Theme-Vocation Mapping)은 *무엇을 위해 일할 것인가*를 탐색하는 의미의 구조를, 진로 에이전시 모델은 *그 의미가 어떻게 행동으로 전환되는가*를 설명한다.

두 모델이 결합될 때 코칭은 단순한 진로 선택을 넘어, "삶의 주제를 살아내는 실천"으로 확장된다. 아래 사례는 LTVM의 3단계(의미-환경-실행)와 진로 에이전시 5요인(정체성-의사결정-전환역량-장벽극복-준비행동), 그리고 4C 대화 모델(Context-Challenge-Change-Continuity)을 통합하여 진행된 7회기 실제 코칭 과정을 보여준다. 특히 1세션은 좀 더 구체적으로 제시하고자 한다.

사례 개요

- **고객**: 지현(23세, 대학 4학년, 졸업 후 진로 미정)
- **배경**: 심리학 전공. 부모는 공무원을 권하지만, 본인은 "사람을 돕는 일"을 막연하게 희망. 여러 진로검사(MBTI, 홍미검사, Strong)를 해 봤지만 결과가 제각각이라 혼란을 느끼고 있다.

- "이제는 어떤 직업이 맞는지 모르겠어요."
- **코치의 목표**: 고객이 '맞는 직업'을 찾기보다, 자신의 삶의 주제(Life Theme)를 발견하고 그 주제를 실제 행동과 연결하도록 돕는다.

1회기-의미 탐색(CAS × LTVM 통합 피드백과 진로정체성 재구성)

모델 연결

CAS(진로에이전시) + LTVM(삶의 주제-의미실현 방향) + 4C(맥락: Context)

핵심 목표

고객이 진단 결과(CAS + LTVM)를 통해 자신의 삶의 주제와 진로 에이전시의 핵심을 발견하고, "내가 어떤 사람이며 무엇을 위해 일하고 싶은가"에 대한 첫 번째 내러티브 단서를 형성한다.

1. 관계 형성과 진단 결과 피드백

첫 만남에서 코치는 결과 설명보다 먼저 "관계 맥락"을 세운다. 즉, 피드백이 단순한 정보 전달이 아니라, **고객의 이야기로 되돌아가는 출발점**이 되도록 한다.

코치: 여러 검사를 해보셨다고 했죠. 어떤 점이 제일 어려웠나요?

지현: 결과가 다 달라요. MBTI는 INFJ, 홀랜드는 SIA, 스트롱은 사회형이라는데… 어느 게 진짜인지 모르겠어요.

코치: '진짜'를 알고 싶은 마음, 이해돼요. 그런데 검사 결과가 다르다는 건 오히려 좋은 신호일 수 있어요.

지현: 좋은 신호요?

코치: 네. 이미 당신 안에서 여러 가능성이 살아 있다는 뜻이에요. 오늘 우리가 볼 CAS와 LTVM은, 그런 '여러 나'를 한눈에 볼 수 있도록 돕는 도구예요.

2. CAS 진단 결과 피드백-탐색지향형(Exploration-Seeker)

지현의 CAS 결과는 다음과 같았다.

진로정체성(상), 진로의사결정(중), 진로전환역량(하), 진로장벽극복(하), 진로준비행동(중)

이 점수패턴은 '탐색지향형(Exploration-Seeker)'에 해당한다. 즉, 자기이해는 명료하지만, 그 이해를 실제 행동으로 연결하는 전환역량은 아직 형성 중인 단계다.

코치: 지현 씨는 CAS 결과상 '탐색지향형'이에요. 이 유형은 '나는 어떤 사람인지'는 잘 알고 있지만, '그걸 어떻게 세상 속에서 실현해 낼지'를 탐색 중이에요. 그래서 지금 필요한 건 '결정'이 아니라 '검증'이에요. 당신의 주제가 어디에서 살아나는지를 **작은 실험**으로 확인해보는 거죠.

코치는 점수의 높고 낮음을 비교하지 않는다. 오히려 **각 요인이 서로 어떤 내러티브 구조를 이루는가**에 주목한다. 예를 들어, 높은 진로정체성은 "나는 이런 사람이다"라는 자기이해의 힘을 의미하고, 낮은 진로전환역량은 "그 이야기를 아직 세상 속에서 실험하지 못했다"는 신호로 해석된다.

코치: 검사 결과를 '진단'이 아니라 '코칭 대화를 시작하기 위한 첫 걸음'으로 보면 좋아요. 이건 당신의 한 장면이지, 완성된 결론이 아니니까요. 우리는 앞으로 그

장면을 어떻게 이어갈지를 함께 써나갈 거예요.

3. LTVM 결과 피드백-의미의 방향 찾기

코치: 이제 LTVM 결과를 볼게요.

LTVM은 당신의 삶의 주제(Life Theme)가 어떤 방식으로 세상 속에서 실현될 수 있는지를 보여주는 도구예요. 쉽게 말해, **CAS가 당신의 '내면의 지도'라면, LTVM은 '나침반의 방향'이에요.**

지현의 LTVM 결과는 다음과 같았다.

- **삶의 주제**: 성장, 관계, 기여
- **의미실현 방향**: 헌신형 + 창조형

즉, 지현 씨는 성장과 관계 중심의 상호작용 속에서 의미를 경험하며, 자율적이고 협력적인 환경에서 그 의미가 가장 잘 실현된다는 뜻이다.

코치: 지현 씨의 삶의 주제는 '사람의 변화를 돕는 일'로 보이네요. 이런 주제는 협력적이고 감정을 존중하는 환경에서 가장 잘 만족스러워 할 것같아요. 예를 들어 상담, 교육, 기획 같은 분야가 그렇죠. 반대로 경쟁 중심, 결과 중심의 환경에서는 주제가 숨이 막힐 수 있어요.

4. CAS × LTVM 통합 해석-의미의 구조와 운동

이 두 도구는 서로 독립적인 검사가 아니다. **LTVM은 '의미의 구조'를, CAS는 '의미의 실현 방향'을 보여 준다.** 즉, LTVM이 "무엇이 나에게 중요한가"를 밝혀 준다면, CAS는 "그 의미가 어떻게 나의 행동으로 움직이는가"를 드러낸다.

구분	LTVM	CAS
핵심 질문	나는 무엇을 위해 일하는가?	나는 어떻게 그 의미를 실현하는가?
관점	의미의 구조(삶의 주제 → 선호 직업 환경)	의미의 실현(정체성 → 행동으로의 전환)
코칭 초점	주제의 방향성 탐색	주제의 실행 구조 강화
결합 효과	나의 Why와 How를 연결하는 통합 내러티브 구축	

따라서 지현에게 코치는 이렇게 설명했다.

코치: 당신의 CAS는 "탐색 중인 나"를, LTVM은 "무엇을 위해 탐색하는가"를 보여줘요. 결국 두 결과가 말하는 건 같아요. *당신은 이미 나를 알고 있다. 이제 그것을 어떻게 살아낼지 실험할 차례다.*

5. 대화 발췌-의미의 핵심을 찾다

코치: 최근에 일하면서 '이게 나답다'고 느꼈던 순간이 있었나요?

지현: 음… 작년에 학교 멘토링 봉사할 때요. 후배가 "언니 이야기 듣고 용기 났어요"라고 했을 때요.

코치: 그 순간 어떤 감정이었나요?

지현: 따뜻했어요. '내가 도움이 될 수 있구나'라는 느낌이요.

코치: 그 '도움'은 단순한 행동이 아니라, 당신을 살아 움직이게 하는 주제일 수 있어요.

지현: 맞아요. 사람을 돕는 일은 제 안에 늘 있었던 것 같아요.

→ **핵심 주제 도출**: "사람의 변화와 성장을 돕고 싶다."

→ **진로정체성 재구성**: "나는 사람의 내면 성장을 지원하는 사람이다."

6. 수퍼비전 포인트

- 검사 결과는 진단이 아니라 대화의 시작점이다.

→ 피드백은 수치보다 내러티브를 중심으로 이뤄져야 한다.

- '검사의 불신'은 저항이 아니라 자기이해의 갱신 신호다.

  → 고객이 기존 검사결과에 회의적이라면, 그것은 자기 이야기를 새롭게 쓰려는 시도다.

- 코치는 '무엇이 맞는가'보다 '무엇이 살아나는가'를 탐색한다.

  → 감정이 생동하는 순간에 삶의 주제가 드러난다.

- CAS와 LTVM의 결합은 의미-행동의 순환 구조를 만든다.

  → 주제가 방향을 주고, 에이전시는 그 의미를 현실로 옮긴다.

7. 1회기 요약

이 회기는 단순한 진단 피드백이 아니라, 고객이 "나는 어떤 존재인가?"를 새롭게 이야기하기 시작한 순간이었다. 코치는 결과를 해석하지 않고, **이야기를 되돌려주는 거울**이 되었다. 그 거울 속에서 지현은 처음으로 자신의 목소리를 "안전하게 들을 수 있는 기회"를 얻었다. 그리고 그것이 변화의 시작이었다.

결과적으로

이 회기에서 고객은 "검사 결과가 나와 맞지 않는다"는 혼란에서 벗어나, "결과 속에 나의 이야기가 숨어 있다"는 관점으로 전환했다. 이것이 이후의 의미 탐색(2회기)과 환경 탐색(3회기)의 기반이 된다.

2회기-진로정체성 코칭(LTVM Step 1 × 진로 정체성)

핵심 초점

- 자기 의미화 → 정체성 일관성 → 의미통합
- "나는 어떤 사람이며, 무엇을 위해 일하고 싶은가?"

코칭 핵심 흐름

- **자기 의미화**: 반복된 경험 속 감정과 가치를 탐색한다.
- **정체성 일관성**: 과거-현재-미래의 나를 하나의 이야기로 잇는다.
- **의미통합**: 여러 역할 속에서 공통된 주제를 찾는다.

짧은 대화 예시

코치: 그 순간, '이게 나답다'고 느낀 이유가 뭐였을까요?

지현: 그때는 누군가에게 진짜 도움이 된 느낌이었어요.

코치: 바로 그 감정이 당신 이야기를 움직이는 중심축이에요.

핵심 결과

- 삶의 주제 도출 → "사람의 변화를 돕고 싶다."
- 정체성 진술문 → "나는 사람의 내면 성장을 지원하는 사람이다."

수퍼비전 포인트

- 경험보다 감정에서 출발하라.
- 정체성은 '설명'이 아니라 '이야기'로 발견된다.
- 주제는 과거와 현재의 교차점에서 드러난다.

3회기-진로의사결정 코칭(LTVM Step 2 × 진로의사결정)

핵심 초점

- 의미 기반 자기결정과 선택 기준 명료화
- "무엇을 선택할 것인가보다, 왜 그것을 선택하는가를 이해한다."

코칭 핵심 흐름

- **자기결정**: 외부 기대가 아닌 자기 가치와 주제에 따라 결정한다.
- **대안평가**: 다양한 선택지를 비교하기보다, 주제가 얼마나 살아나는지를 기준으로 탐색한다.
- **결정몰입**: 의미와 환경이 일치할 때, 결정은 '확신'이 아니라 '납득'의 상태로 완성된다.

짧은 대화 예시

코치: 지현 씨의 삶의 주제는 '사람의 성장을 돕는 일'이었죠. 그 이야기가 가장 잘 살아나는 환경은 어떤 곳일까요?

지현: 경쟁보다 협력적인 조직, 감정을 존중해주는 분위기요.

코치: 그렇다면 여러 선택지 중에서도, 그 기준에 가장 부합하는 곳이 어디인가요?

지현: 생각해보니, 교육 관련 스타트업이 딱 그런 분위기예요.

코치: 그 결정에 마음이 닿는 이유는요?

지현: '잘할 수 있다'보다 '내가 되고 싶은 사람으로 살 수 있다'는 느낌이에요.

핵심 결과

- **자기결정**: 외부 평가보다 '자기 가치' 중심 선택
- **대안평가**: 의미 일치 기준으로 선택지 비교
- **결정몰입**: 정서적 납득과 방향 확신

수퍼비전 포인트

- '무엇을 선택할까?'보다 '누가 그 선택을 하는가?'를 탐색하라.
- 선택 기준은 합리성이 아니라 정체성과의 일치감에서 나온다.
- 결정몰입은 "이 길이 옳다"가 아니라 "이 길이 나답다"의 확신이다.

회기 요약

이 회기에서 고객은 '직업 선택'이 아닌 '정체성 선택'을 했다. 선택은 논리의 결과가 아니라, **자기 이야기의 연속선 위에서 내려진 결정**이었다.

4회기-진로전환역량 코칭(LTVM Step 3 × 진로 전환역량)

핵심 초점

- 변화에 대한 자기효능감, 유연성, 학습적 개방성 강화
- "변화는 위기가 아니라, 새로운 이야기의 초대다."

코칭 핵심 흐름

- **진로 자기효능감**: 변화 상황에서도 자신이 방향을 찾고 조정할 수 있다는 믿음을 회복한다.
- **진로 유연성**: 계획을 고수하기보다 변화의 흐름 속에서 새로운 가능성을 수용한다.
- **학습적 개방성**: 완벽한 답을 찾기보다 '시도-피드백-조정'의 과정을 통해 성장한다.

짧은 대화 예시

코치: 지현 씨는 변화가 생기면 어떤 감정이 먼저 올라오나요?

지현: 솔직히 불안해요. 잘할 수 있을까 하는 두려움이 먼저요.

코치: 그 불안 속에도 '배움의 신호'가 숨어 있어요.

지현: 음… 사실 그 경험을 통해 내가 성장했다는 걸 느끼긴 했어요.

코치: 맞아요. 변화는 완벽함을 요구하지 않아요. 작은 실험으로 배우며 자신감을 쌓는 게 전환역량의 핵심이에요.

핵심 결과

- **자기효능감**: "나는 변화 속에서도 배울 수 있다."
- **유연성**: 계획보다 의미를, 통제보다 조정을 선택함
- **개방성**: 시행착오를 '성장의 재료'로 수용

수퍼비전 포인트

- 고객의 불안은 회피의 신호가 아니라 '학습의 문턱'이다.
- 코치는 통제나 완벽함을 강조하지 않고, **작은 시도-피드백-조정의 리듬**을 함께 설계한다.
- 변화의 성공은 결과가 아니라, **유연하게 배우는 태도**로 측정된다.

회기 요약

이 회기에서 고객은 '불안은 실패의 징조'가 아니라 '성장의 징후'임을 깨달았다. 진로전환역량은 계획의 완성도가 아니라, **의미를 향한 배움의 지속성**이었다.

5회기-내면 전환: 진로장벽극복 코칭(LTVM Step 3 × 진환장벽극복)

핵심 초점

- 의미가 막힌 지점에서 내면의 서사를 재구성하고, 회피 · 의존 · 자기회의를 통합한다.
- "장벽은 실패의 징후가 아니라, 의미가 다시 이어져야 할 신호다."

코칭 핵심 흐름

- **회피적 사고**: 실패와 불확실성에 대한 두려움을 '나를 지키려는 신호'로 이해한다.
- **외부 의존성**: 타인의 기대보다 자기 판단을 신뢰하는 연습을 돕는다.
- **자기가치 회의**: "나는 부족하다"는 서사를 "나는 여전히 의미 있는 존재다"로 전환한다.

짧은 대화 예시

코치: 최근 진로 고민을 미루게 되는 이유가 있을까요?

지현: 잘못 선택할까 봐 두려워요. 그래서 누가 대신 정해줬으면 좋겠어요.

코치: 그 마음 속에는 '실패하지 않으려는 보호의 의도'가 있네요.

지현: 맞아요. 그런데 그 마음이 이제는 저를 묶어두는 것 같아요.

코치: 그렇다면 그 마음을 없애려 하기보다, 그 안의 메시지를 들어볼까요?

지현: …"괜찮아, 네가 선택해도 돼." 그 말을 스스로에게 해주고 싶어요.

코치: 그 말이 바로 당신 안의 새로운 서사입니다.

핵심 결과

- **회피 → 탐색**: 불안을 피하지 않고, 작게 시도해본다.
- **의존 → 자기결정**: 타인의 평가보다 자신의 내적 기준을 따른다.
- **회의 → 수용**: 결핍보다 가능성을 본다.

LTVM 단계 연결

이 회기는 **LTVM의 3단계(환경 적응 및 내면 전환)**에 해당한다. 이 단계에서 고객은 외적 환경의 제약을 넘어서 **내면의 의미와 연결을 회복**한다. 즉, "의미가 멈춘 곳에서 다시 살아나는 지점"을 찾는 과정이다.

수퍼비전 포인트

- 장벽은 행동의 결함이 아니라 **서사의 공백**으로 이해한다.
- 코치는 '결핍 언어'를 '의미 언어'로 번역하고, 고객이 "잃은 것"보다 "살릴 수 있는 것"에 주목하게 한다.
- 감정의 전환이 일어날 때, 의미는 다시 흐르기 시작한다.

회기 요약

이 회기에서 고객은 '문제' 대신 '의미'를 보기 시작했다. 장벽은 멈춤이 아니라, **새로운 이야기로 다시 이어지는 전환점**이었다.

6회기-직업 실천과 실행 루틴: 진로준비행동 코칭(LTVM Step 4 × 진로준비행동)

핵심 초점

- 의미-정체성-행동을 연결하고, 실천 가능한 루틴으로 전환한다.
- "실행은 목표의 완성이 아니라, 자기서사를 살아내는 방식이다."

코칭 핵심 흐름

- **진로탐색**:
  자신의 삶의 주제가 살아날 수 있는 구체적 환경을 찾아보고, 작은 실험(정보면담, 파일럿 활동 등)으로 검증한다.
- **역량개발**:
  직업적 의미를 실현하기 위해 필요한 지식 · 기술 · 태도를 정의하고, 학습 · 실습 계획을 세운다.
- **실행계획**:
  실행 목표를 주 · 월 단위 루틴으로 구체화하고, 피드백 · 성찰 구조를 만든다.

짧은 대화 예시

코치: 지난 회기에서 '불안해도 시도해 본다'는 이야기가 나왔죠. 요즘 어떤 움직임이 있었나요?

지현: 학과 상담센터 조교로 일하면서, "이게 내 자리일 수 있겠다"는 느낌이 들었어요.

코치: 그 경험이 당신의 삶의 주제와 어떻게 이어지나요?

지현: "사람의 변화를 돕는다." 그 말이 이제 진짜 제 이야기 같아요.

코치: 앞으로 그 이야기를 계속 살아내려면 어떤 습관이 필요할까요?

지현: 매주 상담일지를 쓰고, 한 달에 한 번 의미 점검 일기를 쓰려고요.

핵심 결과

- **탐색 → 선택**: 다양한 시도를 통해 자신에게 맞는 환경을 구체화한다.
- **학습 → 성장**: 필요 역량을 인식하고, 구체적 개발 계획을 세운다.

- **계획 → 실행**: 의미 중심의 루틴을 설계하여 일상의 실천으로 이어간다.

LTVM 단계 연결

이 회기는 **LTVM의 4단계(직업 실천 및 내러티브 통합)**에 해당한다. 고객은 자신이 발견한 주제와 환경을 실제 행동 속에 통합하며, "살아내는 자기서사(lived narrative)"를 완성해간다.

수퍼비전 포인트

- 실행은 '결정의 끝'이 아니라 '의미의 시작'으로 본다.
- 코치는 행동 그 자체보다, 그 안에서 **의미가 어떻게 살아나는지**를 점검한다.
- 피드백 루프(실행 → 감정 → 의미 → 수정)를 함께 설계해 **지속 가능한 성장 루틴**을 만든다.

회기 요약

이 회기에서 고객은 의미를 '이야기'로만 두지 않고, 행동으로 살아내기 시작했다.
실행은 계획의 결과가 아니라, **자기서사의 현재진행형**이었다.

7회기-서사 통합 및 지속 루틴 구축

4C-Continuity(지속성) × 진로준비행동

코칭 목표

경험을 자기서사로 통합하고, 의미 중심의 행동 루틴 설계

대화 발췌

코치: 조교 경험은 어땠어요?

지현: 처음엔 어색했는데, 학생들이 저에게 고민을 털어놓을 때 '이게 내 자리구나' 싶었어요.

코치: 그 감정이 당신의 삶의 주제와 어떻게 이어지나요?

지현: "사람의 변화를 돕는다." 그 말이 이제는 그냥 문장이 아니라 진짜 제 이야기 같아요.

코치: 멋집니다. 앞으로 그 이야기를 계속 살아내려면 어떤 습관이 필요할까요?

지현: 주 1회 상담일지를 쓰고, 한 달에 한 번 의미점검 일기를 쓰고 싶어요.

→ **서사 통합 결과**: "나는 사람의 변화를 돕는 이야기의 조력자다."

→ **준비행동 루틴**: 상담일지 → 성찰노트 → 월간 피드백

수퍼비전 포인트

- 경험은 결과가 아니라 **서사적 성장의 축적**이다.
- 고객의 언어에서 **자기 선언(self-declaration)**이 나올 때 코칭은 완성된다.

- 코치는 고객이 만든 내러티브를 **지속 가능한 구조로 설계**하도록 돕는다.

결론: 의미의 구조에서 행동의 순환으로

LTVM이 삶의 주제를 '구조'로 보여 준다면,
진로 에이전시는 그 의미가 **어떻게 내면에서 행동으로 순환하는가**를 보여준다.
의미는 환경에서 검증되고, 경험 속에서 다시 이야기로 통합된다.
이 순환이 반복될 때, 진로는 선택이 아니라 **살아가는 과정**이 된다.

"코칭은 적합한 직업을 찾는 기술이 아니라, 의미와 실행을 통합해 자기 이야기를 살아내는 예술이다."

10.6 통합적 도구 활용을 위한 성찰과 방향 - 도구를 넘어 사람으로

코칭의 마지막 단계에서 우리가 다시 돌아가야 할 질문은 하나다.

"이 도구는 누구를 위해 존재하는가?"

LTVM, CAS, 그리고 다양한 진단과 워크시트들은 모두 코치와 고객이 삶의 의미를 발견하고, 실천으로 옮기도록 돕는 과정적 매개물이다. 그러나 도구는 언제나 '지도'일 뿐, '길' 그 자체는 아니다. 길을 걷는 것은 결국 고객 자신이며, 코치는 그 여정을 옆에서 함께 호흡하는 동반자다.

1. 도구는 자기이해의 '창'이자, 자기창조의 '거울'이다

LTVM은 삶의 주제를 통해 "왜 일하는가?"를 비추는 창이고, CAS는 "그 의미를 어떻게 살아낼 것인가?"를 보여주는 거울이다. 코칭은 이 두 창과 거울을 통해 고객이 자기 자신을 새롭게 조망하도록 돕는 일이다. 도구는 진단이 아니라 자기서사의 재구성 장치이며, 고객이 스스로의 이야기를 다시 써 내려갈 수 있는 '언어적 발판'이다.

2. 의미-심리-행동의 순환구조가 코칭의 본질이다

LTVM이 제시하는 '의미의 탐색'은 CAS가 보여주는 '행동의 구조'와 만날 때 비로소 완성된다. **의미 없는 행동은 방향을 잃고, 행동 없는 의미는 공허하다.** 이 둘이 만나는 순간, 코칭은 삶의 내러티브를 실천의 차원으로 변환하는 순환적 과정이 된다. 코치는 이 순환을 디자인하고, 고객이 그 안에서 스스로의 리듬을 찾아가도록 돕는다.

3. 도구를 사용하는 것이 아니라, 도구를 '살아내는' 코치

코치는 도구의 기술자가 아니라, 철학의 실천자다. 코칭 현장에서의 질문 한 문장, 피드백 한 마디가 고객의 삶 전체를 비추는 통찰로 이어질 수 있다. 그러기 위해 코치는 각 도구의 사용법보다 그 도구가 담고 있는 존재론적 의미를 이해해야 한다. 도구를 '운용하는 코치'가 아니라, 도구를 통해 '사람을 읽는 코치'가 되어야 한다.

4. 코칭 도구의 미래: 통합, 확장, 그리고 내면화

라이프디자인 진로코칭의 도구들은 이제 개별적 도구가 아니라 통합적 생태계로 발전하고 있다. LTVM은 의미의 지도를, CAS는 에이전시의 엔진을, IM 모델과 4C 모델은 변화의 프로세스를 제공한다. 이 모든 것은 고객이 자기 삶의 이야기를 '살아내는 저자(Self-as-Author)'로 성장하도록 지원하기 위한 유기적 체계다.

향후 코칭의 과제는 도구의 세분화가 아니라 내면화(inner integration)이다. 코치 자신이 그 철학을 삶 속에서 살아내는 것, 그것이 진정한 '라이프디자인 코치'의 완성이다.

맺음말

"우리가 사용하는 도구는 결국, 우리 자신을 드러낸다." 코칭 도구의 궁극적 목적은 '변화'를 만드는 것이 아니라, '의미'를 회복하는 것이다.

의미가 회복될 때, 사람은 스스로의 길을 걷기 시작한다. 그리고 그 길 위에서, 코치는 더 이상 도구를 사용하지 않는다. 그는 하나의 도구이자, 하나의 사람으로 그 자리에 존재한다.

■ 내 프랙티스를 위한 시사점

1. 도구보다 '철학'이 먼저다

라이프디자인 코칭에서 도구는 목표가 아니라 **의미를 발견하고 해석하기 위한 통로**다. 코치는 도구를 '측정의 기계'가 아닌 '대화의 매개'로 사용해야 한다. 동일한 검사라도 코치가 어떻게 맥락화하느냐에 따라 고객의 내러티브가 전혀 다르게 전개될 수 있다. 따라서 코치는 각 도구의 이론적 기반(예: 구성주의, 내러티브 정체성 이론)을 충분히 이해하고, 이를 코칭 철학과 연결하는 능력을 길러야 한다.

2. 진단은 '의미의 언어화'로 이어져야 한다

CAS, LTVM 등 도구의 결과는 고객의 '의미 체계'를 수치로 번역한 것에 불과하다. 진짜 코칭은 그 수치를 **고객의 언어로 다시 번역하는 과정**, 즉 *sense—making*[26]이다. 예를 들어 CAS 결과에서 '진로장벽' 점수가 높다면, 그것은 단순한 취약점이 아니라 고객이 아직 재서사화하지 못한 '문제적 내러티브'를 가리킨다. 코치는 수치를 해석하기보다, 그 이면의 이야기를 탐색해야 한다.

3. 도구는 실험과 경험으로 완성된다

모든 코칭 도구는 실제 현장에서 **검증과 조정의 '실험 도구'**로 활용되어야 한다. 고객

---

26) 'Sense-making'은 단순한 이해를 넘어, 경험이나 사건에 의미를 부여하고 그것을 하나의 맥락으로 재구성하는 과정을 뜻한다(Weick, 1995). 즉, 외부에서 주어진 정보를 해석하는 것이 아니라, 자신의 내러티브 속에서 그 경험이 무엇을 의미하는지를 '만들어가는 행위'이다.
《라이프디자인 진로코칭》에서는 이를 '의미화' 또는 '의미구성'이라 번역하며, 코칭의 핵심 기능으로 본다. 코치는 고객이 자신의 경험을 단순히 '이해'하는 데 머무르지 않고, 그 경험 속에서 스스로 의미를 찾아내고 삶의 방향성을 재구성하도록 도와준다.

의 언어, 맥락, 변화 수준에 따라 문항이나 피드백 방식을 조정하고, 그 결과를 다시 반영하는 순환적 실천이 필요하다. 예컨대 LTVM의 '의미실현방향' 피드백을 단순히 유형으로 전달하기보다, 고객이 직접 실험(정보면담, 파일럿 프로젝트, 핵심 스킬 실습 등)을 통해 자신만의 적합 맥락을 검증하도록 설계할 수 있다.

4. 코치는 '도구를 해석하는 사람'이 아니라 '도구를 초월하는 사람'이다

도구의 해석 결과에 매몰될수록 코칭의 본질은 사라진다. 코치는 고객의 데이터를 해석하는 전문가가 아니라, **고객이 자기 삶의 이야기를 새롭게 써 내려가도록 동반하는 내러티브 디자이너**다. 도구는 그 여정의 지도일 뿐, 여정을 대신 걸어줄 수는 없다. 진정한 코칭 실천은 도구의 논리를 넘어, 고객의 경험과 감정, 그리고 '살아있는 이야기' 속으로 들어가는 것이다.

| 참고문헌 |

- Arthur, M. B., & Rousseau, D. M. (Eds.). (1996). The boundaryless career: A new employment principle for a new organizational era. Oxford University Press.
- Bandura, A. (2001). Social cognitive theory: An agentic perspective. Annual Review of Psychology, 52(1), 1-26. https://doi.org/10.1146/annurev.psych.52.1.1
- Dawis, R. V., & Lofquist, L. H. (1984). A psychological theory of work adjustment. University of Minnesota Press.
- Deci, E. L., & Ryan, R. M. (2000). The "what" and "why" of goal pursuits: Human needs and the self-determination of behavior. Psychological Inquiry, 11(4), 227-268. https://doi.org/10.1207/S15327965PLI1104_01
- Guichard, J. (2009). Self-constructing. International Journal for Educational and Vocational Guidance, 9(2), 95-106. https://doi.org/10.1007/s10775-009-9162-1
- Hall, D. T. (2004). The protean career: A quarter-century journey. Journal of Vocational Behavior, 65(1), 1-13. https://doi.org/10.1016/j.jvb.2003.10.006
- Holland, J. L. (1997). Making vocational choices: A theory of vocational personalities and work environments(3rd ed.). Psychological Assessment Resources.
- Ibarra, H. (2003). Working identity: Unconventional strategies for reinventing your career. Harvard Business School Press.
- Kristof-Brown, A. L., Zimmerman, R. D., & Johnson, E. C. (2005). Consequences of individuals' fit at work: A meta-analysis of person-job, person-organization, person-group, and person-supervisor fit. Personnel Psychology, 58(2), 281-342. https://doi.org/10.1111/j.1744-6570.2005.00672.x
- Lent, R. W., Brown, S. D., & Hackett, G. (1994). Toward a unifying social cognitive theory of career and academic interest, choice, and performance. Journal of Vocational Behavior, 45(1), 79-122. https://doi.org/10.1006/jvbe.1994.1027
- McAdams, D. P. (1993). The stories we live by: Personal myths and the making of the self. The Guilford Press.
- McAdams, D. P. (2013). The psychological self as actor, agent, and author. Perspectives on Psychological Science, 8(3), 272-295. https://doi.org/10.1177/1745691612464657
- Rosso, B. D., Dekas, K. H., & Wrzesniewski, A. (2010). On the meaning of work: A theo-

retical integration and review. Research in Organizational Behavior, 30, 91-127. https://doi.org/10.1016/j.riob.2010.09.001

- Savickas, M. L.(2005). The theory and practice of career construction. In S. D. Brown & R. W. Lent(Eds.), Career development and counseling: Putting theory and research to work(pp. 42-70). John Wiley & Sons.
- Savickas, M. L.(2011). Career counseling. American Psychological Association. https://doi.org/10.1037/12348-000
- Savickas, M. L.(2013). Career construction theory and practice. In S. D. Brown & R. W. Lent(Eds.), Career development and counseling: Putting theory and research to work(2nd ed., pp. 147-183). John Wiley & Sons.
- Savickas, M. L.(2019). Career construction theory and practice. In S. D. Brown & R. W. Lent(Eds.), Career development and counseling: Putting theory and research to work(3rd ed., pp. 129-164). John Wiley & Sons.
- Savickas, M. L., Nota, L., Rossier, J., Dauwalder, J.-P., Duarte, M. E., Guichard, J., Soresi, S., Van Esbroeck, R., & van Vianen, A. E. M.(2009). Life designing: A paradigm for career construction in the 21st century. International Journal for Educational and Vocational Guidance, 9(2), 89-101. https://doi.org/10.1007/s10775-009-0161-4
- Steger, M. F., Dik, B. J., & Duffy, R. D.(2012). Measuring meaningful work: The Work and Meaning Inventory(WAMI). Journal of Career Assessment, 20(3), 322-337. https://doi.org/10.1177/1069072711436160
- Stelter, R.(2012). A guide to third generation coaching: Narrative-collaborative theory and practice. Springer. https://doi.org/10.1007/978-94-007-4391-2
- Stelter, R.(2014). A narrative, hermeneutic approach to coaching psychology: Aesthetics, ethics and the good life. International Coaching Psychology Review, 9(2), 154-166.
- Weick, K. E.(1995). Sensemaking in organizations. Sage.
- Wrzesniewski, A., & Dutton, J. E.(2001). Crafting a job: Revisioning employees as active crafters of their work. Academy of Management Review, 26(2), 179-201. https://doi.org/10.5465/amr.2001.4378011
- Wrzesniewski, A., LoBuglio, N., Dutton, J. E., & Berg, J. M.(2013). Job crafting and cultivating positive meaning and identity in work. In A. B. Bakker(Ed.), Advances in positive organizational psychology(Vol. 1, pp. 281-302). Emerald Group Publishing. https://doi.org/10.1108/S2046-410X(2013)0000001015

라이프디자인 진로코칭

초판 1쇄 발행 2026년 1월 20일

지은이 김정근 · 김차근
펴낸이 이기봉
편집 좋은땅 편집팀
펴낸곳 도서출판 좋은땅
주소 서울특별시 마포구 양화로12길 26 지월드빌딩 (서교동 395-7)
전화 02)374-8616~7
팩스 02)374-8614
이메일 gworldbook@naver.com
홈페이지 www.g-world.co.kr

ISBN 979-11-388-5288-3 (03320)

• 가격은 뒤표지에 있습니다.

• 파본은 구입하신 서점에서 교환해 드립니다.